도해

고대 로마군 무기·방어구·전술 대전

THE HISTORY OF ANCIENT ROME

AK TRIVIA SPECIAL

머리말

고대 로마란 기원전 753년부터 476년까지 이어진 이탈리아 반도 중부에 위치한 도시 로마 시에 기원을 둔 국가를 가리킨다. 건국 당시에는 이탈리아 도시국가 중 하나에 지나지 않았던 로마가 약 500년에 걸쳐 이탈리아 반도를 통일. 그리고 자국보다 훨씬 광대한 영토를 지배하고 있던 지중해 세계 최대의 국가 카르타고와 100년 이상 계속된 대규모 전쟁을 벌인 끝에 승리를 거머쥐었다. 더욱이 로마는 카르타고와 전쟁을 하는 동안 동방 세계로도 진출하여 마케도니아와 시리아를 함락시키고 속주(屬州)를 획득. 카르타고를 멸망시킨 후에는 갈리아 지방과 이베리아 반도도 평정하며 차근차근 영토를 확대해 갔다. 그 후에도 로마의 패업은 멈추지 않았고, 전성기에는 지중해 연안 전역과 중동, 브리튼 섬 남부 등도 포함하는, 역사상 매우 드물게 광대한 영토를 소유한 대제국을 건설하게 된다.

이만한 위업을 달성할 수 있었던 원동력은 로마의 장해가 된 모든 적을 물리친 강력한 군사력이다. 로마가 영토를 확장하던 시대에 로마군에 필적할 힘을 가진 군단은 세계 어디

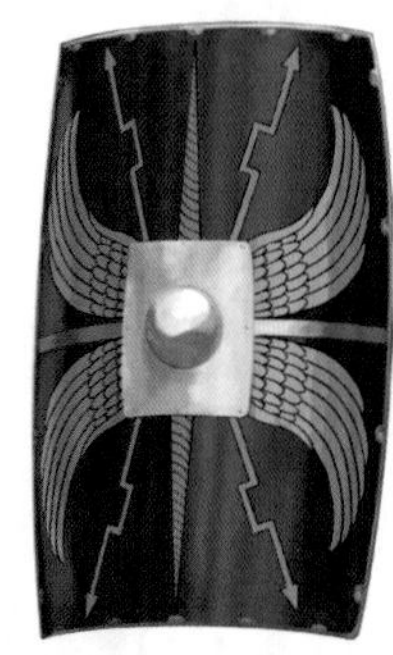

에도 없었다. 로마군은 어째서 그토록 강했던 것일까?

그 의문을 해소시켜주기 위해 이 책이 탄생한 것이다. 앞부분에서는 고대 세계에서 사용한 장비와 로마군의 편성, 전술과 같은 요소를 제시하며 로마군이 어떤 집단이었는지를 분석. 뒷부분에서는 로마의 적이 된 주변 국가와 여러 부족에 관한 정보와 그들과의 사이에서 발생한 전투에 대해서 자세히 정리하였다.

고대 로마에 관한 서적은 내용이 훌륭한 것이 많이 존재하지만, 대부분 어느 정도의 전문적인 지식이 없으면 읽고 이해하기가 어려워서 가볍게 읽고 싶어 하는 독자층에게는 다소 문턱이 높았다. 이 책은 용어 해설과 도판을 많이 첨부하여 그러한 문제점을 해결하고, 역사에 밝지 않은 독자도 이해하기 쉽게 만들도록 노력하였다. 이제 막 역사에 관심을 보이기 시작한 사람이나 왠지 어려울 것 같아서 역사 관련 서적을 멀리하던 사람들에게 이 책이 이러한 장르에 빠지는 계기가 되길 바란다.

contents

고대 최강 국가 로마란

로마는 시대에 따라 정치 형태를 다양하게 바꾸면서 흥망성쇠를 반복했다. 여기에서는 왕정 로마 건국부터 서로마 제국의 멸망까지의 역사 개요를 소개하고자 한다. 당시 벌어졌던 주요 대규모 전투나 제도 개혁 등 역사적인 사건을 확인해보도록 하자.

왕정 로마 건국

전승에 의하면 트로이에서 달아난 아이네이아스의 자손에 해당하는 로물루스와 레무스 쌍둥이 형제가 기원전 753년에 건국했다고 한다. 건국 초기의 로마는 초대 로마 왕 로물루스부터 7대 왕 루키우스 타르퀴니우스 수페르부스까지 왕정을 펼쳤다고 전해지고 있지만, 당시 로마는 문자가 없었을 가능성도 있어서 알려진 왕 일곱 명이 전부 실존했는지는 확실하지 않다.

역사는 초기부터 에트루리아인에게 영향을 받은 것으로 보인다. 역대 왕 중 마지막 세 명은 에트루리아인이었다는 점으로 생각해봐도 에트루리아 문화가 로마에 지대한 영향을 준 것은 틀림없다. 특히 제6대 왕 세르비우스 툴리우스는 후에 정비될 제도의 기초를 만들었으며, 인구 조사 실시와 재산에 따라 기마병, 중장보병, 중장비가 아닌 보병, 이렇게 세 종류 집단으로 나눠 정치 참여도를 구분했다고 한다. 이 외에도 로마 시 일곱 개의 언덕을 에워싼 대규모 성벽 "세르비우스 성벽"도 건설하였으며, 이것은 현재도 일부 남아 있다.

마지막 왕이었던 루키우스 타르퀴니우스 수페르부스는 선왕의 장례를 금지하고 선왕파 의원을 모두 살해했으며, 즉위할 때에는 시민 총회의 선출도 원로원의 승인도 없어서 당연히 시민의 평판은 좋지 않았다. 그 후, 왕의 아들 섹스투스가 친척의 아내인 루크레티아를 강간하는 사건이 일어난다. 루크레티아는 사건 후, 친구와 함께 달려온 남편 앞에서 모든 사실을 고백하고, 그들에게 왕가에게 복수해줄 것을 부탁한 뒤 단도로 찔러 스스로 목숨을 끊었다. 남편의 친구였던 루키우스 유니우스 브루투스는 시민들에게 왕가 일족을 추방해야 한다고 연설하였고, 타르퀴니우스를 추방. 기원전 509년, 7대에 걸쳐 이어진 왕정은 끝을 맞이하고, 공화제로 바뀌게 된다.

로마의 건국 신화

로마 건국에 깊이 관련된 아이네이아스, 그 자손인 로물루스의 이야기는 신화가 되어 현재로 이어지고 있다.

그리스 신화를 기원으로 하는 로마 건국

로마 신화에는 그리스 신화의 영향을 받아 고대 로마 신들을 그리스 신화의 신들과 동일시하는 움직임이 있었다. 그로 인해 로마 신에는 대응하는 그리스 신화의 신이 존재하는 등 두 신화는 밀접한 관계를 맺고 있다. 로마 건국으로 이어지는 아이네이아스 신화에도 여러 신들의 이름이 등장한다.

트로이를 탈출하는 아이네이아스

트로이가 함락된 후 탈출하는 아이네이아스 일행의 모습을 그린 회화

아이네이아스는 사랑과 미의 여신 아프로디테의 아들로, 트로이 왕가의 사람이다. 트로이와 아카이아인이 약 10년 동안 싸운 트로이 전쟁에서 아카이아 측이 이용한 트로이 목마 작전으로 트로이는 함락. 많은 트로이인이 목숨을 잃은 가운데, 아이네이아스는 친족과 함께 트로이에서 탈출한다. 그 후 라티움(이탈리아 중앙 서부 지방)에 도착한 아이네스아스의 자손이 초대 로마의 왕 로물루스와 레무스 쌍둥이다. 쌍둥이의 어머니가 무녀의 신분으로 임신을 했기 때문에 두 사람은 태어나자마자 테베레 강에 버려졌지만, 표류 끝에 도착한 곳에서 암컷 늑대의 젖을 먹으며 생명을 부지하다 후에 양치기 손에 자랐다. 그 후 두 사람은 훌륭하게 성장하지만 도시 건설을 둘러싸고 대립. 각각의 지지자들이 다투는 가운데 레무스가 목숨을 잃게 되고, 로물루스는 이를 애도하며 왕이 되었다.

로물루스와 레무스 동상

강에 버려진 로물루스와 레무스에게 젖을 먹이고 있는 카피톨리노의 암이리 조각.

공화제 로마의 시작

누미디아인 기병

한니발이 이끈 카르타고군의 주력으로 활약했다고 하는 누미디아인 기병.

공화제가 된 로마에서는 집정관 두 명이 정치를 담당하였다. 초대 집정관으로는 왕정 타도의 중심인물이었던 브루투스, 자살한 루크레티아의 남편 콜라티누스가 취임하였다. 집정관이 원로원의 의견으로 결정되는 점, 그 피선거권이 40세 이상이었던 점 때문에 젊은 시민을 중심으로 왕정을 복고하려는 꾀하려는 움직임이 있었지만, 브루투스는 이들을 처형. 추방당한 타르퀴니우스는 왕정복고 계획이 실패한 것을 알자, 에트루리아 여러 도시에서 군사를 빌려 로마를 공격했다. 이로 인해 국력은 저하됐지만 로마는 패전을 용납하지 않았고, 타르퀴니우스는 침공을 포기하고 물러났다.

또 잇따른 전쟁에서 주체가 되었던 중장보병의 발언권이 강해지면서 중장보병 부대의 주축이 되었던 플레브스(평민)가 당시 정치를 독점하고 있던 파트리키(귀족)에게 정치 참여권을 요구하게 된다. 파트리키는 플레브스에게 양보하며 호민관 설치하고, 12표법으로 관습법을 명문화하며 갈등을 수습하였다. 한편 로마는 이탈리아 반도 각지의 도시를 제압. 로마는 각지로 향하는 교통망을 정비하고, 기원전 272년에는 이탈리아 남부 타렌툼을 함락시키며 이탈리아 반도를 통일하게 된다. 기원전 264년부터는 지중해의 패권을 둘러싸고 카르타고와 100년 이상 지속된 포에니 전쟁에 돌입한다.

자마 전투

제2차 포에니 전쟁 중 벌어진 자마 전투에서 한니발은 전투 코끼리를 이용하여 높은 곳에서 공격하였다.

로마는 제1차 포에니 전쟁에서 시칠리아를 획득하며 이 지역을 최초의 속주로 삼았다. 기원전 218년, 제2차 포에니 전쟁에서는 카르타고의 장군 한니발에게 칸나에 전투에서 패하지만, 그 후 스키피오의 지휘 아래 흐름을 완전히 바꿔 놓으며 카르타고에 승리. 기원전 149년에는 제3차 포에니 전쟁이 일어났고, 기원전 146년, 카르타고는 완전히 파괴되었다.

The history of Rome 2

두 사람의 천재
한니발vs스키피오

100년 이상이나 계속된 포에니 전쟁 말기에 등장한 것이 한니발과 스키피오. 두 천재의 대결은 불꽃이 튀었다.

동시대에 태어난 두 명장

포에니 전쟁에서 뛰어난 군사적 재능을 발휘한 장군이 카르타고의 한니발 바르카와 로마의 푸블리우스 코르넬리우스 스키피오 아프리카누스 마이오르다. 한니발은 제1차 포에니 전쟁에서 활약한 하밀카르 바르카의 아들로, 26세에 장군직에 취임하여 29세 때 로마와의 전쟁에 돌입한다. 스키피오 역시 26세의 나이로 아버지의 뒤를 이어 로마군의 지휘를 맡았다.

한니발 조각상

조각가 세바스티앙 슬로츠가 만든 높이 2.5m의 한니발 대리석상.

두 사람이 직접 맞붙게 된 자마 전투에서는 로마군 기병이 카르타고군 포위에 성공함으로써 스키피오가 승리를 거둔다. 그 후 한니발은 로마와 긴장 관계에 있던 셀레우코스 왕조 시리아의 안티오코스 3세에게 몸을 의탁하는데, 그때 한니발과 스키피오가 직접 대화를 나눈 에피소드가 있다. 스키피오는 한니발에게 뛰어난 장군을 물었다. 한니발은 첫째로 알렉산드로스 대왕을 꼽았고, 그 다음으로 에피루스의 피로스, 마지막으로 한니발 자신의 이름을 거론했다. 그 대답을 들은 스키피오가 "만약 당신이 이겼다면 어떻게 되었을까?" 하고 물었다. 그러자 한니발은 "그랬다면 내가 알렉산드로스보다 더 위에 있었을 것이다."라고 대답했다고 한다. 한니발이 스키피오의 재능을 높게 평가한 것을 알 수 있다.

스키피오의 초상

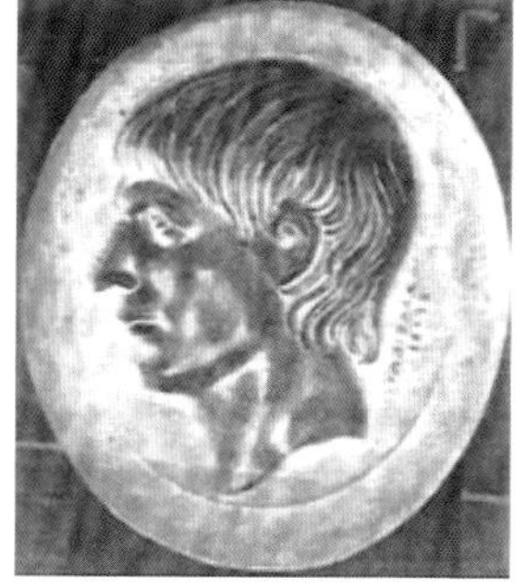

로마가 승리하는 데 크게 공헌한 스키피오는 그 후 은둔 생활을 한다.

동방으로 속주 확장

포에니 전쟁에 승리하며 카르타고의 위협이 감소하자, 로마는 이탈리아 반도 밖으로 세력을 확대해 간다. 마케도니아 국왕 필리포스 5세의 정책이 아드리아 해에서 얻는 로마의 권익과 충돌하면서 발발한 것이 네 번에 걸쳐 일어난 마케도니아 전쟁이다. 제1차 마케도니아 전쟁에서는 한니발과 결탁한 필리포스 5세를 상대로 싸우지만, 전쟁은 교착 상태로 끝이 난다. 이어진 제2차 마케도니아 전쟁에서 로마군은 그리스를 침공. 해군과 육군의 연대로 마케도니아군은 격파되고 전쟁은 종결되었다.

투창 필룸

고대 로마 군단병이 사용한 투창 필룸. 방패에 맞혀서 공격했다.

한편 마케도니아가 약해짐에 따라 그리스의 패권을 노리고 있던 아이톨리아 동맹은 동쪽에 위치한 시리아의 국왕 안티오코스 3세에게 파병을 요청한다. 왕은 이 요청을 받아들이고 1만의 군사를 이끌고 침공. 사태를 방치할 수 없게 된 원로원은 군사 개입을 결의하고 시리아 전쟁을 일으킨다. 그러나 그리스인의 지지를 얻지 못했던 안티오코스 3세는 대패를 당하고, 그리스에서의 세력을 잃게 된다.

그 후 필리포스 5세의 아들 페르세우스는 그리스에서 지위를 회복하고자 노력했고, 군비 재건과 외교에 힘썼다. 로마는 이에 선전포고로 답하며 제3차 마케도니아 전쟁이 시작되었다. 새롭게 집정관으로 취임한 루키우스 아이밀리우스 파울루스 마케도니쿠스의 활약도 더해져 피드나의 결전에서 마케도니아를 섬멸. 페르세우스는 포로가 되며, 마케도니아 왕국은 멸망한다. 그 후 네 개의 공화국으로 분할된 마케도니아는 반란을 일으키지만, 제4차 마케도니아 전쟁에서 진압당하고, 동(東)지중해에 미치는 로마의 패권은 확고해졌다.

마케도니아의 중보병

마케도니아의 중장보병은 긴 창을 들고 팔랑크스라고 불리는 밀집진형을 이루며 싸웠다.

The history of Rome 3

마리우스의 군제 개혁

참가가 의무로 정해진 병역 제도에서 급진적 변화. 직업 군인이 등장하는 계기가 된 마리우스 군제 개혁의 내용이란?

직업 군인을 탄생시킨 획기적인 제도 개혁

공화정 로마에서는 시민에게 의무로 병역이 부과되고 있었다. 군단을 지휘하는 집정관은 원로원 소속이고, 병사는 의무로 군 생활을 하는 시민병이었기 때문에 꼭 전투에 익숙한 것은 아니었다. 그래서 병사의 세대가 교체되면 눈에 띄게 병사들은 약화되었고, 오랫동안 지속된 전쟁에서 많은 중소 농민은 피폐해졌다. 이에 대해 대개혁을 단행한 사람이 가이우스 마리우스다. 마리우스가 실시한 군제 개혁은 크게 나눠 아래의 여섯 가지. 이 개혁들로 인해 군사뿐만 아니라 로마 사회에까지도 커다란 변혁이 일어났고, 종국에는 로마 사회의 패권적 성격, 로마군의 침략적 경향을 재촉하여 간접적으로 제정 로마를 창설하는 토대를 만들었다는 평가를 받고 있다.

마리우스 조각

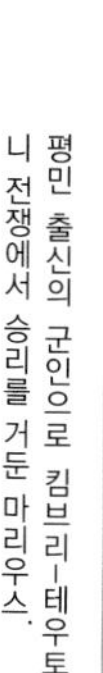

평민 출신의 군인으로 킴브리-테우토니 전쟁에서 승리를 거둔 마리우스.

●마리우스의 군제 개혁 내용

국가에서 무기 지급	재산에 따라 사비로 준비했던 무기와 방어구가 지급품이 되자, 모든 병사의 장비가 표준화되었다. 값이 저렴한 투구의 보급도 이에 박차를 가했다.
병사에게 급여 지급	종군하면서 급여를 받을 수 있게 되자, 겸업하고 있던 시민병에서 과도한 훈련에도 견딜 수 있는 전투 집단으로 점점 변했다.
종군 기간 제정	종군 기간을 25년으로 하였으며, 장기간의 공동생활로 결속이 강해지자 전술 면에서도 장기적으로 전망을 가지고 작전을 전개할 수가 있었다.
퇴역 군인을 위한 보장	퇴역 후 병사에게 토지와 연금을 지급했다. 지급받은 토지는 주로 로마군 점령지여서 속주에 영향력을 높이는 일로도 이어졌다.
사령관 권한의 확대	사령관 한 명의 지휘권이 미치는 범위는 2개 군단까지였지만, 이것을 철폐. 군사력의 제한이 없어지고, 원로원의 권위를 견제할 수 있게 된다.
군 조직 개혁	3개 중대 480명으로 이루어진 대대를 전술 단위로 하고, 10개 대대를 1개 군단으로 구성함으로써 상황에 따라 매우 유연하게 운용할 수 있게 되었다.

내란의 시대와 갈리아 원정

영토가 확대되자 로마의 통치 기구는 현 상황에 맞지 않게 되고, 몰락한 농민이 다수 로마로 유입되면서 빈궁한 주민은 기아에 허덕였다. 속주에서는 징세 청부인이 속주민에게 필요 이상으로 세금 부담을 부과하였다. 원로원은 제도를 빈번히 개혁하고 군대로 제압하며 여러 문제에 대처했지만, 그것에도 한계는 있었다. 그 결과 기원전 135년, 시칠리아 노예 전쟁이 발발한다. 호민관 티베리우스 셈프로니우스 그라쿠스는 대규모 토지 소유를 제한하고 토지 분배를 계획하는 등 제도 개혁으로 무산 시민을 구제하는 일에 착수하지만, 그 과정에서 원로원과 대립, 도중에 살해당하고 만다. 이로 인해 로마는 약 100년간 "내란의 1세기"라 불리는 내란 상태가 된다.

이러한 상황 속에서 삼두정치를 실시한 그나이우스 폼페이우스, 가이우스 율리우스 카이사르, 마르쿠스 리키니우스 크라수스 등 뛰어난 지휘 능력을 가진 집정관이 다수 등장한다. 그 중에서도 카이사르는 갈리아 전쟁에서 눈부신 성과를 올린 것으로 유명하다. 이미 기원전 58년에 로마령이 된 갈리아의 총독으로 임명된 카이사르는 현재의 스위스에서 갈리아로 이주를 시도한 헬베티족, 게르만인 아리오비스투스 왕을 격파한다. 기원전 52년에는 베르킨게토릭스의 반란으로 일어난 알레시아 전투에서 승리하며, 갈리아 전역을 로마의 속주로 삼는 것에 성공하였다.

기원전 44년경 공화제 로마의 판도

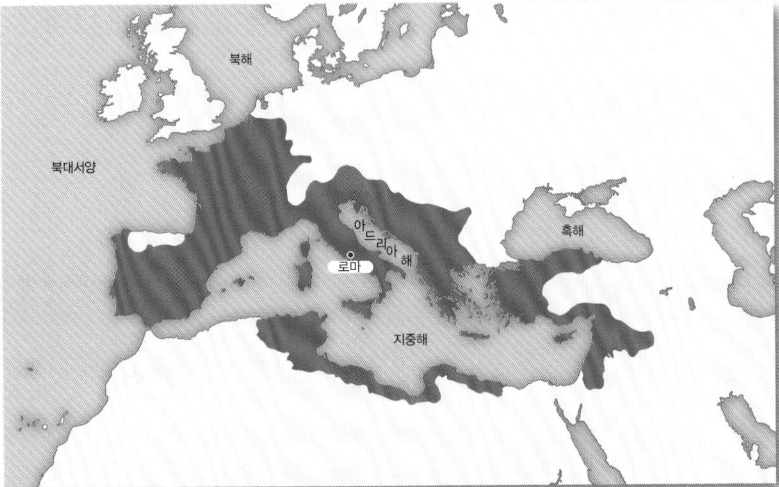

북해
북대서양
아드리아해
로마
흑해
지중해

위대한 영웅 카이사르

줄리어스 시저라는 영어식 이름으로 친숙한 카이사르. 그가 이룬 업적을 몇 가지 소개하고자 한다.

로마가 낳은 희대의 천재

카이사르 입상(立像)

카이사르는 기원전 100년에 로마 지배층인 원로원 의원의 가문에서 태어났다.

기원전 60년, 카이사르는 폼페이우스와 손을 잡고 집정관에 당선되었다. 술라파(원로원을 중심으로 한 귀족세력의 지지를 받는 벌족파. 수장인 술라의 이름을 따 술라파라고도 한다. 카이사르가 속한 민중파와 대립-옮긴이)의 중진이었던 크라수스를 끌어들이며 제1회 삼두정치가 구성되었다. 기원전 58년부터 시작된 갈리아 전쟁에서는 갈리아 전역을 속주로 만드는 것에 성공하지만, 기원전 53년, 삼두정치의 일각을 이루던 크라수스가 전사함으로써 삼두정치 체제는 붕괴하고, 카이사르와 폼페이우스의 대립이 수면 위로 떠오르게 된다. 카이사르는 루비콘 강을 건너 이탈리아에 침입, 2개월도 채 안 되서 이탈리아를 제압하였고, 이집트로 도망친 폼페이우스는 배에서 알렉산드리아에 상륙하려던 순간 살해당했다. 기원전 47년에는 젤라 전투에서 파르나케스 2세를 격파. 이때 보낸 승전보가 역사상 가장 간결하다고 전해지는 「왔노라, 보았노라, 이겼노라」이다. 로마의 지배권을 확고히 한 카이사르는 공화정 개혁에 착수하게 된다. 속주민에게 의석을 주고 자신은 종신 독재관에 취임하여 통치 능력 강화를 꾀했다. 그러나 기원전 44년 3월 15일, 폼페이우스 극장 인근 대회랑에서 카시우스와 브루투스 일당에게 암살당한다.

암살당하는 카이사르

암살당할 때, 카이사르는 브루투스에게 「브루투스, 너마저.」라고 외쳤다고 한다.

제정 로마의 시작

기원전 44년에 카이사르가 암살당한 후 카이사르파인 가이우스 율리우스 카이사르 옥타비아누스, 마르쿠스 안토니우스, 마르쿠스 아이밀리우스 레피두스가 제2회 삼두정치를 펼쳤다. 세 사람은 국가 재건 3인 위원에 취임하였고, 안토니우스의 정적이었던 마르쿠스 툴리우스 키케로, 카이사르 암살의 주모자 마르쿠스 유니우스 브루투스, 가이우스 카시우스 롱기누스 등 공화정파 핵심 인물들은 차례로 숙청당했다. 대항 세력을 처리한 옥타비아누스와 안토니우스는 지배권을 양분하기로 합의했지만, 그 후 로마는 다시 내란에 휩싸인다.

안토니우스는 타르수스로 불러들인 클레오파트라의 포로가 되고, 함께 알렉산드리아로 향한다. 그 동안 옥타비아누스는 유능한 부하 아그리파의 활약으로 폼페이우스, 레피두스를 무너뜨리고 로마에서 지위를 굳혔다. 그리고 안토니우스와 클레오파트라의 관계를 이용해 민중의 반감을 부추겼다. 기원전 31년, 옥타비아누스군은 아드리아 해를 건너 전략상 요충지를 차례로 점령. 그리스 북서쪽에서 일어난 악티움 해전에서 안토니우스군을 격파하였다. 이로써 옥타비아누스는 로마의 단독 지배자가 되었고, 기원전 27년에 원로원에게서 아우구스투스라는 칭호를 받았다. 이때부터 제정 로마가 시작되었다고 이야기하지만, 제정 초기 황제들은 표면적으로는 공화제를 존중하며 원수로서 행동했기 때문에 이 시기를 원수정(元首政)이라고도 한다.

악티움 해전

악티움 해전에서는 클레오파트라의 함대가 전선을 이탈한 일이 명암을 갈랐다.

The history of Rome 5

영웅의 후계자 아우구스투스

"인류 역사상 가장 행복한 시대"라고 평가받는 팍스 로마나(Pax Romana)를 이룩한 초대 황제 아우구스투스의 업적은 무엇일까?

팍스 로마나를 실현하기까지

아우구스투스란 라틴어로 "존엄한 자"를 의미하며, 임페라토르(군 최고사령관)의 칭호와 그에 따른 전군 지휘권, 또 집정관에 취임하지 않고도 로마와 이탈이아에서 정치적, 군사적 권한을 행사할 수 있는 지위 등 여러 가지 특권을 가지고 있었다. 악티움 해전에서 안토니우스를 물리친 옥타비아누스는 아우구스투스 칭호를 얻으며 로마 제국의 초대 황제가 된다. 역대 로마 황제 중에서 41년이라는 최장 재위 기간을 자랑하는 그의 최대 공적은 팍스 로마나를 실현한 것이다. 황제를 정점으로 하는 통치 체제를 수립하고, 중앙 집권 체제를 확립. 통화 제도 개혁에도 착수하였으며, 이때 정해진 통화 단위는 그 후 300년 동안 로마의 기축통화가 되었다. 또 수도 중심부에서 주변부에 이르기까지 정비를 실시하여 당시 인구가 100만 명에 이르렀던 수도 로마를 14개의 행정구로 분할하였고, 방법 · 방화 대책을 충실하게 세웠다. 판도를 확장하며 제국의 영토는 서쪽으로는 이베리아 반도, 동쪽으로는 시리아, 남쪽으로는 이집트 · 튀니지까지 확대되었다. 또한 세금 징수권을 파견한 관료에게 일임하고, 세계 최초로 연금 제도를 제정하는 등 일일이 셀 수 없을 정도로 많은 개혁을 이루었다.

아우구스투스 입상

초대 황제 아우구스투스를 모델로 한 조각상. "프리마 포르타의 아우구스투스".

안토니우스

예술에 심혈을 기울여 그리스 양식을 받아들인 예술을 만들어냈다.

제국의 번영과 전성기

아우구스투스의 황제 취임으로 시작된 원수정은 황제를 배출하는 가문이 바뀌면서 이어지는데, 2세기 후반까지 약 200년간을 팍스 로마나라고 불렀다. 처음 로마 제정은 율리우스-클라우디우스 가문의 세습으로 시작되었으나 칼리굴라나 네로 황제 시대에는 복수의 대립 후보가 군을 이끌고 싸우는 내란이 발생하였다. 네로가 죽은 뒤에는 황위 계승 전쟁이 발생하여 일 년 동안 황제가 세 번이나 바뀌는 사태가 벌어졌기 때문에 이 시기를 "4황제의 해"라고 부른다. 한때 제국은 여러 속주 군벌로 분할되어 속주나 동방의 반란도 일어났지만, 플라비우스 왕조가 시작되면서 로마는 소강상태로 접어들었다.

플라비우스 왕조는 아우구스투스 혈통과는 관계가 없었지만, 혼란 후 황제에 즉위한 베스파시아누스의 통치는 로마 시민에게 환영받았다. 플라비우스 왕조 이후에 즉위한 황제 다섯 명의 시대에 로마 제국은 전성기를 맞이한다. 이 다섯 황제를 5현제라 부르며, 역사가 에드워드 기번은 자신의 저서에서 이 시기를 「인류 역사상 가장 행복했던 시대」라고 기록했다. 5현제의 시대는 도미티아누스가 죽은 98년부터 코모두스가 등극한 180년 전까지의 시기를 가리키며, 네르바, 트라야누스, 하드리아누스, 안토니누스 피우스, 마르쿠스 아우렐리우스, 이렇게 다섯 명의 황제가 해당된다. 그 중에서도 트라야누스가 통치한 시대에 로마 제국의 영토는 가장 넓었던 것으로 알려졌다.

117년경 로마 제국의 판도

The history of Rome 6

5현제 시대

로마 제국의 전성기라 하는 5현제 시대. 이 시대를 연 황제 다섯 명의 공적에 대해서 확인해보도록 하자.

「인류가 가장 행복했던 시대」를 연 명군들

트라야누스 흉상

트라야누스 황제는 현재도 뛰어난 군주로 존경을 받고 있다.

5현제 시대가 안정되었던 원인은 황제들이 원로원 중 유능한 인재를 선발하여 양자로 삼고 제위를 계승하게 했기 때문이라고 오랫동안 평가되었지만, 실제로는 마르쿠스 아우렐리우스 안토니누스 이외에는 아들을 낳지 못해 양자를 들일 수밖에 없는 실정이었다. 이 시대에는 법률이나 교통로, 화폐 제도 등의 정비가 시행되었고, 영토 내에는 군사적 안정 상태가 유지되고 있었다. 그러나 지중해 해상 유통은 감소세를 보이며 군대의 이동도 오로지 육로로만 하게 되었다. 또 자유농민이 로마의 과도한 세금을 피해 자급자족의 공동체가 증가한 시기이기도 하다. 마르쿠스 아우렐리우스 안토니누스가 죽은 후에는 친자식인 코모두스가 제위를 이었기 때문에 코모두스까지의 시대를 네르바-안토니누스 왕조라고도 부른다.

●5현제와 그 공적

이름	재위	공적
네르바	96~98년	폭군이라고 평가받는 도미티아누스 시대에 박해를 받은 사람들의 명예 회복에 고심. 경마, 검투, 종교 의식 등을 폐지.
트라야누스	98~117년	다키아, 아라비아, 아르메니아, 메소포타미아, 아시리아를 점령하며 로마 제국 사상 최대의 판도를 실현.
하드리아누스	117~138년	파르티아와 화평을 맺고, 동방 국경을 안정시켰다. 모든 속주를 시찰하고, 국내 정치의 정비와 방위 체제 확립에 힘썼다.
안토니누스 피우스	138~161년	이탈리아 본토를 벗어나지 않았고, 법체계와 행정 제도 개혁에 열의를 쏟으며, 시민권과 노예 제도에 관한 개혁을 꾀했다.
마르쿠스 아우렐리우스 안토니누스	161~180년	빈민 계급 아이들을 위한 자선 정책 등으로 민중의 인기를 모았다. 말년에는 각지에서 일어난 반란으로 골머리를 앓다가 전쟁 중에 사망하였다.

제국의 분열과 최후

팍스 로마나로 인해 전쟁 노예의 공급이 감소하고, 그 대신 헌납 의무를 지게 된 농민이 증가했다. 디오클레티아누스 황제는 혼란을 수습하기 위해 제권(帝權)을 강화하고 테트라키아(사두 정치)를 도입하여 제국을 네 개로 나눠 다스리기로 하였다. 이로써 제국은 일시적으로 안정을 찾지만, 디오클레티아누스가 305년에 퇴위하자마자 테트라키아는 빠른 속도로 붕괴한다. 무력을 동원한 제위 다툼이 시작되고, 한때는 여섯 명의 황제가 난립하는 상황까지 벌어졌다.

그 상태에서 두각을 나타낸 것이 서방의 부제(副帝)였던 콘스탄티누스였다. 그는 로마에서 비잔티움으로 천도를 하고 콘스탄티노폴리스라고 명칭을 바꾸며, 국가를 재정비하기 시작했다. 그러나 북방 게르만 민족의 대이동으로 제국은 혼란스러워졌고, 395년, 테오도시우스 1세는 제국을 동쪽과 서쪽으로 나눠 장남에게 동쪽을, 차남에게 서쪽을 맡기고 각자 통치하게 만들었다. 처음에는 테트라키아처럼 분할 통치를 할 생각이었으나 동쪽과 서쪽 영역이 다시 통일되는 일은 없었다. 이 이후의 로마 제국을 각각 동로마 제국, 서로마 제국이라고 부른다. 서로마 제국은 게르만인의 침입에 버티지 못하고, 487년에 로물루스 아우구스툴루스 황제가 폐위되며 멸망했다.

395년경 로마 제국의 판도

피로 얼룩진 역사

로마 역사 속에서 암살당한 황제를 세려면 열 손가락으로는 부족하다. 비명횡사한 황제와 암살자의 관계를 살펴보도록 하자.

암살자의 손에 쓰러진 황제들

로마 제국의 역대 황제는 암살로 인생을 마감한 경우가 매우 많다. 때로는 암살자가 차기 황제가 되기도 하니, 권력을 장악하기 위한 수단으로 암살은 효과적이었다고 할 수 있다. 그러나 앞서 말한 것처럼 계승되는 경우는 대부분 전 황제가 폭군으로 불린 경우이며, 제5대 황제 네로가 이에 해당된다. 이때에는 네로와 대립 중이었던 원로원이 황제를 국가의 적이라 선포하고, 세르비우스 술피키우스 갈바를 새 황제로 옹립하였다. 네로는 로마 교외에 위치한 별장으로 도망쳤으나, 검으로 목을 찔러 자살하였다. 또 암살자 중에 주목해보자면 네 명의 황제를 죽음으로 몰아넣은 플라비우스 리키메르가 있다. 그는 사망한 472년까지 네 명의 황제를 꼭두각시로 만들어 옹립하고, 그때마다 황제를 살해하였다. 리키메르가 죽고 4년 후에 서로마 제국은 멸망을 맞이한다.

● 암살당한 대표적인 황제들

이름	생몰 연도	암살자
칼리굴라	12~41	카시우스 카이레아
클라우디우스	10~54	율리아 아그리피나
네로	37~68	세르비우스 술피키우스 갈바
세르비우스 술피키우스 갈바	3~69	마르쿠스 살비우스 오토
도미티아누스	51~96	스테파누스
코모두스	161~192	나르키소스
페르티낙스	126~193	병사의 검에 찔려 죽음
디디우스 율리아누스	133~193	근위병에게 암살당함
카라칼라	188~217	율리우스 마르티알리스
푸블리우스 셉티미우스 게타	189~211	카라칼라
막시미누스 트락스	173?~238	근위병에게 암살당함
에파르키우스 아비투스	385?~457?	플라비우스 리키메르
율리우스 발레리우스 마요리아누스	420~461	플라비우스 리키메르
리비우스 세베루스	420?~465	플라비우스 리키메르
프로코피우스 안테미우스	420?~472	플라비우스 리키메르

동로마 제국의 그 이후

중세 동로마 제국은 비잔틴 제국이라고 불리며 수도를 콘스탄티노폴리스에 두고 1453년까지 그 명맥을 이어 갔다. 로마 제국 말기의 체제를 이어받았으며, 완전한 그리스도교국이었다. 동로마 제국은 군사력과 경제력을 향상시켜 게르만인의 침입을 최소한을 막았고, 서로마 제국이 소멸된 후에는 명목상 전 로마 제국의 통치권을 가졌다.

동로마는 제국을 재건하고자 여러 번 시도하였고, 유스티니아누스 1세의 성과로 광범위한 지중해 대부분이 다시 로마 제국령이 되었다. 유스티니아누스 1세가 사망한 후 7~8세기 동안 이슬람 제국과 슬라브인 등의 침입으로 영토가 대폭 줄어들었다. 통치 체제도 재편이 될 수밖에 없었으며, 테마라고 하는 군대 제도가 시행되었다. 8세기에는 로마와 라벤나를 포함한 북이탈리아를 잃었으며, 서유럽에 대한 영향력도 저하되었다. 일련의 사건은 제국의 성격을 변화시키게 되고, 헬레니즘과 로마법, 정교회를 기반으로 한 비잔틴 문명이라고도 불리는 단계로 접어든다.

9~10세기경에는 안정기에 들어서며 다시 적극적인 대외 활동에 나선다. 제국의 영토는 다시 확장되고, 발칸 반도와 아나톨리아 반도 전역, 남이탈리아, 시리아 북부 등을 영유할 만큼 세력을 회복한다. 그러나 그 후에는 이슬람과 서유럽에 비해 열세를 보이다가 13세기에는 십자군에게 수도 콘스탄티노폴리스를 점령당한다. 13세기 말에 콘스탄티노폴리스를 되찾지만, 1453년에 오스만 제국에게 멸망을 당하고 만다.

550년경 로마 제국의 판도

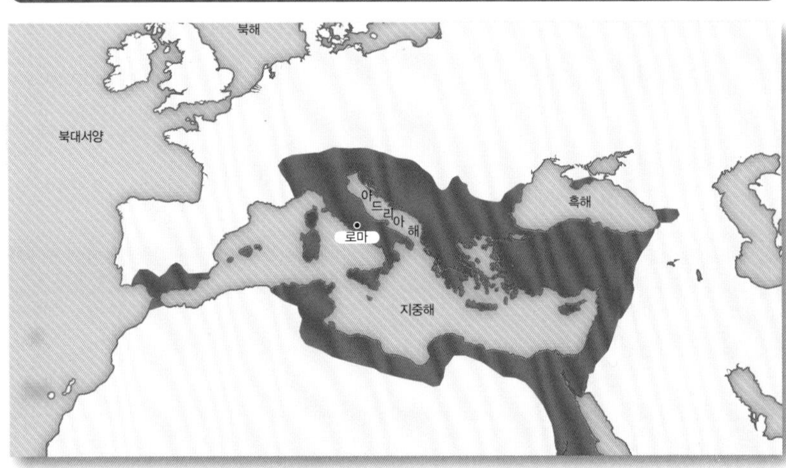

제 1 장

로마 시대의 무장·병기

THE HISTORY OF ANCIENT ROME

로마 역사는 항상 전쟁과 함께 했으며, 계속해서 패업을
이룰 수 있었던 것은 강인한 로마 군단이 있었기 때문이다.
제1장에서는 고대 군대에서 사용했던 장비와 로마군의 편성과
병종(兵種), 전술에 대해서 설명하고자 한다.
지중해 세계에서 최강을 자랑하던 로마 군단이
강했던 비밀을 파헤쳐보도록 하자.

무장 · 병기 일러스트 : 오사나이 유스케

로마 시대의 무장·병기

고대 로마군은 강인하기로 유명하다. 군대가 강한 것과 관련된 요소는 많지만, 장비의 질도 그 중 한 가지. 무기에 대해 자세히 알아보며 로마군이 강했던 비밀을 살펴보도록 하자.

전란의 시대에 필요해진 여러 무기와 방어구

인류가 무기를 지니게 된 시기는 분명하지는 않지만 구석기 시대 유적에서 몽둥이나 돌로 만들어진 칼과 창 등이 발견되고 있으니, 적어도 이 시대에는 무기를 사용한 사냥과 전쟁이 벌어졌던 것으로 추측된다. 이 무기들은 상당히 투박하지만, 사냥이나 마을을 지키기 위한 투쟁에는 없어서는 안 될 것이었다.

그 후 시간이 흘러 기원전 5000년경이 되자, 메소포타미아 문명에서 구리 야금 기술이 발견된다. 더 나아가 기원전 3500년경에는 구리와 주석의 합금인 청동이 사용되고, 기원전 1500년경에는 히타이트에서 제철 기술이 탄생되었다. 이러한 금속 가공 기술의 발전으로 인해 무기는 금속으로 만들어지게 되고, 비약적으로 성능이 향상되었다. 동시에 성능이 향상된 무기에게서 몸을 지키기 위해 방어구 연구도 진행되었다.

도시국가 로마가 건국된 것은 기원전 753년. 왕정으로 시작된 로마는 머지않아 공화제가 되고, 기원전 272년에는 이탈리아 반도 통일을 이룬다. 그리고 로마는 지중해의 패권을 걸고 대국 카르타고와 전쟁을 벌였으며, 이 전쟁에서 승리한 뒤 동쪽과 서쪽으로 진출하여 마케도니아와 갈리아 지방에서 격전을 펼쳤다. 로마는 이 전투들에서 내리 이기며 지중해 일대를 지배하는 거대 국가로 성장한다.

유럽 각지에서 많은 국가와 민족이 전투로 세월을 보낸 이 시대, 너나 할 것 없이 모든 세력이 강력한 군대를 계속 갈망하였다. 그 결과 수많은 무기와 병기가 개발되었고, 전쟁 속에서 점점 진화되었다. 이 시대에 제작된 무기는 중세 이후에 등장하는 무기의 기원이 된 것부터 시대의 표면에서 활약하지 못하고 조용히 사라진 숨은 명품까지 종류가 풍부하게 있는 것이 특징이다. 여기에서는 로마군의 장비를 중심으로 고대 지중해 세계에서 사용되던 무구와 병기에 대해서 설명하고자 한다.

페이지 보는 방법

●무장·병기 정보

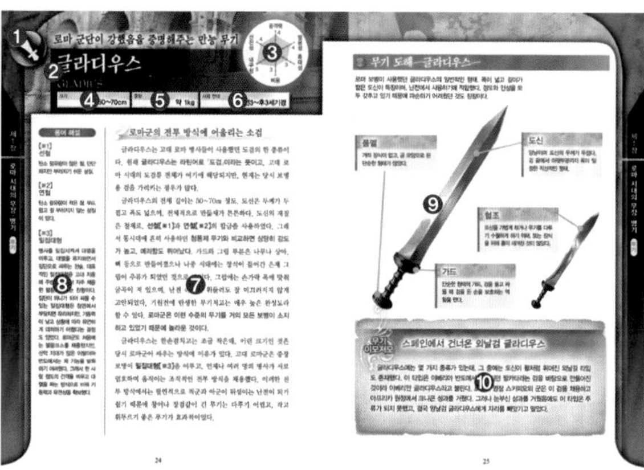

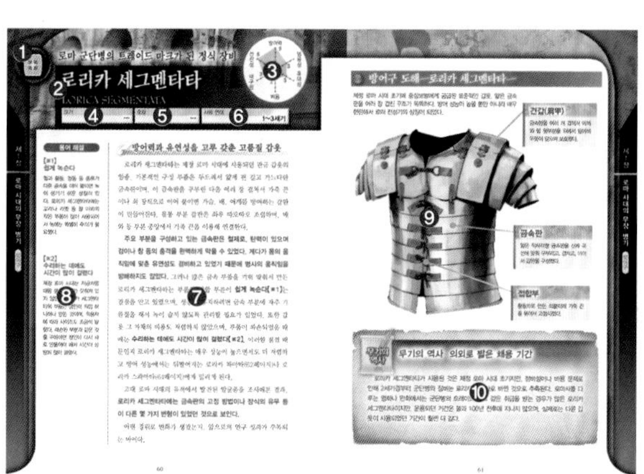

❶무기와 방어구 분류. 근접 무기, 원거리 무기, 방어구, 병기 네 종류.

❷명칭. 로마자 표기도 기재.

❸특징. 공격력, 범용성, 휴대성, 비용, 내구성, 선진성, 이렇게 여섯 항목으로 평가.

❹크기. 대상이 되는 무기·방어구의 가장 긴 부분을 계측.

❺중량.

❻사용된 연대.

❼본문. 무기·방어구의 개요에 대해서 설명.

❽용어 해설. 이해하기 어려운 용어에 대해서 설명.

❾삽화. 외형을 알 수 있는 일러스트를 게재. 특징적인 부분에는 주석 첨부.

❿칼럼. 무기의 역사에 얽힌 이야기나 같은 계통의 무기 소개, 픽션 작품에서 어떻게 등장하는지 등 연관 정보를 소개.

로마 군단이 강했음을 증명해주는 만능 무기

글라디우스

GLADIUS

크기	중량	사용 연대
약 50~70cm	약 1kg	전3~후3세기경

공격력 4
범용성 4
휴대성 3
비용 3
내구성 5
선진성 4

용어 해설

【※1】 선철

탄소 함유량이 많은 철. 단단하지만 부러지기 쉬운 성질.

【※2】 연철

탄소 함유량이 적은 철. 부드럽고 잘 부러지지 않는 성질이 있다.

【※3】 밀집대형

병사를 밀집시켜서 대열을 이루고, 대열을 유지하면서 집단으로 싸우는 전술. 대표적인 밀집대형은 고대 지중해 주변 국가에서 자주 채용한 팔랑크스라는 진형이다. 집단이 하나가 되어 싸울 수 있는 밀집대형은 정면에서 부딪치면 유리하지만, 기동력이 낮고 상황에 따라 유연하게 대처하기 어렵다는 결점도 있었다. 로마군도 처음에는 팔랑크스를 채용했지만, 산악 지대가 많은 이탈리아 반도에서는 제 기능을 발휘하기 어려웠다. 그래서 한 사람 정도의 간격을 비우고 대열을 짜는 방식으로 바꿔 기동력과 유연성을 확보했다.

로마군의 전투 방식에 어울리는 소검

글라디우스는 고대 로마 병사들이 사용했던 도검의 한 종류이다. 원래 **글라디우스는 라틴어로 「도검」이라는 뜻이고**, 고대 로마 시대의 도검류 전체가 여기에 해당되지만, 현재는 당시 보병용 검을 가리키는 경우가 많다.

글라디우스의 전체 길이는 50~70㎝ 정도. 도신은 두께가 두껍고 폭도 넓으며, 전체적으로 만듦새가 튼튼하다. 도신의 재질은 철제로, **선철【※1】**과 **연철【※2】**의 합금을 사용하였다. 그래서 동시대에 흔히 사용하던 **청동제 무기와 비교하면 상당히 강도가 높고, 예리함도 뛰어났다.** 가드와 그립 부분은 나무나 상아, 뼈 등으로 만들어졌으나 나중 시대에는 장식이 들어간 은제 그립이 주류가 되었던 것으로 보인다. 그립에는 손가락 폭에 맞춰 굴곡이 져 있으며, 난전 속에서 휘둘러도 잘 미끄러지지 않게 고안되었다. 기원전에 탄생한 무기치고는 매우 높은 완성도라 할 수 있다. **로마군은 이런 수준의 무기를 거의 모든 보병이 소지하고 있었기 때문에 놀라운 것이다.**

글라디우스는 한손검치고는 조금 작은데, 이런 크기인 것은 당시 로마군이 싸우는 방식에 이유가 있다. 고대 로마군은 중장보병이 **밀집대형【※3】**을 이루고, 언제나 여러 명의 병사가 서로 엄호하며 움직이는 조직적인 전투 방식을 채용했다. 이러한 전투 방식에서는 필연적으로 적군과 아군이 뒤섞이는 난전이 되기 쉽기 때문에 창이나 장검같이 긴 무기는 다루기 어렵고, 작고 휘두르기 좋은 무기가 효과적이었다.

무기 도해—글라디우스—

로마 보병이 사용했던 글라디우스의 일반적인 형태. 폭이 넓고 길이가 짧은 도신이 특징이며, 난전에서 사용하기에 적합했다. 경도와 인성을 모두 갖추고 있기 때문에 파손하기 어려웠던 것도 장점이다.

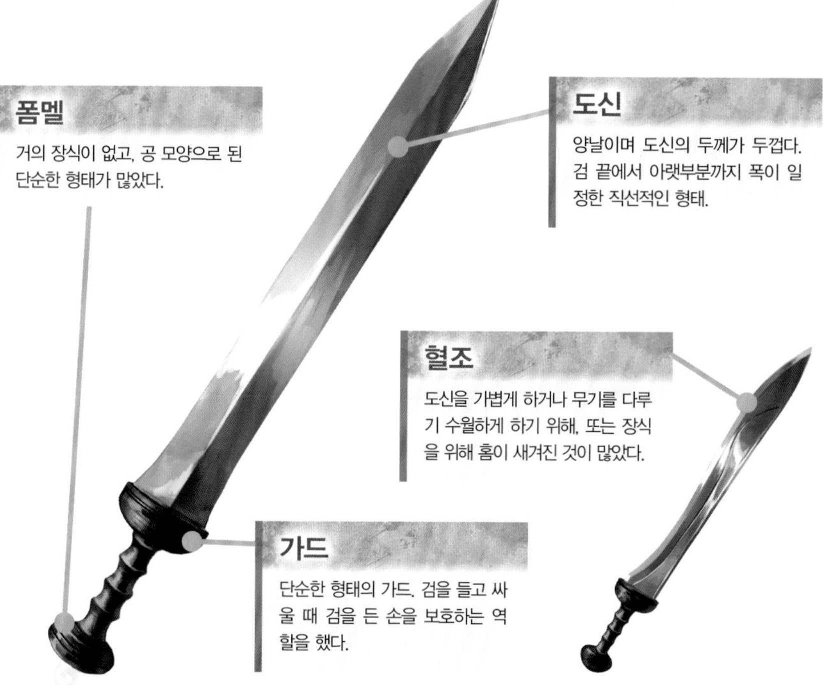

무기 이모저모

스페인에서 건너온 외날검 글라디우스

글라디우스에는 몇 가지 종류가 있는데, 그 중에는 도신이 활처럼 휘어진 외날검 타입도 존재했다. 이 타입은 이베리아 반도에서 사용되던 팔카타라는 검을 바탕으로 만들어진 것이라 이베리안 글라디우스라고 불린다. 로마의 명장 스키피오의 군은 이 검을 채용하고 아프리카 원정에서 크나큰 성과를 거뒀다. 그러나 눈부신 성과를 거뒀음에도 이 타입은 주류가 되지 못했고, 결국 양날검 글라디우스에게 자리를 빼앗기고 말았다.

기병용으로 제작된 가느다란 장검

스파타

SPATHA

공격력 4 / 범용성 4 / 휴대성 3 / 비용 3 / 내구성 5 / 선진성 4

크기	중량	사용 연대
약 60~70cm	약 0.9~1kg	전3~후4세기

글라디우스와 마찬가지로 로마군의 주력 무기

스파타는 고대 로마군 기병이 사용하던 도검. 이름은 그리스어로 「꽃봉오리」나 「**포엽**」【※1】을 뜻하는 단어가 어원이라고 한다. 형태는 보병용 검인 글라디우스와 매우 흡사하고 검 끝에서 아랫부분까지 폭이 일정한 직선적인 도신이지만, 글라디우스보다 조금 가늘고 길며 중량도 가볍게 만들어졌다. 말을 탄 상태에서 한 손으로 사용한다는 용도에 맞춰 다루기 더 쉽게 조정된 것이 그 이유라고 생각된다. 가드와 그립, 폼멜 등의 특징도 글라디우스와 같아서 **기본적으로는 약간 길고 가볍게 만들어진 글라디우스의 일종이라고 할 수 있다.** 또 스파타에는 세미 스파타라고 하는 도신이 짧은 것도 존재했다. 이것들은 특별한 용도가 있어서 설계된 것이 아니라 **파손된 스파타를 가공하여 만들어진 대용품이었다**는 설이 유력하다.

스파타에는 그 형태로 알 수 있듯이 찌르기 공격에 적합하며, 주로 말 위에서 적 보병을 찌르는 용도로 사용되었다. 또 글라디우스와 마찬가지로 질이 높은 **철 합금**【※2】으로 만들어져서 기병끼리 싸워도 견딜 수 있는 강도를 갖추고 있었다. **제정 후기의 로마군**【※3】에서는 보병에게도 글라디우스 대신 스파타가 채용되었으며, 스파타라고 하면 도검류 전반을 가리키는 용어로 정착되었다고 한다.

스파타나 글라디우스와 같은 로마군의 도검은 위력이 어마어마해서, 적병의 목이나 팔다리를 쉽사리 날려버리며 목숨을 빼앗았다. 이 때문에 **제일 처음 벌어지는 소규모 전투만으로도 적군이 전의를 상실하고 마는 일도 있었다**고 전해진다.

용어 해설

【※1】 포엽

식물의 싹이나 꽃봉오리를 감싸고 있는 잎. 꽃봉오리나 포엽은 끝이 뾰족한 것이 많으며, 찔러 관통한다는 이미지로 인해 검 이름의 어원이 되었다.

【※2】 철 합금

단단하지만 부러지기 쉬운 선철과 부드러운 연철의 합금. 선철과 연철의 장점을 두루 갖췄으며, 청동제 무기와는 비교가 되지 않는 높은 성능을 자랑하는 무기 재료가 되었다.

【※3】 제정 후기의 로마군

3세기 말부터 4세기 초에 걸쳐 황제 디오클레티아누스에 의한 군제 개혁이 추진되고, 로마군 편성이 크게 변화했다. 개혁 후 로마군은 기병이 중요시되었으며, 보병에게 할당되는 예산은 삭감되고 만다. 보병용 검이 글라디우스에서 스파타로 바뀐 배경에는 기병용 장비를 돌려썼다는 이유도 생각해볼 수 있다.

무기 도해—스파타—

로마군 기병이 사용했던 장검으로, 길이는 글라디우스보다 10~20㎝ 정도 길다. 약간 폭은 좁지만, 전체적인 특징은 글라디우스와 비슷하여 글라디우스에서 발전한 무기인 것으로 추측된다.

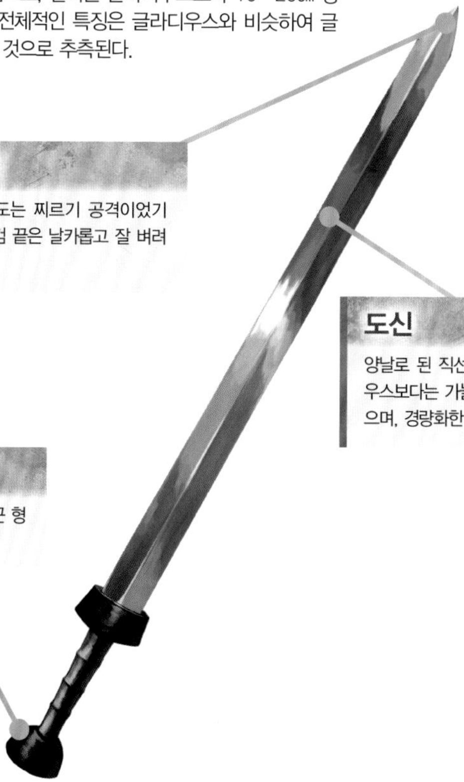

검 끝

주된 용도는 찌르기 공격이었기 때문에 검 끝은 날카롭고 잘 벼려져 있다.

도신

양날로 된 직선적인 도신. 글라디우스보다는 가늘고 얇게 만들어졌으며, 경량화한 것으로 보인다.

폼멜

글라디우스와 마찬가지로 둥근 형태의 단순한 디자인이 많았다.

무기 이모저모 도검의 기본형이 된 로마의 도검

기원전 9~5세기경 서양의 도검은 도신과 자루를 따로따로 제작하여 조합한 방식이 대부분이었다. 그러나 스파타나 글라디우스와 같은 로마의 도검은 도신과 일체 성형된 자루에 가드와 그립을 낀 다음 폼멜로 고정하는 방식으로 제작되었다. 이 제작 기술은 이탈리아 반도의 선주민족인 에트루리아인에게서 비롯된 것이라고 전해지고 있으며, 이 시대 이후 서양에서는 일반적인 도검 제작 형식으로 받아들여졌다.

도신의 형태가 독특한 로마군의 단검

푸기오

PUGIO

공격력 2 / 범용성 5 / 휴대성 5 / 비용 5 / 내구성 4 / 선진성 3

크기	크기	사용 연대
약 20~30cm	약 0.1~0.3kg	전1~후5세기

용어 해설

【※1】
주 무기

그 병사가 전투 시에 주로 사용하는 무기. 로마군 보병이라면 글라디우스(24페이지)나 아스타(34페이지), 기병이라면 스파타(26페이지) 등이 주 무기에 해당한다. 전투 중에 칼날이 나가거나 창끝이 부러지는 것과 같은 사고는 빈번하게 발생하기 때문에 무게가 부담되지 않는 작은 무기를 예비 무기로 휴대하는 것을 선호하였다.

【※2】
가벼운 작업

로마군 병사는 싸우는 것뿐만 아니라 도로 부설이나 진지 구축, 공성 병기 건설 등 다양한 임무를 수행하였다. 크기 면에서 다루기 쉽고 간편한 무기인 푸기오는 이러한 잡무에서 빼 놓을 수 없는 존재였다. 현대로 따지자면 휴대용 나이프에 해당하는 도구이다.

다양한 용도로 활용되었던 병사의 편리한 도구

전장에서 병사들은 그 역할에 따라 검이나 창, 활과 같은 무기를 소지했는데, 그 외에도 **주 무기【※1】**를 보조하기 위해 몇 가지 무기를 휴대하는 것이 상식이었다. 로마군 병사에게 푸기오는 이런 역할을 한 무기였다.

푸기오는 단검의 일종으로 그 이름의 어원은 인도유럽어족의 접두어로 「찌르다」라는 뜻의 단어 "peug"라고 전해진다. 전체 길이는 20~30㎝ 정도로 작은 무기지만, 이 크기의 도검치고는 매우 폭이 넓은 양날의 도신이 특징이다. **끝이 날카로워서 찌르기 공격에 적합하며, 폭이 넓은 도신이 상처를 크게 벌려 놓기 때문에 보조용 무기이지만 살상력이 상당했다.** 도신 밑으로 자루가 한 손으로 잡을 만큼의 길이로 뻗어 있으며, 이 부분을 금속판에 끼워 넣고 리벳으로 고정하는 형태로 그립이 형성되었다. 또한 나중에는 금속 가공 기술이 발달하고 나서는 리벳을 사용하지 않고 형성된 푸기오도 만들 수 있게 되었다. 로마군 병사는 허리에 찬 벨트에 푸기오를 매달아서 휴대하고, **전쟁뿐만이 아니라 일상생활이나 가벼운 작업【※2】에도 이용했다고 한다.**

푸기오가 처음 만들어졌을 때에는 그저 금속판을 적당히 가공한 투박한 디자인이 많았지만, 점차 폼멜과 혈조, 검집 등에 다양한 장식이 추가되었다. 이러한 세공이 들어간 푸기오는 보조용 무기로서만 아니라, **소유자의 계급을 나타내는 신분 상징의 역할도 함께하고 있었던 것**으로 추측되고 있다.

무기 도해—푸기오—

단검으로 분류되는 무기이다. 도신의 폭이 매우 넓어서 찔리면 큰 상처를 입게 된다. 로마군 병사들은 어떤 병종이라도 반드시 이 푸기오를 휴대했다.

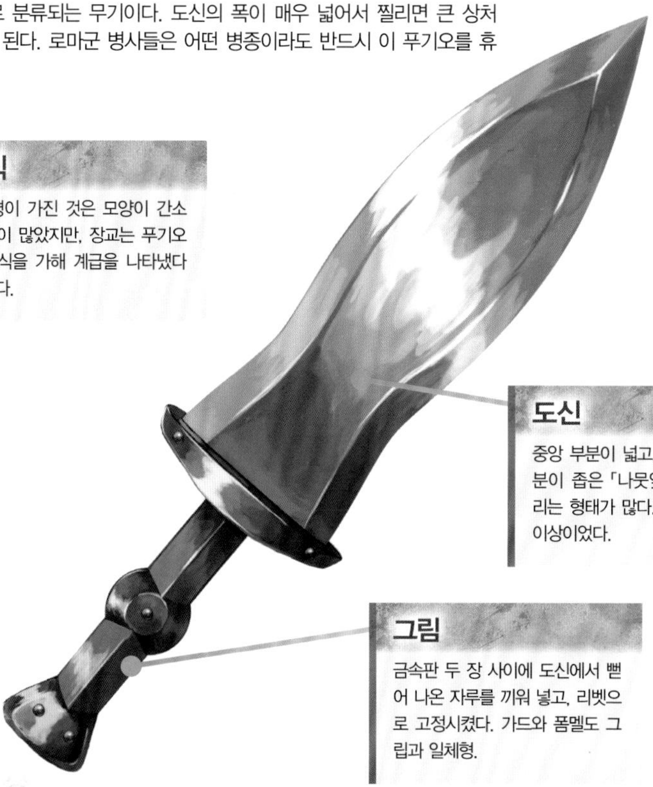

장식

군단병이 가진 것은 모양이 간소한 것이 많았지만, 장교는 푸기오에 장식을 가해 계급을 나타냈다고 한다.

도신

중앙 부분이 넓고, 칼끝과 아랫부분이 좁은 「나뭇잎형」이라고 불리는 형태가 많다. 도신 폭은 5㎝ 이상이었다.

그림

금속판 두 장 사이에 도신에서 뻗어 나온 자루를 끼워 넣고, 리벳으로 고정시켰다. 가드와 폼멜도 그립과 일체형.

무기 이모저모

위인들의 목숨을 빼앗은 암살 수단

푸기오는 소형이기는 하지만, 급소를 꿰뚫으면 간단히 치명상을 줄 수 있는 살상력을 지닌 무기이다. 고대 로마인이 즐겨 입었던 낙낙한 옷은, 이 푸기오를 쉽게 숨길 수가 있었다. 이러한 성질로 인해 푸기오는 호신 도구뿐만 아니라 암살 도구로도 자주 이용되었다. 고대 로마의 위인이었던 가이우스 율리우스 카이사르도 암살된 것으로 알려졌는데, 그의 목숨을 빼앗은 것도 이 푸기오였다고 전해지고 있다.

용맹을 떨친 트라키아인이 사용한 대도

롬파이아

RHOMPHAIA

크기	중량	사용 연대
약 100~200cm	약 2.5~5.0kg	전4~후2세기

공격력 4 / 범용성 3 / 휴대성 2 / 비용 3 / 내구성 3 / 선진성 3

말의 다리를 절단하는 무시무시한 예리함

지금부터 약 2500년 전, 로마 동쪽에 위치한 발칸 반도의 북동부에는 **트라키아인【※1】**라고 하는 민족이 살고 있었다. 그들은 자신들의 기록을 거의 남기지 않았기 때문에 민족의 기원이나 규모, 문화에 관한 상세한 정보는 현재도 여전히 베일에 싸여 있다. 그러나 인근에 위치한 그리스에서 기록된 책에는 간간이 트라키아인 이야기가 등장하여서 이 정보로 그들의 실태를 약간이나마 짐작해볼 수가 있다.

기원전 5세기 그리스의 역사가 **헤로도토스【※2】**의 저서에는 **트라키아인 세력은 강해서 부족끼리 싸우는 것을 멈추고 결속한다면 최강의 국가가 될 것이라며, 일종의 경계심을 가지고 평가한 내용이 쓰여 있다.** 호전적이고 용맹한 민족이었던 트라키아인은 그리스를 비롯하여 주변 여러 국가들을 두려움에 떨게 만들었던 것이다.

롬파이아는 용맹하고 과감한 것으로 알려진 트라키아인이 사용했다고 하는 무기이다. 단편적인 자료밖에 찾을 수 없어서 정확한 모습을 알 수 없지만, 전체 길이는 약 200㎝로 크고, 도신과 자루의 길이가 거의 같은, 긴 자루를 가진 대도 같은 외형이었던 것으로 추측된다. **도신은 활처럼 휘어져 있으며, 날은 휘어진 안쪽에 붙어 있었다. 크기는 전혀 다르지만, 풀을 베는 낫을 떠올리면 이해하기 쉬울 것이다.**

기원전 1세기 로마의 역사가 리비우스의 저서에는 롬파이아에 대한 기술이 남아 있다. 이 기록에 의하면 롬파이아는 숲속에서 쓰기에는 너무 긴 무기라서 말의 다리를 절단하거나 목을 찔러서 들어 올리는 데에 사용되었다고 한다.

용어 해설

【※1】 트라키아인
고대 발칸 반도에서 살았던 민족. 그리스 문화의 영향 아래에 있었으며, 그리스어를 사용했다. 현재 루마니아인이나 불가리아인은 트라키아인의 피를 이었다고 전해지고 있다.

【※2】 헤로도토스
기원전 5세기경 그리스의 역사가. 각지를 여행하면서 정보를 모았으며, 기원전 5세기에 일어났던 페르시아 전쟁의 전말, 당시 지리나 문화, 전설 등을 망라한 역사서 『역사』를 저술하였다. 이러한 공적으로 헤로도토스는 「역사의 아버지」라고 불리고 있다.

무기 도해—롬파이아—

전체 길이 2m에 달하는 거대한 도검. 보통 도검과 달리 휘어진 도신 안쪽에 날이 붙어 있는 것이 특징. 찌르거나 내려치는 용도에는 적합하지 않고, 날카로운 날을 걸어서 절단하기 위한 무기이다.

도신

끝이 크고 휘어져 있다. 도신 안쪽에 날이 붙어 있어서 마치 낫 같다.

자루

자루는 목제였던 것으로 추정된다. 길이는 역사서에 기술된 기록으로 추측하였다.

무기 이모저모 롬파이아에 필적하는 중국의 대도

세계의 무기 역사 중에서도 롬파이아에 필적할 만큼 자루가 길고 거대한 날을 가진 무기는 별로 많지 않다. 형태도 비슷한 것이라면 날의 위치는 반대지만 중국의 언월도가 그나마 가까울 것이다. 언월도는 길이가 200~250㎝인 장병 무기로 전체의 1/3정도의 길이를 도신이 차지하는, 박력이 롬파이아와 막상막하인 대도이다. 도신이 두껍기 때문에 매우 묵직했으며, 무거운 것은 20㎏을 넘었다고 한다. 실전에는 적합하지 않아 거의 훈련에 사용되는 경우가 많았다.

로마를 공포에 떨게 했던 다키아인의 대도

펄스

FALX

크기	중량	사용 연대
약 120cm	약 3.0~5.0kg	1~2세기

공격력 4 / 범용성 3 / 휴대성 3 / 비용 3 / 내구성 3 / 선진성 3

용어 해설

【※1】
데케발루스

다키아의 왕. 재위 기간은 87~106년. 분열 상태였던 다키아를 하나로 모아 로마와 싸웠다. 다키아의 수도가 함락될 때 자살했다.

【※2】
도미티아누스 황제

로마 제국의 황제. 재위 기간은 81~96년. 다키아 원정에 실패하고 로마에게 불리한 강화조약을 체결한 일로 시민들에게 원성을 샀다. 국내 정치에서도 실책을 반복한 데다가 폭군 같은 행동도 많았기 때문에 96년에는 결국 측근들과 원로원 의원 손에 암살당하고 말았다.

다키아 전쟁에서 로마군에게 큰 피해를 주다

흑해 서쪽으로 펼쳐진 다키아 지방(현재 루마니아 주변)에 살고 있던 다키아인들은 옛날부터 로마와 빈번하게 교역을 하는 사이였다. 그러나 로마인은 용맹하고 호전적인 다키아인에게 은근히 두려움을 품고 있었다.

다키아인 병사는 펄스라는 독특한 무기를 사용했다. 펄스는 120㎝나 되는 거대한 도검으로, 롬파이어(30페이지)처럼 휘어진 도신 안쪽에 날이 서 있는 낫 모양 무기이다. **이 휘어진 날이 굉장히 날카로워서, 팔다리에 닿으면 잘려서 날아갈 정도였다.**

다키아인은 오랜 세월 동안 민족 내에서 항쟁을 되풀이하고 있었지만, 87년에 **데케발루스【※1】**가 다키아 왕으로 즉위하면서 다키아 전역이 하나가 된다. 다키아인에게 경계심을 품고 있던 로마의 입장에서 이는 그냥 두고 볼 수 없는 사태였다.

당시 로마의 황제였던 **도미티아누스 황제【※2】**는 서둘러 토벌군을 파견하지만, 다키아군 앞에 무릎을 꿇고 괴멸당하고 만다. 이듬해인 88년에 다시 파견한 토벌군은 간신히 다키아군을 제압하지만, 로마 내에서 반란이 일어났기 때문에 정전 교섭이 이루어졌다. 그 이후, 로마 입장에서 다키아 문제는 최대의 골칫거리가 된다.

98년에 즉위한 트라야누스 황제는 다키아군과의 전투를 상세히 분석했다. 그리고 **펄스에 대한 로마병의 방어구가 취약한 것을 알아채고, 방어구 개선에 나섰다.** 이 대책은 훌륭하게 성공하였고, 이후 로마군은 다키아군에게 우세하게 싸우며 106년에는 수도를 함락시키고 승리하였다.

무기 도해—펄스—

일본의 노다치(野太刀)와 같이 도신이 장대한 무기. 약간 큰 그립이 달려 있으며, 양손으로 다루는 것을 전제로 하고 있다. 칼끝을 걸어서 베는 방식으로, 무시무시한 예리함을 발휘했다.

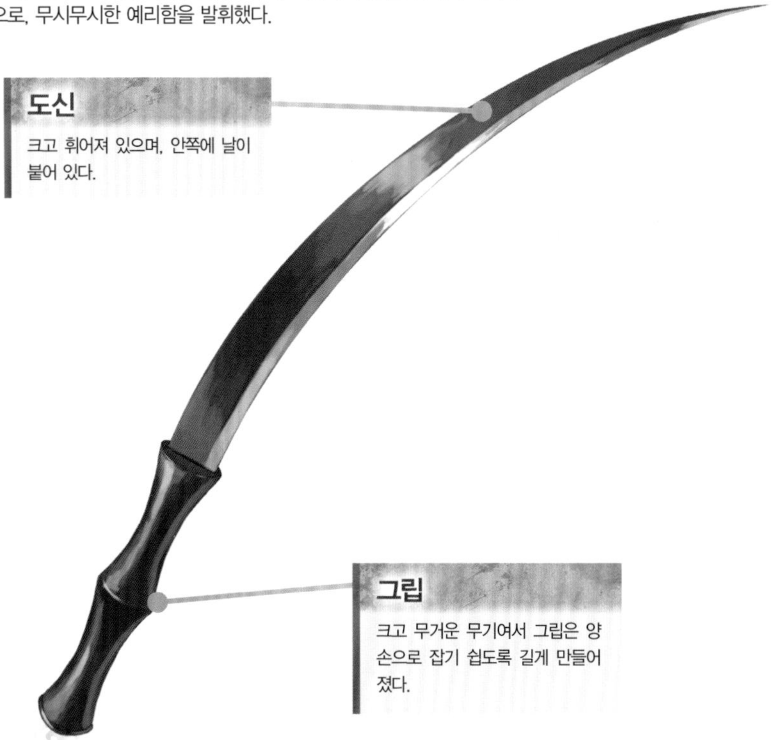

도신

크고 휘어져 있으며, 안쪽에 날이 붙어 있다.

그립

크고 무거운 무기여서 그립은 양손으로 잡기 쉽도록 길게 만들어졌다.

무기 이모저모

펄스는 펄션의 어원?

11~16세기경에 바이킹을 비롯한 북방계 민족이 사용했던 펄션이라는 무기는 일본식 손도끼인 나타처럼 도신이 두꺼운 외날 도검이다. 사실 이 무기의 이름은 펄스가 어원이라고 한다. 펄스는 라틴어로 「낫」이라는 뜻의 단어지만 펄션은 낫처럼 안쪽에 날이 있는 무기가 아니며, 외관상으로도 특별히 펄스와 비슷한 부분은 없다. 굳이 이유를 찾자면 두 무기 모두 곡도(曲刀)로 분류된다는 정도일 것이다.

글라디우스와 나란히 백병전의 주력 무기

아스타

HASTA

공격력 3 / 범용성 3 / 휴대성 3 / 비용 3 / 내구성 3 / 선진성 3

크기	중량	사용 연대
약 180~200cm	약 1.5kg	전5~후1세기

용어 해설

【※1】 벨리테스

보병 군단 중 가장 앞에 배치되었던 경장보병. 중장보병이 되기에는 너무 나이가 어린 사람이나 경제력이 없어서 장비를 사지 못하는 사람이 뽑혔다. 투창과 방패, 가벼운 방어구를 착용하였으며, 전투 개시 때에 창을 던져서 상대 대열을 흩뜨리는 역할을 담당했다.

【※2】 하스타티

벨리테스 뒤, 중장보병 1열에 배치된 병사. 종군 경험이 적은 젊은 시민이 중심. 필룸과 글라디우스(24페이지)를 소지했으며, 창을 던진 뒤 칼을 뽑아 돌격했다.

【※3】 프린키페스

하스타티보다 종군 경험이 많은 병사 집단. 중장보병 2열에 배치되었다.

【※4】 트리아리

중장보병 가장 마지막 대열에 포진한, 고참병으로 구성된 집단. 동료 병사들의 엄호를 담당하며, 전쟁 상황이 불리해지면 참전하였다.

공격에서도 방어에서도 활약한 장창

아스타는 고대 로마 시대에 사용되던 장창의 한 종류. 명칭은 라틴어로 「창」이라는 의미를 갖는다. 창끝은 금속제로 나뭇잎 같은 형태를 하고 있으며, 길이는 10~40㎝ 정도. 자루 부분은 목제로, 창끝 반대쪽 끄트머리에는 뾰족한 금속이 붙어 있었다. 전체 길이는 가장 긴 것이 2m 정도로, 당시 지중해 세계에서 사용되던 창으로는 일반적인 사이즈였다.

아스타의 용도는 보병끼리 벌이는 전투에서 상대를 찌르는 것 외에도 자루 끝을 지면에 박은 뒤 비스듬히 고정시켜서 기병 등의 돌격에 맞서 싸우는 목적으로도 이용되었다. 로마군 보병은 스큐툼(66페이지)이라는 대형 방패를 소지하고 있어서 **집단으로 뭉쳐서 방패로 몸을 가린 뒤 아스타를 들고 있는 것만으로도 순식간에 견고한 진형을 만들 수 있다**는 것도 강점이 되었다.

공화제 로마 시대 초기, 로마 보병 군단은 맨 앞줄부터 순서대로 **벨리테스【※1】**, **하스타티【※2】**, **프린키페스【※3】**, **트리아리【※4】**라는 4열 대열로 구성되었다. 아스타는 벨리테스를 제외한 3열 병사들의 주요 무기로서 채용되었다. 그 후 투척용 창 필룸(46페이지)가 등장하면서 군단병의 역할이 변화하자, 트리아리만이 아스타를 사용하게 된다. 그리고 제정 로마 시대로 들어서면서 또 다시 전술에 변화가 일어나 로마 정규병이 아스타를 사용하는 일은 거의 없어지게 되었다. 하지만 아스타가 쓸모없어졌다는 뜻이 아니며, **로마 주변에 있는 여러 국가에서는 그 후에도 한동안 아스타와 비슷한 타입의 장창을 계속 사용하였다.**

무기 도해—아스타—

전체 길이 2m 정도의 창. 가벼워서 투척도 할 수 있지만, 주로 접근전용 무기로 활용되었다. 한때는 로마군의 주력 무기로 사용되었지만, 전술이 변화하면서 결국 자취를 감추었다.

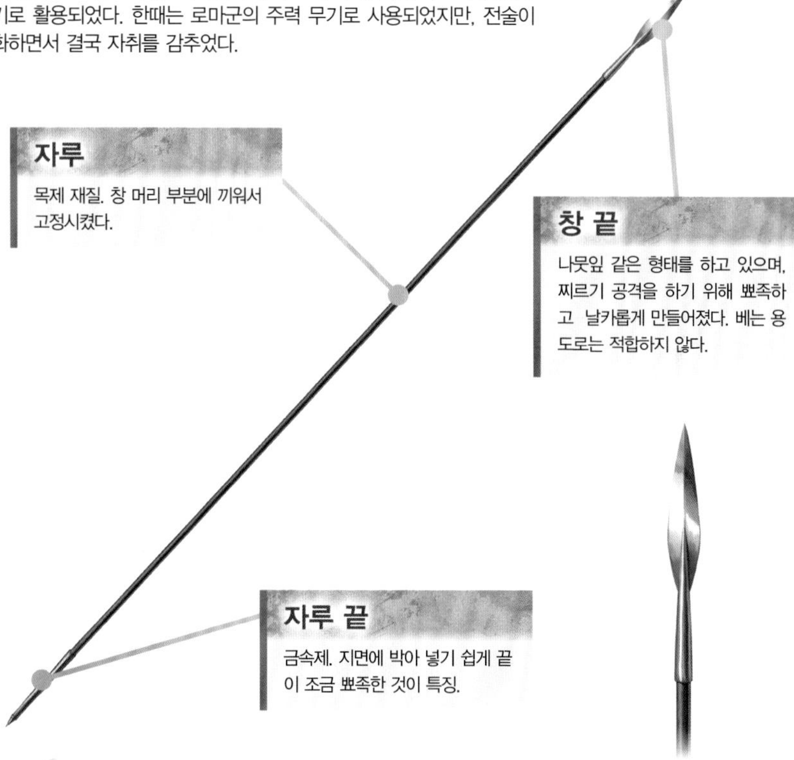

자루

목제 재질. 창 머리 부분에 끼워서 고정시켰다.

창 끝

나뭇잎 같은 형태를 하고 있으며, 찌르기 공격을 하기 위해 뾰족하고 날카롭게 만들어졌다. 베는 용도로는 적합하지 않다.

자루 끝

금속제. 지면에 박아 넣기 쉽게 끝이 조금 뾰족한 것이 특징.

무기 이모저모

고대 보병 전투에서 주역이었던 장창

아스타를 비롯하여 장창 종류는 구조가 단순하여 대량 생산이 가능하였고, 보병도 기병도 사용할 수 있을 정도로 범용성이 뛰어났기 때문에 고대 때부터 여러 지역의 군대에서 채용한 보병용 무기의 주역이었다. 그러나 중세 시대로 접어들자 긴 자루 끝에 도끼나 갈고리 같은 특수한 형태의 날붙이를 붙인 폴암이라고 불리는 무기가 등장하게 된다. 폴암은 찌르는 것뿐만 아니라 내려치거나 거는 등 다양한 용도로 활용되었기 때문에 장창은 점차 그 자리를 빼기게 되었다.

고대 최강을 자랑했던 마케도니아군의 장창

사리사

SARISSA

공격력 4 / 범용성 3 / 휴대성 2 / 비용 3 / 내구성 3 / 선진성 3

크기	중량	사용 연대
약 400~500cm	약 4.0~5.0kg	전4~전2세기

마케도니아식 팔랑크스의 중요한 구성품

기원전 4세기경, 지중해 세계에서는 **알렉산드로스 대왕【※1】**가 다스리는 마케도니아가 패권을 쥐고 있었다. 사리사는 이 시대에 마케도니아군이 사용했던 장창이다.

사리사의 특징은 그 압도적인 길이이다. **당시 지중해 세계에서 흔히 사용되던 장창은 200~250㎝ 정도였는데, 사릿사는 무려 400~500㎝나 되었다. 이 길이는 마케도니아식 팔랑크스【※2】라는 진형을 짜기 위해 조정된 것이었다.**

마케도니아식 팔랑크스는 알렉산드로스 대왕의 아버지 필리포스 2세가 고안한 것이다. 그 전까지 사용되고 있던 팔랑크스는 가로세로 8열의 밀집진형이었는데, 필리포스 2세는 그보다 더 밀도가 높은 가로세로 16열 대열을 채용했다. 마케도니아식 팔랑크스에서는 대열 선두에 선 병사는 사리사를 허리 높이에서 앞을 향해 똑바로 들고, 2열부터는 앞 열 병사 사이로 창 끝을 밀어 넣는다. 그러면 5열째에 선 병사의 사리사 창 끝이 정확히 선두에 선 병사 앞으로 튀어 나오는 형태가 된다. **이렇게 함으로써 선두 병사는 길이가 다른 다섯 자루의 창 다발로 보호받는 상태가 되며, 선두가 쓰러져도 바로 다음 병사가 대응할 수 있었다.**

새로운 팔랑크스는 지금까지 볼 수 없었던 견고한 진형이었고, 필리포스 2세는 그리스의 여러 도시들이 연합한 연합군을 격파하며 패자가 되었다. 그리고 아버지의 뒤를 이은 알렉산드로스 대왕은 동방으로 진출하며 유례없는 대제국을 건설하였다.

용어 해설

【※1】
알렉산드로스 대왕

본명은 알렉산드로스 3세. 마케도니아 왕국 필리포스 2세의 아들로, 아버지가 암살을 당하며 기원전 336년에 국왕으로 즉위했다. 아버지의 패업을 이어 그리스 통일을 이룬 뒤, 원정군을 편성하여 이집트와 페르시아를 정복하고 중앙아시아와 인도에 이르는 광대한 판도를 소유한 대제국을 건설하였다. 그러나 대위업을 달성했음에도 불과 32세의 나이에 병으로 사망하고 만다. 그가 남긴 「가장 강한 자가 제국을 계승하라」라는 유언에 따라 후계자 싸움이 벌어지고, 대제국은 분열되었다.

【※2】
팔랑크스

기원전 15세기경에 바빌로니아에서 고안된 진영을 가리킨다. 창과 방패를 든 중장보병들이 밀집된 대열을 편성하고 방패 사이로 창을 내밀며 한 몸이 되어 싸웠다.

무기 도해—사리사—

다른 군에서 사용되던 창보다 길이가 약 두 배 더 긴 장창. 창병들의 전투에서는 길이 차이로 인해 압도적으로 유리했으며, 기병의 돌격도 쉽게 저지할 수 있었다.

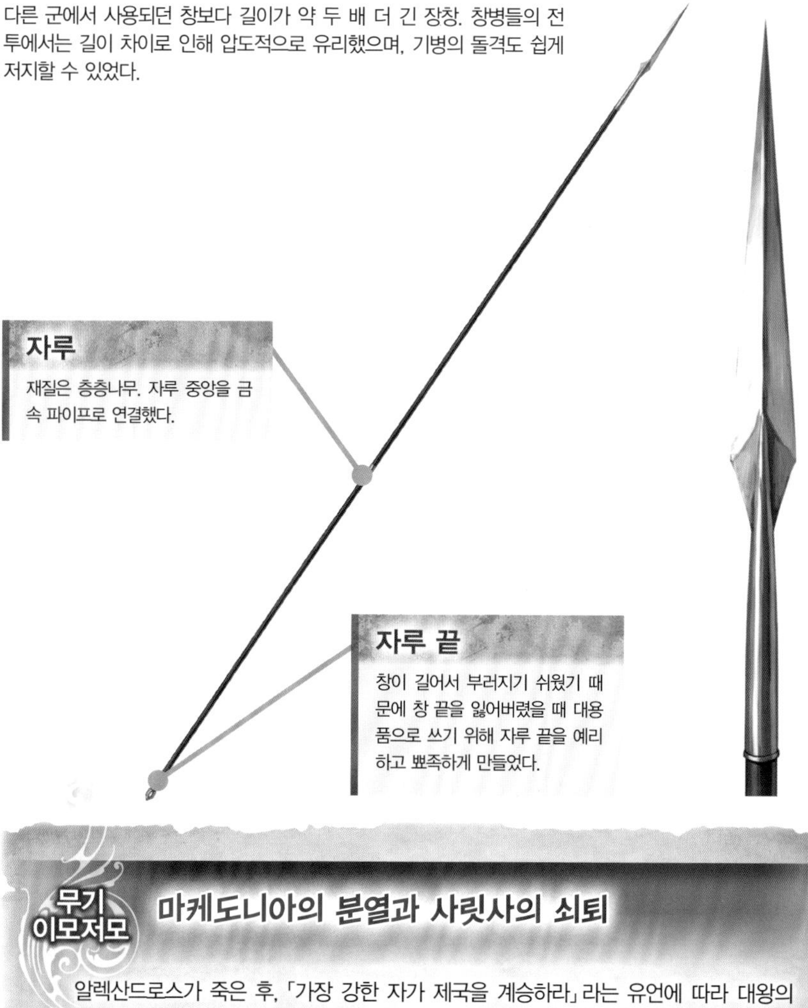

자루

재질은 층층나무. 자루 중앙을 금속 파이프로 연결했다.

자루 끝

창이 길어서 부러지기 쉬웠기 때문에 창 끝을 잃어버렸을 때 대용품으로 쓰기 위해 자루 끝을 예리하고 뾰족하게 만들었다.

무기 이모저모 마케도니아의 분열과 사릿사의 쇠퇴

알렉산드로스가 죽은 후, 「가장 강한 자가 제국을 계승하라」라는 유언에 따라 대왕의 후계자들은 서로 다투게 되었다. 이 싸움에서 사리사는 필요에 따라 더욱 길이가 길어졌고, 600㎝가 넘는 것도 만들어졌다고 한다. 그러나 과도하게 길어진 창은 다루기 어렵게 되었고, 사리사를 사용하는 군대는 기동력과 유연성에 큰 문제를 안고 말았다. 그로부터 150년 후, 로마군은 마케도니아군의 약점을 간파하고 필룸 전술로 농락하며 승리를 거두었다.

유적의 부조로 남겨진 수수께끼의 고대 창

컨터스

CONTUS

공격력 3 / 범용성 2 / 휴대성 2 / 비용 5 / 내구성 2 / 선진성 3

크기	중량	사용 연대
약 350cm	약 3kg	1~2세기

능숙하게 사용하려면 상당한 기술이 필요하다?

알제리 **티파사 박물관【※1】**에는 고대 로마 시대의 유적 벽면이 있는데, 이 벽면에는 양손으로 긴 막대기 같은 것을 든 기병이 돌격하는 모습을 본뜬 부조가 새겨져 있다. **부조로 그려진 막대기 같은 것은 컨턴스라는 고대 기병용 장창으로 추측되고 있다.**

컨턴스는 실물이 발굴된 것은 아니기 때문에 모양에 대해서는 앞서 말한 부조나 컨턴스에 대해서 기록된 문헌 등을 토대로 추측할 수밖에 없다. 이러한 자료를 바탕으로 산출된 컨터스의 길이는 약 350㎝. 당시 표준적인 기병용 창의 길이는 200㎝ 전후였기 때문에 컨터스는 유난히 길었던 것으로 추측된다. 중량은 재질이 나무였다고 가정했을 때 약 3㎏. **창 끝의 형태는 여러 주장이 있지만, 문헌에 따르면 단순히 막대기 끝을 뾰족하게 깎았을 뿐이라는 주장이 유력하다.**

컨터스를 사용했던 것은 로마군 기병이 아니라 말 다루는 솜씨가 훨씬 더 뛰어난 **사르마티아【※2】**나 메소포타미아 동맹군이었다. 부조에 의하면 컨터스는 양손으로 들고 돌격하는 무기이다. 당연하게도 이 상태에서는 고삐를 잡을 수 없기 때문에 자세는 불안정하고, 말 제어도 제한적이 되고 만다. **컨터스를 다루려면 상당히 고도의 기마 기술이 필수로 여겨졌을 것이다.**

실물이 발견되지 않았고, 자료도 한정적이기 때문에 컨터스의 실제 모습을 설명하기에는 다소 무리가 있는 해석도 많다. 앞으로의 더 깊은 연구가 기대되는 바이다.

용어 해설

**【※1】
티파사 박물관**

티파사는 알제리의 지중해 연안에 위치한 도시. 제정 로마 시대에 로마군이 점거한 적이 있으며, 당시의 유물들이 남아 있다. 티파사의 유물들은 유네스코 세계문화유산에 등록되어 있으며, 현지에는 유적에서 발굴된 발굴품을 전시하는 박물관도 건설되었다.

**【※2】
사르마티아**

기원전 4세기부터 기원후 4세기에 걸쳐 우크라이나 남부에서 생활하던 유목민족.

무기 도해—컨터스—

북아프리카에서 발견된 고대 로마 시대의 유적에 그려진 흔적으로 존재가 드러난 기병용 창. 정확한 형태나 사용법에 대해서는 명확하지 않은 점이 많아 의논의 여지가 있다.

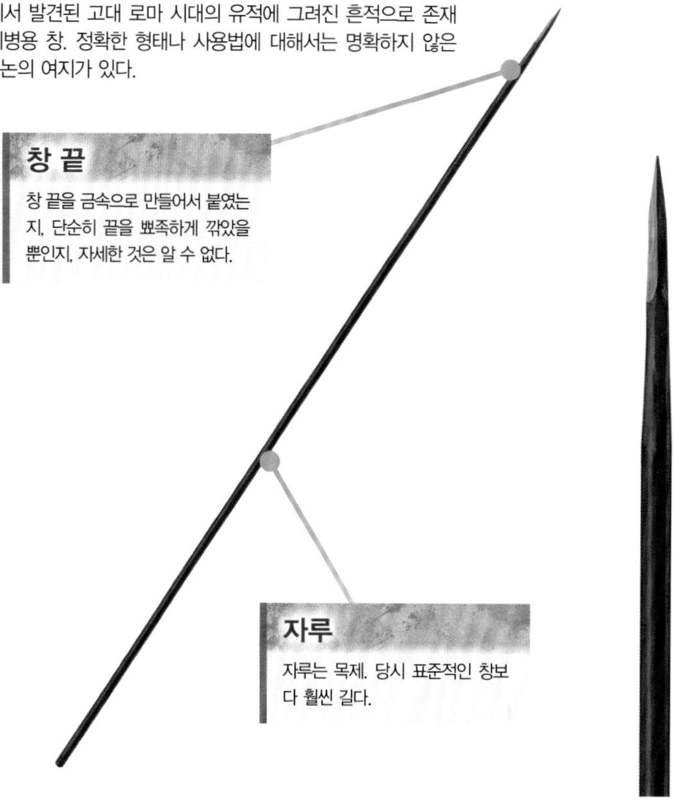

창 끝

창 끝을 금속으로 만들어서 붙였는지, 단순히 끝을 뾰족하게 깎았을 뿐인지, 자세한 것은 알 수 없다.

자루

자루는 목제. 당시 표준적인 창보다 훨씬 길다.

무기 이모저모 중세에 크게 진화한 기병창

고대 전쟁의 중심은 보병이었으며, 기병은 유격적인 임무나 패잔병의 추격 등 보조적인 임무를 수행하는 경우가 많았다. 그러나 중세 시대에 들어서면서 등자가 개발됨에 따라 기수와 말의 일체감이 증가하였고, 이로 인해 기병의 돌격은 적을 분쇄하는 압도적인 파괴력을 가지게 된다. 기병의 역할이 변화하면서 기병용 무기도 눈부시게 진화했다. 고대 기병창은 가늘고 약했지만, 중세에는 돌격용으로 특화된 두껍고 튼튼한 기병창이 만들어지게 되었다.

인류가 최초로 손에 쥔 무기의 시작점

클럽

CLUB

공격력 / 범용성 / 휴대성 / 비용 / 내구성 / 선진성

크기	중량	사용 연대
약 60~70cm	약 1.0~1.5kg	연대 미상

용어 해설

【※1】
백병전

근거리 전용 무기를 사용해서 치루는 전투. 고대 전투에서는 활이나 투창 같은 원거리용 무기가 그다지 강력한 공격력을 가지고 있지 않았기 때문에 원거리로 승부가 결정되는 일은 거의 없었으며, 백병전으로 승패를 분명히 가리는 경우가 많았다.

【※2】
메이스

금속으로 만든 폼멜과 자루를 조합한 곤봉. 나무로 만든 클럽보다 타격력이 훨씬 더 높으며, 갑옷 위로 내려쳐도 피해를 줄 수 있다.

시대 흐름을 따라가지 못하고 쇠퇴

클럽은 인류가 손에 쥔 가장 원시적인 무기로, 그 기원은 인류가 처음 도구를 얻은 시대로 거슬러 올라간다.

초기의 클럽은 크기가 적당한 나뭇조각이나 동물의 뼈 등을 가공하지 않고 그대로 사용한 것이었지만, 점차 다루기 쉽도록 그립이 만들어졌다. **그리고 더 세월이 흘러 끝이 묵직해지도록 중심을 조정하거나 타격에 사용하는 부분을 금속으로 보강하는 등, 한층 더 공격력을 높이기 위해 다양한 방법이 고안되었다.**

검 제조법이 이미 확립되었던 그리스나 로마에서 정규군이 클럽을 사용하는 일은 없었지만, 금속 가공 기술을 보유하지 못한 민족에게는 클럽이 **백병전【※1】**용 주력 무기였다. 클럽은 검처럼 세련된 무기는 아니었지만, 그래도 팔이나 다리에 맞으면 타박상이나 골절상을 입게 되고, 잘못 맞으면 치명상을 입을 가능성도 있었다. 그러나 **고대부터 중세에 걸쳐서 검이나 창 등이 계속 진보하던 것에 비해 클럽은 거의 진보하지 못한 채, 공격력이 낮고 시대에 뒤떨어진 무기가 되고 만다.** 그리고 같은 용도의 타격 무기인 **메이스【※2】**가 등장하게 되면서, 유럽에서는 클럽이 전장에서 사용되는 일은 거의 없었다.

오세아니아나 남북 아메리카 대륙 등 금속 가공 기술의 발달이 늦었던 지역에서는 중세 이후에도 클럽이 여전히 계속 사용되고 있었는데, 선주민족들의 유적에서는 그들이 사용했던 독특한 형태의 클럽이 발굴되고 있다.

무기 도해—클럽—

클럽은 몽둥이 형태를 한 다루기 쉬운 길이의 타격 무기. 재질은 나무나 뼈 등이 이용되었다. 단순하게 후려치는 사용법밖에 없으며, 위력은 사용자의 근력에 따라 다르다.

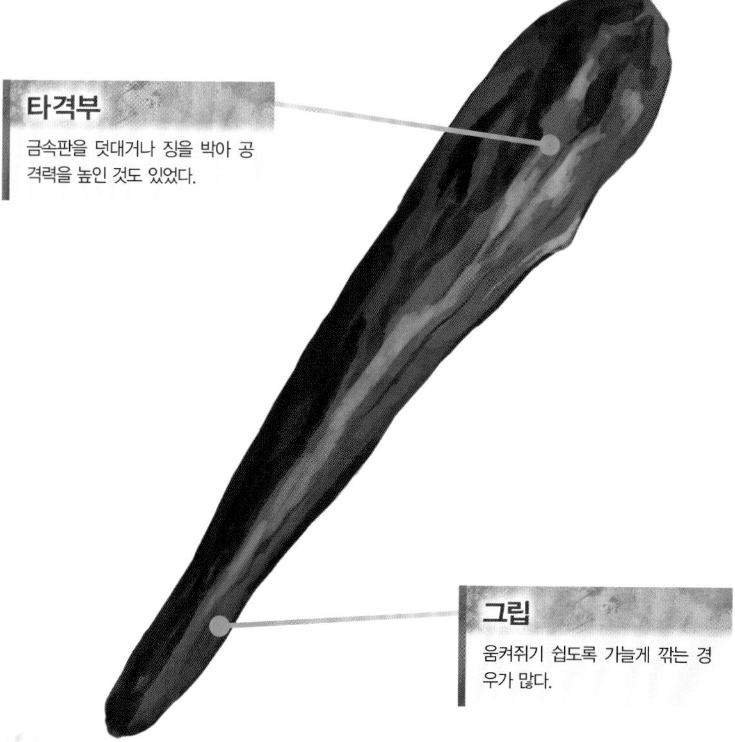

타격부

금속판을 덧대거나 징을 박아 공격력을 높인 것도 있었다.

그립

움켜쥐기 쉽도록 가늘게 깎는 경우가 많다.

무기 이모저모 트럼프카드에 그려진 클럽의 기원

클럽을 사용한 사람 중 세계에서 가장 유명한 사람은 그리스 신화에 나오는 영웅 헤라클레스이다. 헤라클레스의 곤봉은 그가 아폴론의 신탁을 받고 열두 가지의 과업에 도전할 때, 직접 나무를 깎아 만든 것이다. 그는 이 곤봉을 들고 혹독한 시련을 겪었으며, 때로는 흉악한 괴물들과 싸웠다. 칼이 통하지 않는 몸을 가진 네메아의 사자나 머리가 두 개 달린 마견(魔犬) 오르토스와의 전투에서는 모두 곤봉 일격에 승리를 거머쥐었다고 전해진다.

어업 도구에서 발전한 삼지창

트라이던트

TRIDENT

크기	중량	사용 연대
약 150~180cm	약 2.0~3.0kg	연대 미상

공격력 2 / 범용성 2 / 휴대성 3 / 비용 4 / 내구성 3 / 선진성 2

용어 해설

【※1】 할베르트

나무나 금속으로 만들어진 자루 끝에 창 촉이나 도끼 등을 부착한 근접 전투용 무기. 자루의 길이는 150㎝ 정도의 것부터 300㎝가 넘는 것까지 다양했다. 좁은 의미로는 중세 시대 스위스에서 탄생한 할베르트라는 무기를 가리킨다. 할베르크는 길이 200~350㎝인 창에 도끼를 조합한 무기로, 도끼 날 반대쪽에는 돌기가 달려 있었다.

【※2】 레티아리우스

고대 로마 시대에 존재했던 검투사의 분류 중 하나. 레테를 가지고 있었기 때문에 투망 검투사라고도 불렸다. 투구나 방패를 장비하지 않은 경장비 투사들로, 민첩하게 움직였다.

【※3】 갤리선

인력으로 노를 저어서 움직인 배. 풍력을 이용해서 움직이는 범선과 비교하면 속도 지속력은 크게 떨어지지만, 가감속이나 회전 능력은 범선보다 뛰어났다.

고대 검투사들의 무기로 활약

트라이던트는 창 끝이 세 개로 갈라진 **할베르트【※1】**의 한 종류. 원래는 어부가 물고기를 잡기 위해 사용하던 어업 도구로, 창과 같은 시대에 탄생한 무기로 추측된다. 처음에 트라이던트의 창 끝으로는 사슴뿔이 사용되었지만, 금속 가공 기술이 발전한 뒤에는 금속제로 바뀌었다. 창 끝이 세 갈래로 나눠져 있는 것은 물고기를 재빨리 낚아채기 쉽게 고안된 결과이다. 세 갈래의 창 끝은 평행인 것이나 끝이 벌어져 있는 것 등 형태가 정해져 있지는 않지만, 그 끝에는 물고기를 놓치지 않도록 미늘이 달려 있는 경우가 많았다. 자루의 길이는 150~180㎝이며, 한손용 무기이다.

트라이던트를 본격적으로 대인용 무기로 사용하기 시작한 것은 고대 로마 시대의 검투사(글래디에이터)들이다. 고대 로마에서 트라이던트는 퓌스시나라고 불렸으며, **레티아리우스【※2】**라고 불리는 검투사 등이 사용했다. 레티아리우스는 퓌스시나 외에도 레테(44페이지)나 단검을 지니고 있었으며, **레테로 상대의 움직임을 제지하면서 퓌스시나로 찌르는 전법으로 싸웠다고 한다.**

또 고대 유럽의 **갤리선【※3】** 선원들도 싸우게 되면 트라이던트를 사용했으며, 기원전 아시아에서도 농민들이 트라이던트를 무기로 사용했다는 것을 알 수 있다. 그러나 **트라이던트를 군대용 정식 무기로 채용한 국가는 현재로써 한 곳도 발견되지 않았다.** 트라이던트는 어디까지나 수렵 도구의 연장이며, 병사가 목숨을 맡길 정도로 신뢰할 수 있는 무기는 아니었던 것이다.

무기 도해—트라이던트—

창 끝이 세 개로 나눠진 할베르트. 물고기를 잡기 위한 어업 도구이지만, 민중의 무기로도 사용되었다. 고대 로마에서는 이것을 주 무기로 삼은 검투사도 존재했지만, 군대에서는 사용되지 않았다.

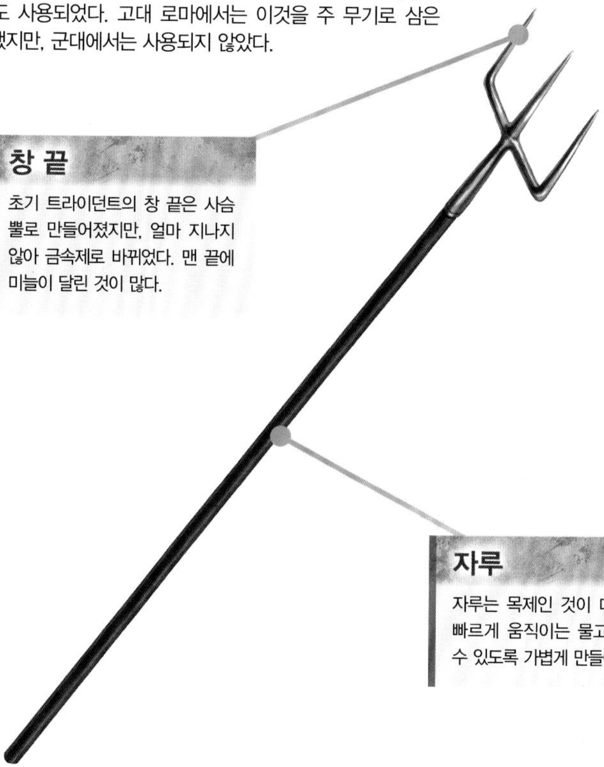

창 끝

초기 트라이던트의 창 끝은 사슴뿔로 만들어졌지만, 얼마 지나지 않아 금속제로 바뀌었다. 맨 끝에 미늘이 달린 것이 많다.

자루

자루는 목제인 것이 대부분이다. 빠르게 움직이는 물고기를 쫓을 수 있도록 가볍게 만들어졌다.

무기 이모저모 신들이 소유한 전설의 트라이던트

역사 속에서는 별로 존재감이 없는 트라이던트지만, 신화 세계에서는 이 무기를 애용하는 신들도 등장한다. 그 중 대표적인 것이 그리스 신화에 등장하는 바다의 신 포세이돈이다. 포세이돈의 트라이던트는 트리아이나라고 불리며, 폭풍과 해일을 일으키거나 산을 가르는 등 엄청난 능력을 감춘, 그야말로 바다의 신에게 어울리는 전설의 무기이다. 또 인도 신화 속 최고신 중 한 명인 시바도 트리슐라라고 하는 트라이던트를 소지하고 있다.

레티아리우스 전용 전투 그물

레테

RETE

공격력 / 범용성 / 휴대성 / 비용 / 내구성 / 선진성
1 / 2 / 3 / 4 / 2 / 2

크기	중량	사용 연대
약 100cm	약 1.0kg	전2~후2세기

상대의 무기를 잡아 묶으며 움직임을 봉쇄하는 그물

고대 로마에서는 검투사(글래디에이터)라 불리는 전사들이 투기회에서 자신들의 목숨을 걸고 다른 검투사나 맹수들과 싸웠다. 이러한 투기회는 고대 로마의 대표적인 오락이었고, 많은 시민들이 열광했다.

검투사는 그 전투 스타일에 따라 여러 종류로 분류되었으며, 각각 테마에 어울리는 장비를 갖추고 싸움에 임했다. 그 중에서도 **레티아리우스【※1】**라고 불리는 투사들은 **트라이던트【※2】**(42페이지)와 레테라는 투망을 사용한 독창적인 전투 스타일로 이채를 띠었다.

레테는 튼튼한 밧줄을 엮어서 만든 한 변이 100㎝ 정도인 그물로, 형태는 어부가 물고기를 잡기 위해 사용한 투망과 흡사했다. 레티아리우스는 이것을 **적의 무기에 감아서 공격을 제지하거나 몸에 덮어씌워서 움직임을 봉쇄했다.** 레티아리우스는 어깨를 보호하는 방어구 착용만 허가를 받았을 뿐, 방패나 투구는 소지하지 않았기 때문에 한 번이라도 상대의 공격에 당하면 치명상으로 이어지는 위험이 있었다. 그렇기 때문에 레테를 사용해서 상대의 움직임을 저지하는 기술은 그들의 생명선이 되었다. 공격에는 오로지 트라이던트만 사용했으나, 상대에게 최후의 일격을 가할 때에는 **단검【※3】**을 이용했다.

순수한 투쟁에서 레티아리우스의 전투 스타일은 매우 위험 부담이 높고, 레테는 결코 우수한 무기라고는 할 수 없다. **레테라는 무기는 어디까지나 관객들의 눈을 즐겁게 만들기 위한 용도일 뿐이며, 로마군의 정식 장비로 채용된 경우는 단 한 번도 없었다.**

용어 해설

【※1】
레티아리우스

투망 검투사라고도 불리던 검투사의 분류 중 한 가지. 젊은 사람이 선발되는 경우가 많으며, 평균 연령은 18~20세였다고 전해진다.

【※2】
트라이던트

고대 로마에서는 퓌스시나라고 불렸다. 레테와 마찬가지로 트라이던트를 사용하는 검투사도 레티아리우스뿐이었다.

【※3】
단검

레티아리우스는 허리띠에 푸기오(28페이지)를 차고 있었다. 푸기오는 대전 상대를 전투 불능으로 만들 때나 관객의 요구에 따라 상대를 죽일 때, 목을 찌르기 위해 쓰였다. 또 상대가 레테를 잡아서 끌어당겼을 때 끊는 데(레테는 레티아리우스의 손목에 묶여 있었다)에도 쓸모가 있었다. 그러나 레테를 잃은 레티아리우스가 그 후에 승부에서 이길 확률은 한없이 낮았다.

무기 도해—레테—

어부가 물고기를 잡을 때 사용하던 투망과 매우 흡사한 형태. 무기나 방어구의 튀어나온 부분 등에 걸어서 상대의 몸을 옭아매어 움직임을 제한하기 위해 사용되었다.

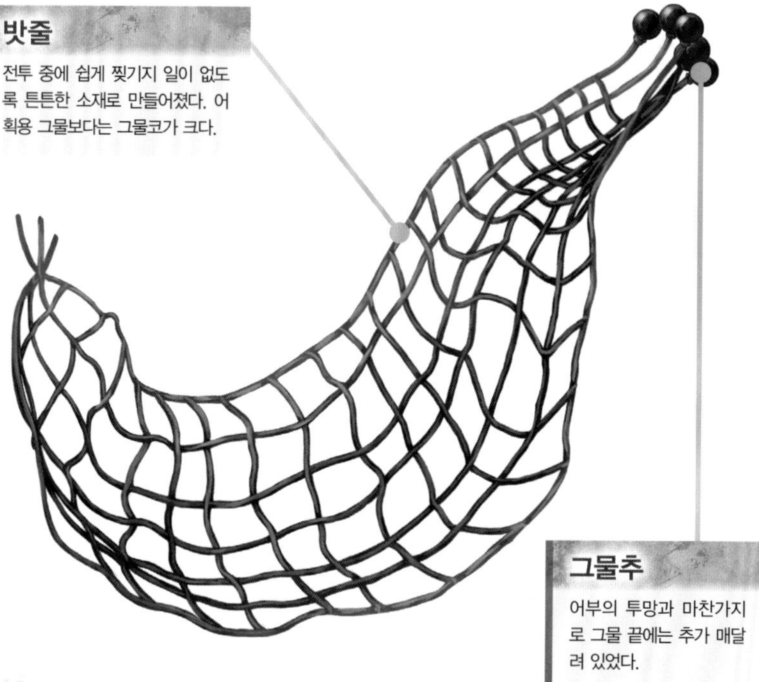

밧줄

전투 중에 쉽게 찢기지 일이 없도록 튼튼한 소재로 만들어졌다. 어획용 그물보다는 그물코가 크다.

그물추

어부의 투망과 마찬가지로 그물 끝에는 추가 매달려 있었다.

무기 이모저모 죽음과 마주하는 가혹한 직업

고대 로마 시대에는 레티아리우스 외에도 트라키아인 무장을 한 트라케스나 삼니움인 전사를 모방한 삼니테, 주로 맹수를 상대로 싸운 베스티아리 등 다양한 검투사들이 있었다. 그들의 무기는 전부 지급품이었는데, 대부분의 검투사는 흉부나 복부 등 급소를 보호하는 방어구 장비를 착용할 수 없어서 사망률이 높았다. 가혹한 생활을 하는 검투사들의 불만은 나날이 쌓여 갔고, 반란을 일으키는 일도 적지 않았다고 한다.

타국을 압도한 로마 군단 전술의 핵심

필룸/필라

PILUM/PILA

공격력 3 / 범용성 4 / 휴대성 3 / 비용 3 / 내구성 1 / 선진성 5

크기	중량	사용 연대
약 150~200cm	약 2.0~2.5kg	전4~후3세기

방패를 무용지물로 만든 획기적인 투창

투척용【※1】 창으로는 재블린(48페이지)이 많이 알려져 있는데, 고대 로마군에서는 재블린과는 다른 필룸과 필라라는 두 종류의 투창을 채용하고 있었다.

일반적으로 투척용 창은 멀리 던질 수 있도록 작고 가볍게 설계된다. 그러나 필룸은 최대 200㎝ 정도였으며, 창 끝을 포함하여 50~70㎝ 정도의 부분이 금속제였기 때문에 중량도 2㎏가 넘었다. 이것은 **투척용 무기치고는 상당히 크고 무거운 사이즈이다.** 이와 반대로 필라는 최대 150㎝ 정도로 조금 짧으며, 자루도 가늘고 가볍게 만들어졌다.

공화제 로마의 보병들은 필룸과 필라를 가지고 있다가 전투가 시작되면 우선 원거리에서 가벼운 필라를 던져 상대를 견제하며 접근. 충분히 상대에게 접근하면 이번에는 필룸을 던진다. **길고 무거운 필룸은 상대의 방패에 깊게 박히기 쉬워서 방패를 파괴하거나 매우 사용하기 어렵게 만들 수 있었다.** 또 표적을 벗어나 지면에 떨어져도 깊게 박히기 때문에 **적에게 빼앗겨서 다시 사용되기 힘들다는 것도 장점이었다.** 그 후 필룸을 던진 병사들은 방어수단을 잃은 상대에게 글라디우스(24페이지)를 뽑아 들고 돌격하여 **백병전【※2】**으로 압도하였다.

공화제 로마 후기에는 창 머리와 자루를 고정하던 쇠 장식을 목제로 변경하였고, 금속 부분으로 된 자루도 가늘고 잘 휘어지도록 가공하였다. 이렇게 함으로써 필룸은 한 번 사용으로 파손되기 쉬워졌고, 그래서 적이 다시 사용하기 어려운 무기가 되었다.

용어 해설

**【※1】
투척용**

손에 든 상태에서 접근 무기로 사용하는 것이 아니라, 상대에게 던지는 원격 무기로서 제작된 무기. 근접 전투용으로 설계된 창은 상대의 무기와 맞부딪치는 것도 가정해서 튼튼하게 제작되었으며, 무게가 있다. 또 지면에 꽂아서 상대의 돌격을 막는 사용법을 위해 자루 끝을 뾰족하게 만드는 것이 많다. 이에 비해 투척용 창은 멀리 던질 수 있도록 가늘고 가볍게 만들어진 것이 많으며, 끝을 뾰족하게 만들 필요도 없기 때문에 자루 끝에 금속이 붙어 있지 않은 것이 대부분이다.

**【※2】
백병전**

도검이나 창 등 근접 전투용 무기를 사용한 전투를 가리킨다. 로마군 보병은 혹독한 훈련을 통해 검사로서 뛰어난 기량을 가진 자가 많았고, 적진에 칼을 들고 뛰어들어 상황을 백병전으로 바꿈으로써 압도적으로 강한 힘을 발휘했다.

무기 도해—필룸/필라—

글라디우스와 나란히 로마군의 주력 무기. 상대에게 직접적으로 부상을 입하는 것이 아니라 방패를 못 쓰게 만들어서 백병전을 유리하게 만드는 포석으로 사용하기 위해 설계된 특이한 타입의 무기이다.

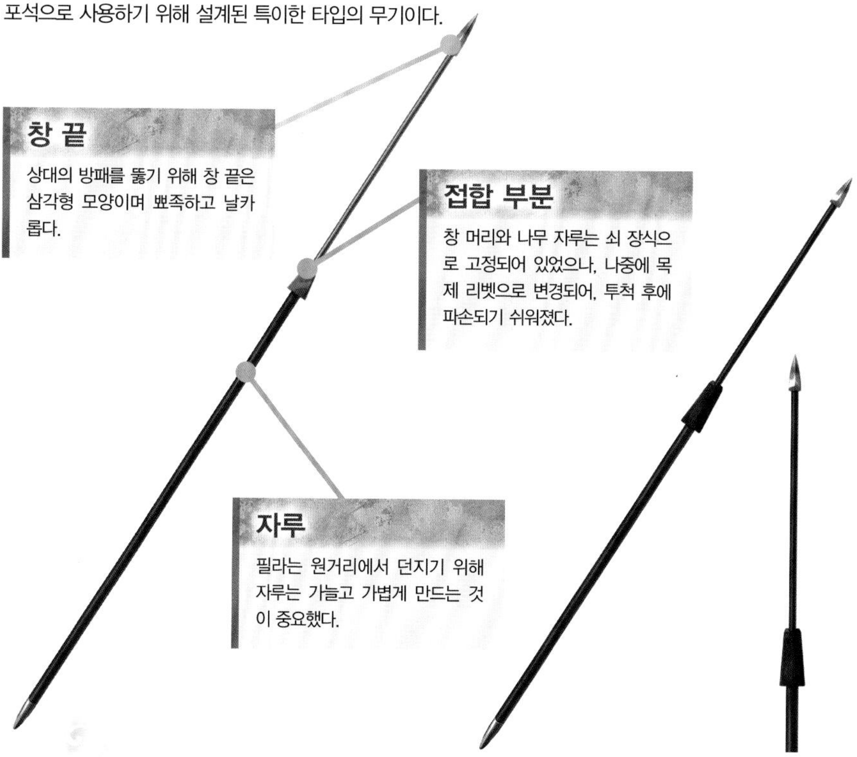

창 끝

상대의 방패를 뚫기 위해 창 끝은 삼각형 모양이며 뾰족하고 날카롭다.

접합 부분

창 머리와 나무 자루는 쇠 장식으로 고정되어 있었으나, 나중에 목제 리벳으로 변경되어, 투척 후에 파손되기 쉬워졌다.

자루

필라는 원거리에서 던지기 위해 자루는 가늘고 가볍게 만드는 것이 중요했다.

무기 이모저모 필룸을 채용하게 된 비화

고대 지중해 세계에서는 고대 그리스에서 탄생한 장창을 소지한 중장보병끼리 대열을 이루는 팔랑크스라는 부대 편성이 주류였다. 그러나 로마는 주변 부족과의 싸움에서 상대의 투창에 고전을 겪었던 경험을 통해 자국의 군대에도 투창을 도입. 시행착오를 겪은 끝에 필룸을 만들어냈다. 필룸을 이용한 전법은 순식간에 당시 주변 국가들을 압도하게 되고, 팔랑크스를 탄생시킨 부모인 마케도니아 왕국까지도 무너뜨리며 그 우수함을 증명했다.

던지기 쉽게 설계된 투척 전용 창

재블린

JAVELIN

공격력 2 / 범용성 4 / 휴대성 4 / 비용 4 / 내구성 3 / 선진성 2

크기	중량	사용 연대
약 70~100cm	약 1.0~1.5kg	전28~15세기

전차용 무기에서 보병용 무기로

재블린은 던져서 사용하기 위해 제작된 창의 총칭이다. 길이는 100㎝ 전후로, 일반적으로 근접 무기로 사용되는 창보다 훨씬 짧다. 상대와 맞부딪치거나 공격을 하는 용도는 배제했기 때문에 자루도 가늘고 중량은 1.5㎏ 이하인 것이 많다. 창 끝은 단순하게 나뭇잎 모양으로 된 것이 많지만, 더욱 간략화해서 단순히 끝을 뾰족하게만 만든 쇳조각이 붙어 있는 것도 있었다.

재블린 자루 끝은 뾰족하지 않은 것이 일반적이며, 그 대신에 고리로 된 끈이 달려 있는 경우가 많았다. 이 끈은 **스피어스로어라는 도구를 위해 달린 것이다. 스피어스로어는 갈고리 같은 돌기물이 있는 막대기 모양의 도구로, 돌기에 재블린에 묶인 끈을 걸어서 힘껏 휘두르면 손으로 잡아서 던지는 것보다 더 멀리 날릴 수가 있었다.**

재블린이 군사 목적으로 사용된 것은 기원전 28세기경이라는 주장이 유력하다. **수메르인【※1】** 유적에서 발견된 재블린을 실은 **채리엇(전차)【※2】**이 그려진 유물이나 채리엇에 탄 병사가 재블린을 던지는 모습이 그려진 모자이크화가 이 주장을 뒷받침하는 증거이다. 그 후, 재블린은 그리스와 로마에도 보급되었고, 주로 기병이나 경장보병의 무기로 사용되었다. **그리고 로마군은 재블린의 효과에 주목하여, 개량을 거듭한 끝에 필룸(46페이지)를 개발. 이것을 주력 무기로 채용하면서 황금시대를 맞이했다.**

용어 해설

【※1】
수메르인

메소포타미아 남부(현재의 이라크나 쿠웨이트 주변)에서 기원전 3000년 전부터 번영했다고 하는 고대 문명. 몇몇 도시국가가 성립하고 번영했지만, 기원전 2000년경에는 모두 멸망하였다.

【※2】
채리엇

고대 전쟁에서 사용된 전투용 전차. 2~4마리의 말로 2륜 또는 4륜 차량을 움직였으며, 병사는 차량 위에서 공격을 했다. 기병이 발달하면서 서서히 쇠퇴하였다.

무기 도해—재블린—

투척용으로 제작된 작고 가벼운 창. 고대 전쟁에서는 활의 위력이 별로 높지 않았기에 원거리 공격에는 재블린을 사용하는 경우가 많았다.

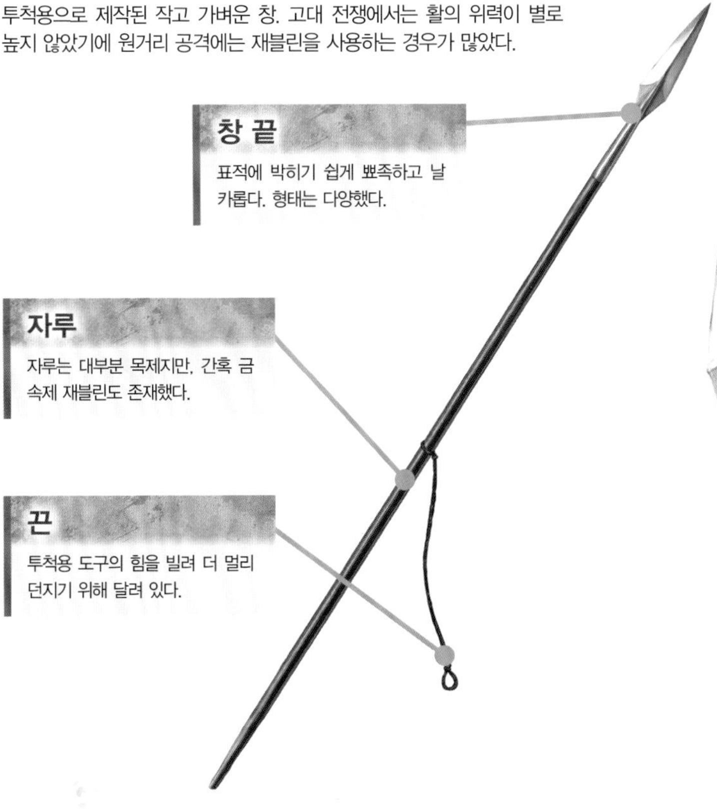

창 끝

표적에 박히기 쉽게 뾰족하고 날카롭다. 형태는 다양했다.

자루

자루는 대부분 목제지만, 간혹 금속제 재블린도 존재했다.

끈

투척용 도구의 힘을 빌려 더 멀리 던지기 위해 달려 있다.

무기 이모저모 육상경기로 다시 태어난 기술

고대 전쟁에서 재블린은 주요 원거리 도구였으나, 시간이 흘러 활의 위력과 사정거리가 향상되자 활에게 주인공의 자리를 내어주게 되었다. 재블린이 전장에서 완전히 모습을 감춘 것은 15세기경이라고 전해지고 있다. 그러나 창을 던지는 행동은 고대 그리스에서 스포츠의 일종으로 인식되고 있었기 때문에 재블린을 투척하는 기술이 쇠퇴하지는 않았다. 현재 창던지기는 육상경기의 한 종목이 되어 많은 선수들이 기술을 겨루는 장이 되었다.

드물게 전체가 금속으로 만들어진 투창

솔리페럼

SOLIFERREUM

공격력 3 / 범용성 3 / 휴대성 2 / 비용 3 / 내구성 3 / 선진성 3

크기	중량	사용 연대
약 170~180cm	약 1.8~2.5kg	전3~전1세기

로마의 지배에 저항한 게릴라들의 무기

솔리페럼은 창 끝부터 자루까지 전부 금속으로 제작된 매우 무거운 투창의 일종이다. **투척된 솔리페럼은 그 중량 덕분에 강한 위력을 얻어 상대 방패를 쉽게 관통했다.** 방패 뒤에 몸을 숨긴 상대에게 부상을 입힐 수 있을 뿐만 아니라 로마에서 사용하던 필룸(46페이지)처럼 방패를 쓸 수 없게 만드는 효과도 기대할 수 있었다. **그러나 그 무게 때문에 병사 한 명당 한 자루밖에 휴대할 수 없었고, 사정거리도 기껏해야 10m로 짧았다.**

솔리페럼을 사용했던 것은 이베리아 반도에 살고 있던 **켈트족【※1】**이다. 이베리아 반도에 켈트인이 이주한 시기는 기원전 6~5세기경으로 추측된다.

카르타고가 지중해의 패자로 군림하고 있던 기원전 3세기경, 이베리아 반도 이스파니아 지방은 카르타고의 지배하에 있었다. 그러나 제2차 포에니 전쟁이 끝난 후 이스파니아는 로마로 흡수되어 속주가 되고, 로마인 총독들은 이 땅에서 탄압과 착취를 자행했다. 이것이 도화선이 되어 기원전 155년, 이베리아 반도 서부에서 **루시타니아인【※2】**이 로마에게 반기를 들면서 루시타니아 전쟁이 발발. 또 기원전 153년에는 **켈트베리아인【※3】**과 로마군이 충돌하며 누만티아 전쟁이 시작되었다.

지리적 이점이 있는 켈트인들은 게릴라전을 중심으로 끈질기게 계속 저항했지만, 결국 로마군에게 진압을 당했다. 남은 것은 전란으로 인해 황폐할 대로 황폐해진 국토뿐이었다.

용어 해설

【※1】
켈트족

기원전 20~15세기경에 중앙아시아에서 유럽으로 이주한 것으로 보고 있는 민족. 기원전 5세기경에는 이베리아 반도로도 이주했다.

【※2】
루시타니아인

기원전 6세기경에 이베리아 반도 서부로 이주한 민족. 「야만족의 한니발」이라고 불리며 게릴라전을 펼쳐서 로마군에게 여러 차례나 큰 타격을 입힌 전사 비리아투스는 이 민족 출신이다.

【※3】
켈트베리아인

이베리아 반도로 이주한 켈트족 일파.

무기 도해—솔리페럼—

전체가 금속으로 제작된 투창은 거의 예를 찾아볼 수가 없다. 공격력은 높지만 사정거리가 짧기 때문에 켈트인은 솔리페럼을 던진 뒤, 바로 검을 뽑아 상대에게 달려들었다.

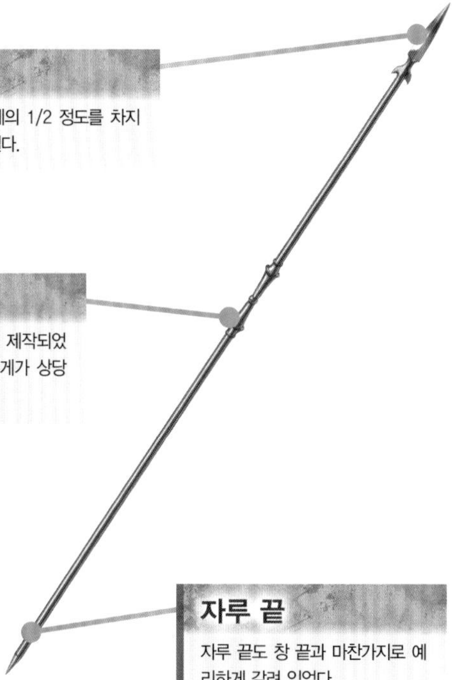

창 끝

창 끝이 전체의 1/2 정도를 차지할 정도로 길다.

자루

자루도 금속제. 가늘게 제작되었지만 목제에 비하면 무게가 상당하다.

자루 끝

자루 끝도 창 끝과 마찬가지로 예리하게 갈려 있었다.

무기 이모저모 방패 무력화가 목적인 프랑크족의 투창

고대 지중해 세계에서는 투창의 기본형인 재블린(48페이지)를 비롯하여 필룸이나 솔리페럼 등 다양한 투창이 제작되었다. 프랑크족이 사용했던 앙공도 그러한 것 중 하나다. 앙공의 창 끝에는 미늘이 달려 있으며, 일단 박히면 쉽게 빼낼 수 없도록 되어 있었다. 필룸과 마찬가지로 상대의 방패에 박혀서 창 무게 때문에 방패를 사용 불가능하게 만들기 위한 목적으로 설계된 무기였을 것으로 추측된다.

가장 오래된 원거리 무기의 원조

슬링

SLING

크기	중량	사용 연대
약 100cm	약 0.3kg	구석기 시대~

공격력 2 / 범용성 3 / 휴대성 4 / 비용 5 / 내구성 3 / 선진성 2

기량은 필요하나 높은 살상력

투석은 인류가 손에 넣은 가장 오래된 원거리 공격 수단이며, 그 기원은 약 1만 년 전인 구석기 시대로 거슬러 올라간다. 처음에는 손으로 잡아서 돌을 던질 뿐이었지만, 더욱 뛰어난 사정거리와 공격력을 원한 결과, 마침내 인류는 돌을 던지기 위한 도구, 슬링을 개발했다.

슬링은 길이 100㎝ 정도의 끈 형태로 된 도구로, 그 형태 때문에 투석끈이라고 불리기도 한다. 재질은 천이나 가죽과 같이 유연한 소재이며, 끈 중앙 부분이 넓게 되어 있다. 이 부분에 돌을 넣고 끈을 한 번 접은 뒤, 빙빙 돌려서 속도를 붙이고 한쪽 끈을 놓으면 날아가는 방식이다. **구조는 단순하고 비용이 저렴하기는 했지만, 목표한 표적에 맞히는 것이 어려워서 능숙하게 사용하려면 수련이 필요했다.**

슬링은 원래 사냥이나 해를 끼치는 동물을 퇴치하기 위해 사용하던 도구였지만, 그 간편함으로 인해 **수메르【※1】**나 **고대 이집트【※2】**, **고대 그리스【※3】** 등의 군대에서 병기로 사용했고, 고대 로마 군대로도 이어졌다. 어느 시대까지 활용되었는지 정확히는 알 수 없지만, 적어도 제정 로마 시대 트라야누스 황제 시대에 투석병이 존재했던 것을 알 수 있다. 활(54페이지)과 비교하면 명중률이 낮고 끈을 돌릴 공간이 필요하다는 단점은 있었지만, **명중하면 위력이 높고 탄환 공급이 쉬웠던 점이 큰 이점이 되었던 것으로 보인다.** 그러나 활이 발전하면서 슬링은 점점 그 역할을 잃어 갔고, 중세 유럽의 전장에서는 거의 찾아볼 수 없는 무기가 되었다.

용어 해설

【※1】
수메르
현재 이라크 주변에서 기원전 3000년 이전에 번성했던 고대 문명.

【※2】
고대 이집트
고대 이집트에 번영한 왕조. 일반적으로는 기원전 3000년경에 시작된 것으로 추측되는 초기 왕조 시대부터 기원전 332년에 시작된 프톨레마이오스 왕조까지의 시대를 가리킨다. 프톨레마이오스 왕조가 기원전 30년에 로마에게 정복당하면서 고대 이집트 왕조의 역사는 막을 내렸다.

【※3】
고대 그리스
기원전 2600년경에 현재의 터키 북서부 트로이 주변에서 발상한 문명을 기원으로 하는 고대 문명. 고대 지중해 주변 지역으로 문명을 확산시켜, 문화나 기술 발전에 지대한 영향을 끼쳤다. 기원전 2세기경에 로마에게 정복당했다.

무기 도해—슬링—

돌을 멀리, 세게 날리기 위해 만들어진 도구. 명중률이 낮아서 병기로 사용할 경우에는 어느 정도 사람을 모아 놓고 운용하지 않으면 효과가 낮았다.

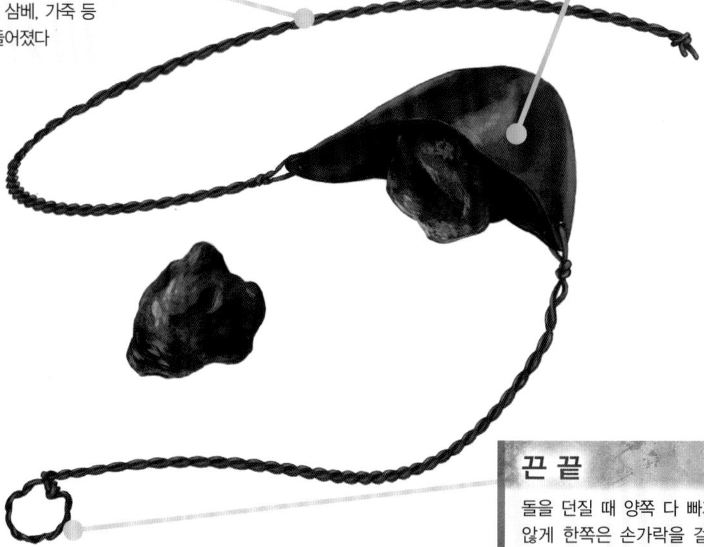

돌 주머니

넓게 되어 있는 끈 중앙 부분에 돌을 넣는다.

재질

양털이나 삼베, 가죽 등으로 만들어졌다

끈 끝

돌을 던질 때 양쪽 다 빠지지 않게 한쪽은 손가락을 걸 수 있는 고리로 되어 있는 것도 많다.

무기 이모저모 — 일본에도 있었던 슬링

유럽에서는 중세 시대에는 거의 사용하지 않게 된 슬링이지만, 일본에서는 16세기 전국시대에도 빈번히 사용되었다. 일본판 슬링은 간코로시(雁殺し)라고 불리는 것으로, 구조는 서양의 슬링과 같다. 이름에서 알 수 있듯이 하늘을 나는 기러기를 맞혀서 죽일 수 있을 만큼 세게 돌을 던질 수 있으며, 갑옷 위로도 중상을 입힐 수 있다고 한다. 전국시대 카이노쿠니(甲斐国)의 영주인 타케다 가문을 섬겼던 무장 중 한 명인 오야마다 노부시게는 간코로시를 사용한 투석 부대를 이끌었던 것으로 유명하다.

고대부터 사용되었던 원거리전의 주역

활

BOW

공격력 2 / 범용성 4 / 휴대성 4 / 비용 4 / 내구성 3 / 선진성 3

크기	중량	사용 연대
약 60~100cm	약 0.5~0.8kg	구석기 시대~

용어 해설

【※1】
구석기 시대

약 260만 년 전부터 1만 년 전에 해당하는, 석기를 사용하기 시작했다고 일컬어지는 시대. 활이 탄생한 것은 약 1만 4000년 전 무렵이라고 추측되고 있다.

【※2】
화살촉

화살의 관통력을 높이기 위해 화살 끝에 부착된 부품. 초기 화살에서는 단단한 목재나 돌, 뼈 등이 이용되었으며, 나중에는 철로 만들어지게 되었다. 단순히 끝이 뾰족하기만 한 것, 박혔을 때 뽑기 어렵게 미늘이 붙어 있는 것, 불화살로 사용하기 위해 기름에 적신 천을 감기기 쉽게 요철이 작게 붙어 있는 것 등, 용도에 따라 다양한 형태의 화살촉이 만들어졌다. 중세 일본에서는 조금 큰 원뿔 모양의 특수한 화살촉을 부착한 카부라야(鏑矢)라는 화살이 만들어졌으며, 쏘아 올리면 굉음을 내기 때문에 전투의 신호로 활용되었다.

개량을 거듭해서 무기로서의 질을 향상

활은 슬링과 나란히 인류의 역사 속에서 가장 오래전부터 사용되던 원거리용 무기로, **구석기 시대【※1】** 후기 무렵에 탄생한 것으로 보고 있다. 활의 크기나 형태는 다양하게 존재하지만, 가장 일반적인 것은 쇼트 보우라고 불리는 길이 100㎝ 이하의 활이다.

초기의 활은 휘어진 나무 막대기의 양 끝에 활시위만 건 단순한 구조로, 이렇게 단일 소재로 구성된 활을 셀프 보우(단일궁)이라고 부른다. 그리고 이 셀프 보우에 가죽을 감거나 동물의 힘줄을 사용해서 강도를 높인 것을 랩트 보우(강화궁)이라고 하며, 나무와 동물의 뼈나 가죽, 금속 등 여러 소재를 합쳐서 만든 활을 컴포지트 보우(합성궁)이라고 한다. 초기 셀프 보우는 사정거리도 수십 미터밖에 안 돼서 작은 동물을 겨우 잡는 위력밖에 없었지만, 랩트 보우나 컴포지트 보우 등 **개량된 활의 등장으로 인해 점차 사정거리나 위력이 높아지면서 강력한 무기로 변해갔다.**

활은 제작과 취급이 간단할 뿐만 아니라 **화살촉【※2】에 독을 바르거나 불을 붙이는 등 함께 쓰는 화살에 따라 여러 용도로 활용할 수 있는 범용성이 장점이다.** 이로 인해 활은 오래전부터 여러 지역의 군대에서 사용되었다. 고대 로마에서 사용되던 것은 아르쿠스라는 이름의 컴포지트 보우이며, 신병 훈련에는 셀프 보우가 사용되었다고 한다. 궁병은 사지타리이라고 불리며, 주로 벨리테스(경장보병) 전열에 배치되어 최전열에서 적군에게 화살을 퍼부었다.

무기 도해—활—

구석기 시대 후기에 수렵용으로 탄생한 무기로, 그 유용성을 인정받아 일찍부터 군대에도 채용되었다. 활대를 구성하는 재질에 따라 비거리나 위력이 크게 달라진다.

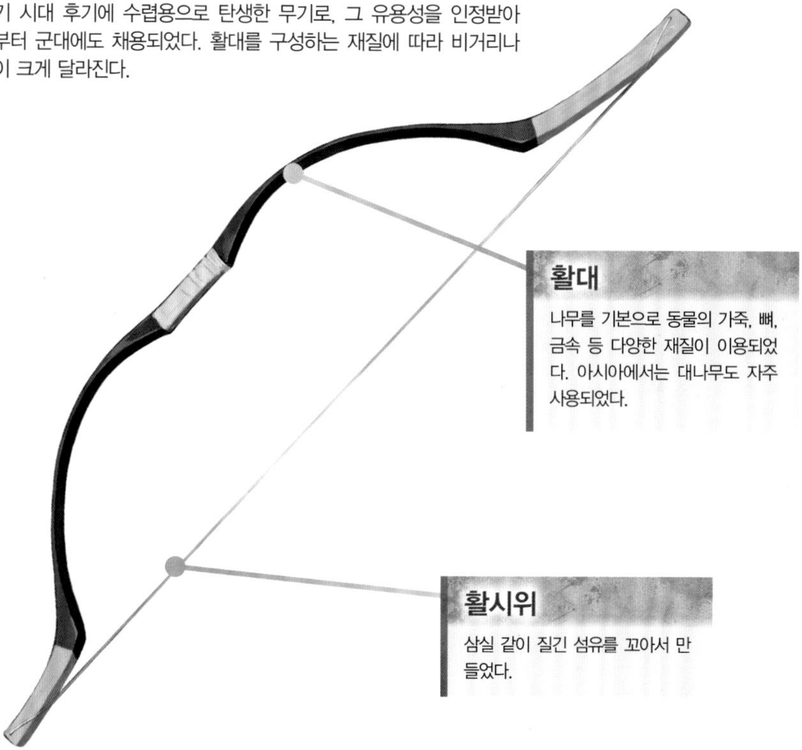

활대

나무를 기본으로 동물의 가죽, 뼈, 금속 등 다양한 재질이 이용되었다. 아시아에서는 대나무도 자주 사용되었다.

활시위

삼실 같이 질긴 섬유를 꼬아서 만들었다.

무기 이모저모 활 때문에 애를 먹은 로마군

로마군이 활을 채용한 것은 분명하지만, 안타깝게도 로마군이 궁병을 효과적으로 활용해서 크게 승리했다는 전투 기록은 찾아볼 수 없다. 오히려 로마군은 활을 주 무기로 삼은 다른 국가의 군대에 애를 먹은 경우가 많다. 그 대표적인 것이 파르티아군 궁기병이다. 파르티아의 궁기병은 기동력을 살려서 교묘하게 백병전을 피하며, 활로 일방적인 공격을 했다. 그들이 자랑하는 퇴각하면서 뒤쪽으로 화살을 쏘는 전술은 파르티안 샷이라고 불리며 두려움의 대상이 되었다.

휴대성이 뛰어난 간편한 투척용 도구

플룸바타

PLUMBATA

크기	중량	사용 연대
약 30cm	약 0.3kg	3~5세기

공격력 2 / 범용성 3 / 휴대성 5 / 비용 4 / 내구성 3 / 선진성 3

용어 해설

【※1】투척용

상대에게 던져서 사용하기 위해 설계된 무기. 플룸바타는 푸기오와 크기가 같은 무기지만, 푸기오처럼 손에 들고서 상대에게 공격하는 방법은 생각하지 않았기 때문에 그립은 붙어 있지 않았다.

【※2】소형 총기

유럽 군대에서 총기가 사용된 것은 15세기경부터. 초기 총기는 고가에다가 다루기도 어려운 물건이었지만 개량되면서 사정거리가 늘어나고, 판금 갑옷을 관통할 정도의 위력도 갖게 되었다. 이로 인해 총기는 다트뿐만 아니라 활이나 투창 등, 모든 원거리용 무기를 대신하기 된다. 또 시대가 흐르면서 문제점이었던 사용 방법도 더 쉽게 향상. 검이나 창과 같은 근접용 무기도 대신하게 되었다.

한 발의 위력은 낮지만 공격 회수가 매력

로마군 병사는 주요 무기 외에도 대비용으로서 푸기오(28페이지)를 비롯한 몇 가지 보조 무기를 가지고 있었다. 플룸바타도 그러한 무기 중 하나이다.

플룸바타의 크기는 30㎝ 정도. 금속으로 만들어진 끝은 뾰족하고 날카로우며, 목제 손잡이에 끼워져 있다. 구조는 매우 짧아진 창을 상상하면 이해하기 쉽다. 용도는 **투척용【※1】**이며, 표적을 향해 직접 손으로 들고 던졌다. 사정거리는 사용자의 근력에 따라 다르지만, 평균적으로는 30m 정도였던 것으로 추측된다.

플룸바타는 필룸이나 필라(46페이지)와 같은 투창에 비하면 무게가 가볍기 때문에 상대의 방패를 손상시키는 용도로는 적합하지 않으며, 공격력도 낮았다. 그러나 **작고 부피가 크지 않은 형태였기 때문에 휴대성에서는 투창류보다 뛰어났다.** 제정 로마 후기의 보병들은 길어서 가지고 다니기 불편한 필룸을 버리고, 스큐툼(66페이지) 안쪽에 플룸바타를 4~5자루 장착했다고 한다.

제국이 분열되고 서로마 제국이 멸망한 후에도 플룸바타는 동로마 제국 군대로 이어져 오랫동안 개량을 거듭하며 사용되었다. **개량된 플룸바타는 뒤쪽에 깃털이 달리게 되고, 짧은 창이라기보다 짧은 화살에 가까운 형태로 바뀌면서 다트라고 불리게 된다.** 그 후 다트는 유럽과 중동으로 퍼지며 15~17세기에 전성기를 맞이했다. 그러나 **소형 총기【※2】**의 발달로 인해 자리를 빼앗기며, 병기로서의 역할을 마치게 되었다.

무기 도해—플룸바타—

휴대성이 뛰어난 소형 투창용 무기. 형태는 자루를 짧게 줄인 창과 비슷하다. 방패 안쪽에 여러 자루 설치해 두고, 방패에 몸을 숨기면서 계속해서 던질 수 있었다.

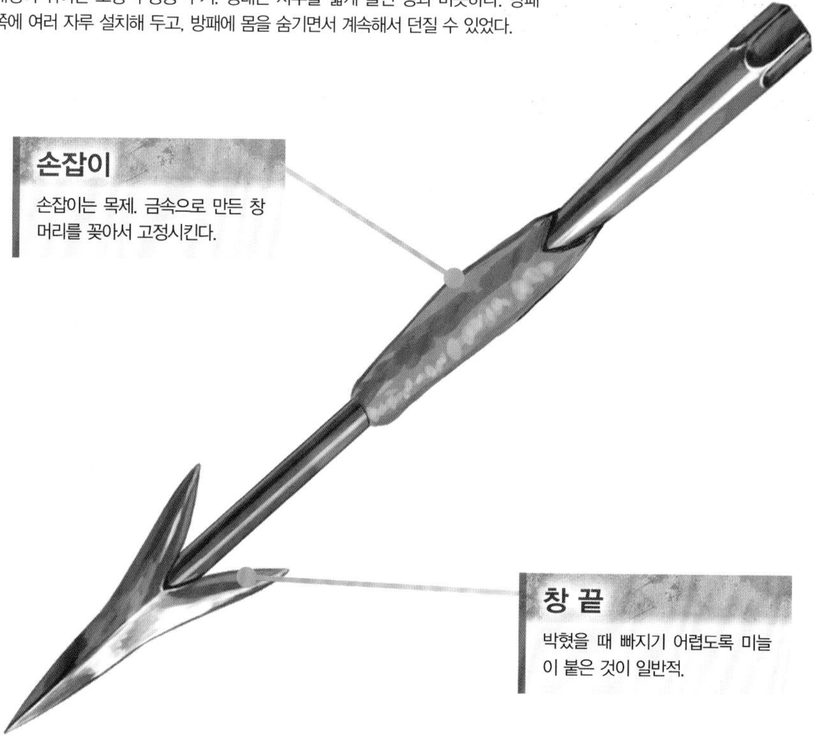

손잡이

손잡이는 목제. 금속으로 만든 창 머리를 꽂아서 고정시킨다.

창 끝

박혔을 때 빠지기 어렵도록 미늘이 붙은 것이 일반적.

무기 이모저모

술집의 여흥에서 시작된 실내경기 다트

플룸바타의 뒤를 잇는 무기인 다트는 14세기경에는 병사들의 여흥 도구로도 사용되었다. 이 여흥이란 떨어진 곳에 와인통을 놓고 다트를 던져서 명중률을 겨루는 것. 여흥이 점점 세련되어지면서 과녁이 와인통에서 둥근 나무판으로, 더 나아가 전용 보드로 바뀌더니, 세부 규칙이나 득점 시스템도 정비되어 갔다. 이렇게 술집에서 시작된 병사들의 여흥은 현재 실내경기로 확립되었다.

고대 그리스에서 탄생한 원시적인 판금 갑옷

로리카

LORICA

방어력 4 / 범용성 3 / 휴대성 2 / 비용 2 / 내구성 4 / 선진성 3

크기	중량	사용 연대
—	—	전8세기 이후

중량과 비용이 걸림돌이 되어 점점 쇠퇴하다

로리카란 라틴어로 「흉갑」이라는 뜻인 말로, 고대 로마 시대에 사용한 갑옷의 총칭이다. 그래서 **로리카 세그멘타타(60페이지)【※1】**나 **로리카 하마타(62페이지)【※2】** 등도 넓은 의미로는 로리카에 속하지만, 이것들에 대한 설명은 다음으로 미루고, 여기서는 로마에서 사용했던 가장 오래된 유형의 **판금 갑옷【※3】**에 대해서 설명한다.

로리카는 금속을 두드려서 만든 가슴 부분과 등 부분, 두 장의 판을 어깨끈과 옆구리 끝으로만 연결한 단순한 갑옷이다. 초기 로리카는 사각형이나 원통형 금속판을 사용했지만, 금속 가공 기술이 발달하면서 착용자의 체형에 딱 맞도록 테두리를 가공하고, 표면에도 가슴이나 복부 근육을 본뜬 무늬를 도드라지게 새겼다.

로리카에 사용되던 금속판은 청동으로 만들어져서 매우 무거웠다. 그렇기 때문에 병사의 움직임을 방해하지 않도록 방어 범위는 가슴에서 복부까지 좁은 범위로 제한하여 가볍게 만들고자 하였다. 그러나 로마군 보병은 무기와 방패 이외에도 토목 작업용 곡괭이나 말뚝 등 많은 짐을 들고 걸어서 행군했기 때문에 로리카의 무게는 커다란 부담이 되고 말았다. 또 사용자의 체격에 맞춰서 제작되었기 때문에 생산 비용이 상당했던 것도 결점 중 한 가지였다. 이러한 이유로 **왕정 로마 시대에는 일반 병사들도 많이 사용했던 로리카는 공화제 로마 시대에는 기병이나 장교들을 위한 장비가 되었으며,** 일반 병사들은 **다른 방어구【※4】**를 요구하게 되었다.

용어 해설

【※1】 로리카 세그멘타타
여러 금속판을 짜 맞춰서 제작된 갑옷. 제정 로마 시대 초기의 군단 병사가 착용하였다.

【※2】 로리카 하마타
고리 형태의 금속 조각을 이어서 만든 갑옷. 비용이 저렴하고 사용하기 쉬워서 널리 보급되었다.

【※3】 판금 갑옷
금속판으로 구성된 갑옷을 가리킨다. 방어력은 높지만 무거운 데다가 체형에 맞춰서 제작할 필요가 있기 때문에 비용도 고가가 되기 쉽다는 결점이 있다.

【※4】 다른 방어구
공화제 시대는 로리카보다 가격이 저렴한 로리카 하마타가 주류가 되었다. 제정 초기에는 로리카 세그멘타타가 공급되었지만, 얼마 지나지 않아 로리카 하마타가 다시 주류가 되었다.

방어구 도해—로리카—

가슴 부분과 등 부분을 끈으로 연결한 구조. 시대의 흐름에 따라 금속판에 여러 가공이 가해졌다. 팔이나 다리 부분은 노출되기 때문에 다른 방어구와 조합하여 사용했다.

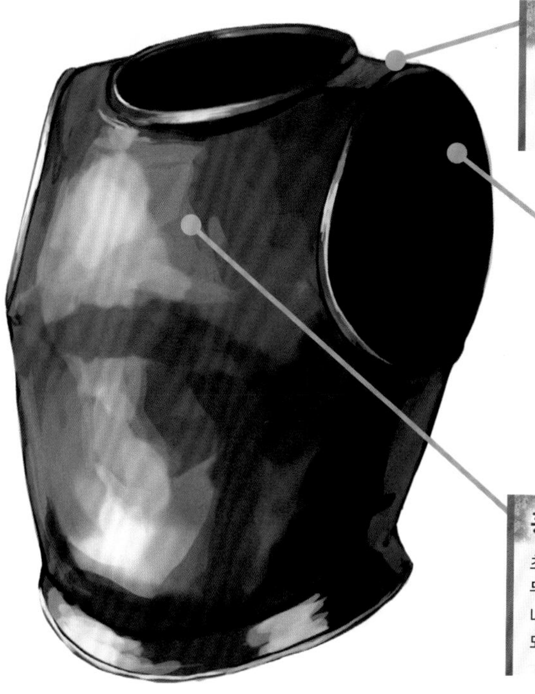

배갑(背甲)

가슴 부분과 마찬가지로 시대가 흐르자 체형에 맞는 형태로 가공되었다.

어깨

팔의 움직임을 방해하지 않도록 어깨 부분에는 장갑판이 일절 붙어 있지 않았다.

흉갑(胸甲)

초기 로리카의 흉갑은 평평하게 두드린 금속판이었으나, 얼마 지나지 않아 체형에 맞춰 가공하게 되었다.

무기의 역사 판금 갑옷의 복권과 쇠퇴

고대 전쟁에서 널리 사용된 판금 갑옷은 더 다루기 쉽고 저렴한 체인 메일(사슬 갑옷)에게 자리를 빼앗기며 유럽에서는 비주류인 존재가 된다. 그 후 십자군 운동 등 유럽 밖으로 원정을 나서게 되자, 더 견고한 방어력을 원하는 기사들의 요청에 따라 전신을 감싸는 판금 갑옷이 만들어지게 되었다. 그러나 15세기 이후가 되면서 판금 갑옷도 꿰뚫는 위력을 지닌 화기가 주력 무기가 되는 바람에 두껍고 무거운 갑옷은 존재 의의를 잃고 역사의 뒤안길로 사라지게 되었다.

로마 군단병의 트레이드 마크가 된 정식 장비

로리카 세그멘타타

LORICA SEGMENTATA

방어력 5
범용성 3
휴대성 3
비용 2
내구성 3
선진성 5

크기	중량	사용 연대
—	—	1~3세기

용어 해설

【※1】
쉽게 녹슨다

철과 황동, 청동 등 종류가 다른 금속을 이어 붙이면 녹이 생기기 쉬운 성질이 있다. 로리카 세그멘타타에는 고리나 리벳 등 철 이외의 작은 부품이 많이 사용되어서 녹에는 특별히 주의가 필요했다.

【※2】
수리하는 데에도
시간이 많이 걸렸다

제정 로마 시대는 지금처럼 대량 생산 체제가 갖춰져 있지 않았다. 로리카 세그멘타타의 부품은 장인이 직접 하나하나 만든 것이며, 착용자에 따라 사이즈도 조금씩 달랐다. 파손된 부분과 같은 것을 구하려면 장인이 다시 새로 만들어야 해서 시간이 상당히 많이 걸렸다.

방어력과 유연성을 고루 갖춘 고품질 갑옷

로리카 세그멘타타는 제정 로마 시대에 사용되던 판금 갑옷의 일종. 기본적인 구성 부품은 두드려서 얇게 핀 길고 가느다란 금속판이며, 이 금속판을 구부린 다음 여러 장 겹쳐서 가죽 끈이나 쇠 장식으로 이어 붙이면 가슴, 배, 어깨를 방어하는 갑판이 만들어진다. 몸통 부분 갑판은 좌우 따로따로 조립하며, 배와 등 부분 중앙에서 가죽 끈을 이용해 연결한다.

주요 부분을 구성하고 있는 금속판은 철제로, 탄력이 있으며 검이나 창 등의 충격을 완벽하게 막을 수 있었다. 게다가 몸의 움직임에 맞춘 유연성도 겸비하고 있었기 때문에 병사의 움직임을 방해하지도 않았다. 그러나 많은 금속 부품을 끼워 맞춰서 만든 로리카 세그멘타타는 부품의 결합 부분이 **쉽게 녹슨다【※1】**는 결점을 안고 있었으며, 성능을 유지하려면 금속 부분에 자주 기름칠을 해서 녹이 슬지 않도록 관리할 필요가 있었다. 또한 갑옷 그 자체의 비용도 저렴하지 않았으며, 부품이 파손되었을 때에는 **수리하는 데에도 시간이 많이 걸렸다【※2】**. 이러한 결점 때문인지 로리카 세그멘타타는 매우 성능이 높으면서도 더 저렴하고 방어 성능에서는 뒤떨어지는 로리카 하마타(62페이지)나 로리카 스콰마타(64페이지)에게 밀리게 된다.

고대 로마 시대의 유적에서 발견된 발굴품을 조사해본 결과, **로리카 세그멘타타에는 금속판의 고정 방법이나 장식의 유무 등이 다른 몇 가지 변형이 있었던 것으로 보인다.** 어떤 경위로 변화가 생겼는지, 앞으로의 연구 성과가 주목되는 바이다.

방어구 도해—로리카 세그멘타타—

제정 로마 시대 초기에 중장보병에게 공급된 표준적인 갑옷. 얇은 금속판을 여러 장 겹친 구조가 독특하다. 방어 성능이 높을 뿐만 아니라 매우 현란해서 로마 전성기의 상징이 되었다.

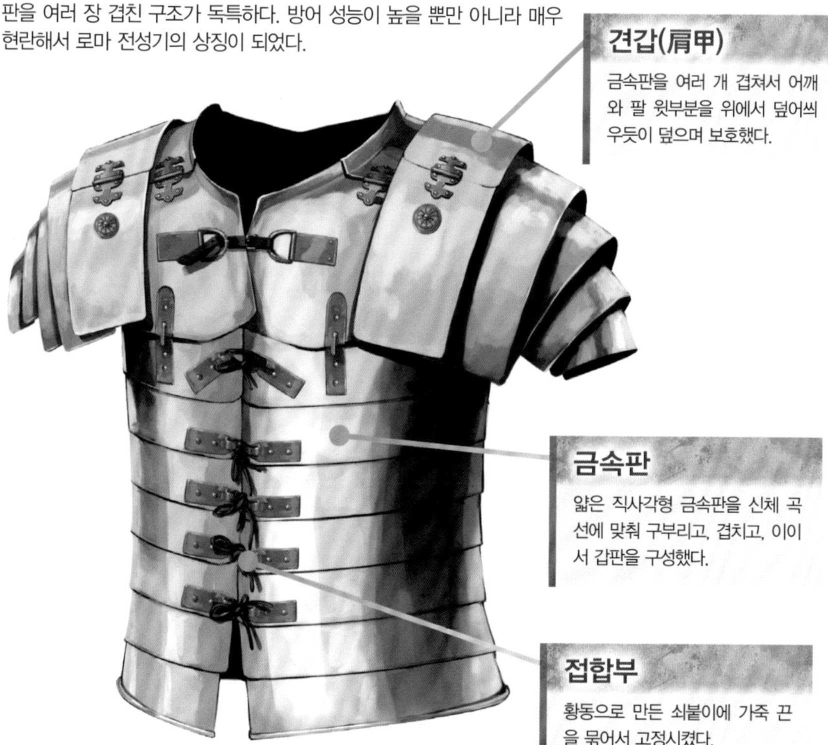

견갑(肩甲)

금속판을 여러 개 겹쳐서 어깨와 팔 윗부분을 위에서 덮어씌우듯이 덮으며 보호했다.

금속판

얇은 직사각형 금속판을 신체 곡선에 맞춰 구부리고, 겹치고, 이어서 갑판을 구성했다.

접합부

황동으로 만든 쇠붙이에 가죽 끈을 묶어서 고정시켰다.

무기의 역사 의외로 짧은 채용 기간

로리카 세그멘타타가 사용된 것은 제정 로마 시대 초기지만, 정비성이나 비용 문제로 인해 2세기경부터 군단병의 장비는 로리카 하마타로 바뀐 것으로 추측된다. 로마사를 다루는 영화나 만화에서는 군단병의 트레이드 마크 같은 취급을 받는 경우가 많은 로리카 세그멘타타이지만, 운용되던 기간은 불과 100년 전후에 지나지 않으며, 실제로는 다른 갑옷이 사용되었던 기간이 훨씬 더 길다.

유연성이 뛰어난 금속제 옷

로리카 하마타(체인 메일)

LORICA HAMATA (CHAIN MAIL)

방어력 4 / 범용성 4 / 휴대성 4 / 비용 3 / 내구성 4 / 선진성 4

크기	중량	사용 연대
—	약 10~20kg	전6세기 이후

용어 해설

【※1】 체인 메일

금속제 고리를 쇠사슬처럼 엮어서 만든 갑옷. 전통적인 것은 고리의 크기가 10~30㎜ 정도. 로리카 하마타와 비교하면 고리의 구멍이 큰 것이 많다. 켈트인이 만든 초기 체인 메일은 가슴과 등만 보호하는 작은 것이었다.

【※2】 로마 이외의 주변 국가들

저렴하고 방어 효과가 높은 체인 메일은 고트족이나 게르만인, 훈족 등 여러 부족에게 인기가 많았을 뿐만 아니라, 서로마가 멸망한 후에 탄생한 여러 유럽 국가에서도 사용되었다. 중세로 들어서면서 판금 갑옷이 발전했기 때문에 기병의 방어구는 방어력이 더 높은 판금 갑옷이 주류가 되었지만, 보병의 방어구는 체인 메일이 계속 사용되었다.

가장 많은 로마병이 애용한 보급품

로리카 하마타는 일반적으로 **체인 메일【※1】**이라고 불리는 갑옷의 일종. 5~10㎜ 정도의 금속제 고리를 사슬처럼 연결하여 셔츠 같은 형태로 만든 것이다.

로리카 하마타의 원형인 체인 메일의 역사는 옛날 기원전 6~5세기경에 켈트인들의 손에 만들어진 것으로 보고 있다. 로마에 들어온 것은 기원전 2세기경이며, 거의 같은 시기에 지중해 세계 각지에 보급되며 병사들의 기본 방어구로 확산되었다.

로리카 하마타는 유연성이 높은 방어구로, 병사의 움직임을 방해하지 않는 점이 가장 큰 장점이다. **도검류의 베기 공격에는 뛰어난 방어 성능을 발휘했지만, 그 구조상 창이나 활 등에 의한 찌르기 공격은 관통당하기 쉬웠고, 둔기에 의한 타격 공격도 막기 어려웠다.** 이러한 결점을 보완하기 위해 어깨 부분이 이중으로 보강되거나 전체적으로 두껍게 엮어서 만든 개량형 로리카 하마타도 제작되었다. 또 넓은 범위를 보호하기 위해 소매나 옷자락을 연장한 것도 존재했다.

제정 로마 시대 초기가 되면서 성능이 높은 로리카 세그멘타타(60페이지)가 군단병의 정식 장비로 채용되고, 로리카 하마타를 사용하는 것은 동맹국 군이나 용병들뿐이었다. 그러나 **로리카 하마타는 비용과 편의성에서 로리카 세그멘타타보다 뛰어났고,** 제정 중기 이후에는 또다시 군단병의 갑옷으로 이용되었다. **로마 이외의 주변 국가들【※2】** 사이에도 체인 메일이 일반적인 방어구가 되며 16세기경까지 사용되었다고 한다.

방어구 도해—로리카 하마타—

작은 금속제 고리를 연결해서 만든 갑옷의 일종. 총 부품 수는 수만 개에 달했다. 공화제 중기부터 제정 말기까지, 로마 군단을 계속 보호해준 갑옷이다.

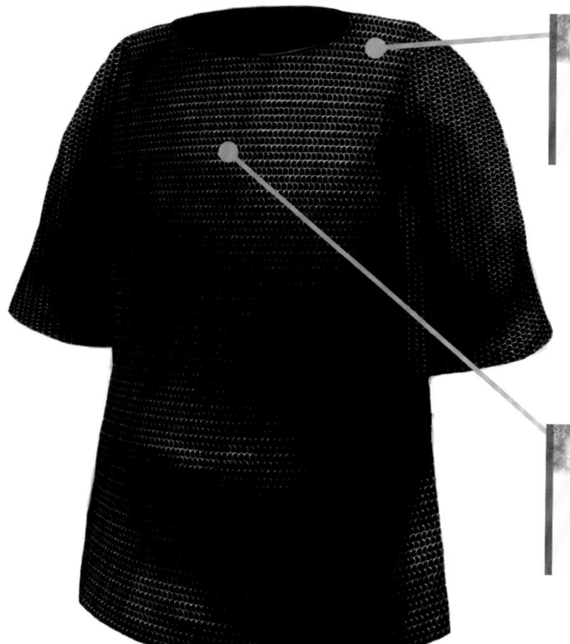

어깨

어깨는 백병전에서 공격을 받기 쉽기 때문에 이중으로 보강한 것도 있었다.

고리

청동이나 철로 제작되었다. 고리 하나하나는 일반적인 체인 메일보다 작고 구멍이 작다.

무기의 역사

전 세계에서 애용한 체인 메일

서로마 제국이 멸망한 뒤에도 체인 메일은 계속 개량되었고, 중세에는 머리부터 발끝까지 덮는 방어 효과가 높은 것도 만들어졌다. 또 관통력이 높은 공격에 대처하기 위해 급소를 금속판으로 보강하거나 다른 갑옷과 겹쳐 입는 경우도 있었다. 아시아에서도 체인 메일은 쇄자갑(鎖子甲)이라고 불리며 여러 군대에서 사용되었다. 일본에서는 전국시대에 신분이 높은 무장이 오요로이(大鎧)(대표적인 일본 갑옷 중 하나. 외관이 화려한 오요로이는 신분의 상징이기도 했다-옮긴이) 아래에 받쳐 입기도 하고, 닌자들이 움직이는 데에 거치적거리지 않는 방어구로서 애용했다고 한다.

한정된 사람들이 착용한 미늘 갑옷

로리카 스콰마타(스케일 메일)

LORICA SQUAMATA (SCALE ARMOR)

방어력 4 / 범용성 3 / 휴대성 3 / 비용 2 / 내구성 3 / 선진성 3

크기	중량	사용 연대
—	—	전6세기 이후

로마에서는 별로 유행하지 않았던 소수파

로리카 스콰마타는 공화제 로마 시대에 사용되던 **스케일 아머【※1】**라고 불리는 갑옷의 한 종류인데, 안타깝게도 고대 로마 시대의 유적이나 옛 전쟁터에서 완전한 형태의 로리카 스콰마타가 발견된 적은 현재까지 없다. 발견된 몇 가지 조각으로 예상되는 형태는 가죽으로 만든 베스트 모양 갑옷 위에 얇게 편 작은 금속 조각을 비늘처럼 붙인 것. 대부분의 경우 금속 조각은 평평했지만, 조금 휜 금속 조각도 발견되었다. 또 금속 조각의 크기도 각양각색이었다. 이러한 점으로 보아 금속 조각의 형태에 통일된 규격은 존재하지 않았던 것 같다. 표면이 금속으로 덮여 있었기 때문에 **베기나 찌르기 공격에 높은 방어 효과를 지니고 있었지만, 둔기로 인한 충격을 막는 효과는 거의 기대할 수 없었다.**

로리카 스콰마타의 기원이 되는 스케일 아머의 원형은 기원전 10세기 이전의 고대 메소포타미아에서 후르리인에 의해서 만들어졌다고 한다. 그리고 **후르리인【※2】**들이 **히타이트【※3】**나 **아시리아【※4】**에 문화를 전파할 때 갑옷 제조법도 전달되었고, 기원전 4세기경에는 로마에도 보급되기 시작했다고 한다.

당시 로마에서 원래 보급되고 있었던 갑옷 로리카 하마타(62페이지)에 비하면 로리카 스콰마타는 제작에 고도의 기술과 노력이 필요했기 때문에 비용이 상당히 많이 들었다. 그래서 일반 병사들에게는 많이 보급되지 못하고, **부유한 자산 계급이었던 기병들이나 지휘관급 군인들이 사용하는 경우가 많았다.**

용어 해설

【※1】 스케일 아머
가죽이나 천 등으로 만든 갑옷을 토대로, 금속 조각을 꿰매 붙이거나 리벳으로 고정해서 방어 효과를 높인 갑옷. 금속 조각이 물고기 비늘처럼 보인다고 해서 비늘 갑옷이라고도 한다.

【※2】 후르리인
메소포타미아(현재의 이라크 주변) 북부를 중심으로 거주하던 민족. 기원전 2500년경부터 존재했던 것이 확인되었으며, 기원전 1000년대에 다른 민족과 동화된 것으로 추정된다.

【※3】 히타이트
기원전 15세기경에 아나톨리아 반도(현재의 터키 주변)에 건국된 고대 왕국. 왕국을 건국한 민족 그 자체를 히타이트라고 부르는 경우도 있다.

【※4】 아시리아
기원전 20세기 이전부터 메소포타미아 북부에서 번영했던 고대 왕국.

방어구 도해—로리카 스콰마타—

스케일 아머의 일종. 우수한 방어력을 지니고 있으며, 유연성도 갖추고 있었다. 로마에서는 스케일 아머류가 많이 보급되지 않았지만, 파르티아나 페르시아 등에서는 자주 사용되었다.

기본 소재

기본이 되는 것은 가죽 갑옷. 로마가 아닌 다른 곳에서는 천 갑옷을 사용한 것도 발견되었다.

금속 조각

20~40㎜ 정도 크기의 얇은 금속 조각을 끈이나 리벳 등으로 가죽 갑옷 위에 고정시켰다.

무기 이모저모 판타지 세계의 스케일 아머

스케일 아머의 어원은 장갑판으로 붙여 놓은 금속 조각이 파충류나 어류의 비늘과 비슷하다 해서 붙여진 것으로, 진짜 비늘을 사용해서 만들어진 갑옷은 존재하지 않는다. 그러나 소설이나 게임 세계에서는 자주 몬스터의 비늘을 소재로 만든 스케일 아머가 등장한다. 이런 갑옷 중 최고봉에 위치한 것은 몬스터의 왕 드래곤의 비늘로 만들어진 것. 강대한 드래곤의 힘에 영향을 받아 불꽃이나 냉기 등을 막는 힘이 숨겨진 것이 많다.

로마 군단 중장보병들을 보호하는 방어의 핵심

스큐툼

SCUTUM

방어력	범용성	휴대성	비용	내구성	선진성
4	4	3	3	4	3

크기	중량	사용 연대
약 100~120cm	약 2~10kg	전6~5세기

용어 해설

【※1】
원통형으로 휜 모양은 그대로 유지했다

방패 표면을 원통형으로 휘게 만듦으로써 화살이나 창 등이 날아와도 쉽게 박히지 않았으며, 베기 공격도 표면을 타고 미끄러지게 해서 쉽게 넘겨버리는 효과가 있었다. 현재 경찰 조직이나 군대가 사용하고 있는 방패도 이러한 발상이 더해진 것이 많다.

【※2】
백병전

근접 전투용 무기가 닿는 거리에서 벌어지는 전투를 가리킨다. 로마군 보병들은 품질이 우수한 보병용 검 글라디우스(24페이지)를 가지고 있었으며, 검을 다루는 기술도 뛰어났다. 게다가 사전에 필룸을 던져서 적 방패를 사용하지 못하게 만들어 놓고 뛰어들었기 때문에 백병전에서 압도적으로 강한 힘을 자랑했다.

빗발치는 화살과 탄환 속에서 병사를 지킨 믿음직한 방어구

스큐툼은 고대 로마 보병이 사용하던 방패로, 이름에는 라틴어로 「방패」라는 의미가 있다. 형태는 직사각형이며, 크기는 가로 60~80㎝, 세로 100~120㎝로 상당히 크다. 방패의 기본 바탕은 얇은 나무판을 여러 겹 겹쳐서 만들어졌으며, **원통형으로 휜 모양은 그대로 유지했다【※1】**. 방패의 표면은 가죽으로 쌌으며, 그 위로 천을 겹쳐서 만든 화려한 문양이 그려져 있었다. **이 문양은 병사의 소속을 나타냈던 것으로 추측된다.** 그 외에 강도를 높이고자 방패의 가장자리는 청동으로 둘러쳐졌으며, 방패 중앙에는 방패심이라고 하는 금속판이 박혀 있었다.

로마군 병사들은 이 커다란 방패 뒤에 숨어서 적의 활과 투석 등으로부터 몸을 지키면서 접근하여 필룸(46페이지)을 던져 적의 방패를 파괴했다. 또 커다란 방패는 검이나 창에 의한 공격도 쉽게 막을 수 있어서 **백병전【※2】**에서도 유용했다.

요새와 성을 공격할 때처럼 적의 원거리 공격이 거세질 때에는 여러 명이 밀집하여 대열을 구성한 뒤, 방패를 앞쪽과 위쪽으로 든 상태로 부대 전체를 지키면서 천천히 전진하며 공격해 갔다. 이 진형은 거북이 등딱지처럼 보인다고 해서 라틴어로 「거북이」라는 뜻의 테스투도라고 불렸다.

서로마 제국이 멸망한 뒤에도 스큐툼은 동로마 제국 군대에서 변함없이 표준 장비로서 계속 사용되었다. 그러나 **중세 시대로 접어들면서 갑옷이 발달하고 방어력이 향상되었기 때문에 커다란 방패를 들고 걸을 필요가 없어졌고, 스큐툼은 점점 사용하지 않게 되었다.**

방어구 도해—스큐툼—

로마군 중장보병의 정식 무기. 같은 시대의 주변 국가들이 사용했던 방패에 비하면 상당히 큰 것이 특징. 부대끼리 맞부딪치는 전투는 물론 공성전에서도 매우 유용했다.

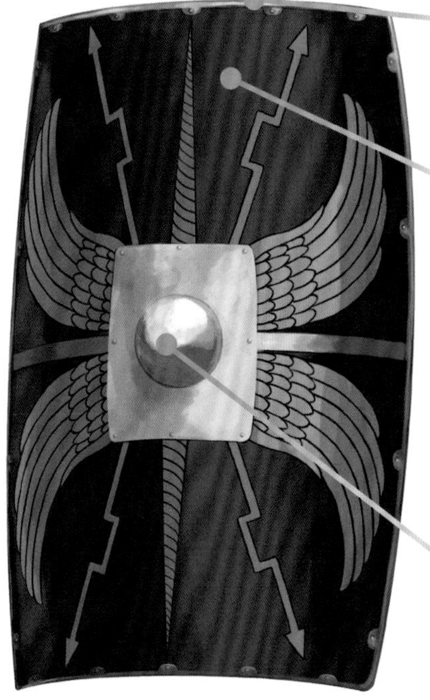

테두리

청동으로 가장자리를 둘러서 방패의 강도를 높였다.

방패판

얇은 나무판을 여러 장 겹치고, 그 위에 가죽이나 천을 씌워서 구성되었다.

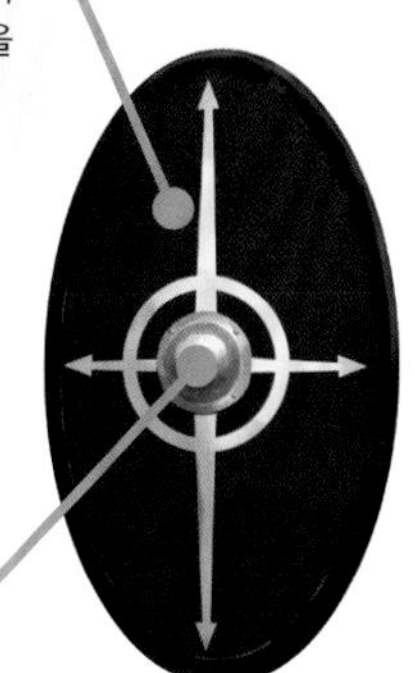

방패심

금속 리벳으로 방패 중앙에 고정시켰다.

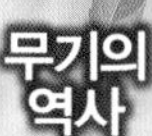

무기의 역사 두 종류였던 스큐툼

일반적으로 알려진 스큐툼의 형태는 직사각형이지만, 로마 시대에는 타원형 스큐툼도 존재했다. 타원형 스큐툼도 얇은 나무판을 겹쳐서 만들어졌으며, 방패 위아래가 금속으로 둘러쳐졌다. 각이 없기 때문에 표면적은 직사각형인 스큐툼보다 조금 작았지만, 방어 진형인 테스투도를 짜기에는 충분한 크기였다. 어떤 기준으로 나눠서 사용했는지 확실하지는 않지만, 동로마 제국에서는 타원형 스큐툼이 많이 사용되었다.

가볍고 비용이 저렴한 원형 방패

파르마

PARMA

방어력 3 / 범용성 3 / 휴대성 3 / 비용 4 / 내구성 3 / 선진성 2

크기	중량	사용 연대
약 60~100cm	약 1~3kg	전5~1세기

용어 해설

【※1】 공화제 로마 시대 초기

일반적으로 기원전 509년에 왕정이 타도된 후부터 기원전 367년까지의 기간이 공화제 초기라고 하는 경우가 많다. 이 기간은 귀족이 중심이 된 정치가 이루어졌지만, 기원전 367년에 성립한 리키니우스-섹스티우스 법으로 인해 총 두 명인 집정관(로마 시의 최고직) 중 한 명을 평민에서 선출하는 것이 정해지면서 귀족 중심의 정치에 종지부를 찍었다. 이 이후 이탈리아 반도 통일을 이룬 기원전 272년까지의 기간은 공화제 중기, 이탈리아 통일에서 제정으로 바뀌는 기원전 27년까지의 기간은 공화제 말기라고 한다.

【※2】 마리우스의 군제 개혁

기원전 1세기경에 가이우스 마리우스가 시행한 로마군 개혁. 병사에게 무기를 지급하거나 급료, 연금 제도를 정비하는 등 여러 가지를 시행하며 군 제도의 합리화를 꾀했다.

빈곤층 병사가 사용한 스큐툼의 대용품

고대 로마 병사의 방패라고 한다면 일반적인 이미지로 스큐툼(66페이지)가 연상된다. 그러나 스큐툼이 탄생한 **공화제 로마 시대 초기【※1】**에 스큐툼을 소유할 수 있었던 것은 경제력이 있는 중장보병뿐이었다. **최선전에 배치된 벨리테스라고 불리는 경장보병들은 경제적으로 빈곤한 계급 출신인 사람이 많았기 때문에 스큐툼을 준비하지 못하고 대용품으로 파르마라는 방패를 사용했다.**

파르마는 라운드 실드라고 불리는 방패의 일종으로, 형태는 원형 또는 타원형이다. 방패판은 여러 장의 나무판이나 가죽을 겹쳐서 보강했으며, 중앙에는 철 또는 청동으로 제작된 방패심을 부착하였다. **파르마는 스큐툼만큼 견고하지도 않고, 공격을 막을 수 있는 범위도 좁았지만, 무게가 가볍고 다루기 쉬운 데다가 무엇보다 비용이 저렴하다는 것이 장점이 되어 기원전 1세기경까지 널리 이용되었다.**

그러나 공화제 후기가 되어 **마리우스의 군제 개혁【※2】**가 시행되자, 로마병은 전원이 직업 군인화되어 전투에 필요한 장비는 모두 국가에서 공급받게 되었다. 이로 인해 경제적으로 빈곤한 출신의 병사도 스큐툼을 소지할 수 있게 되었으며, 보병들이 파르마를 드는 일은 사라졌다고 한다.

또 로마군 기병들도 원형 방패를 사용하고 있었는데, 이것들은 금속으로 만든 방패에 가죽을 씌워 장식한 것으로 파르마보다 무겁고 튼튼했다. 그래서 제작비용도 높아서 도저히 벨리테스가 사용할 수 있을 만한 물건이 아니었다.

방어구 도해—파르마—

비용이 저렴한 원형 방패. 목제라 가볍고 다루기 쉽다. 그다지 견고하게 만들어진 것은 아니지만, 화살이나 투석 등을 막는 정도라면 충분히 쓸 모가 있는 강도를 갖추었다.

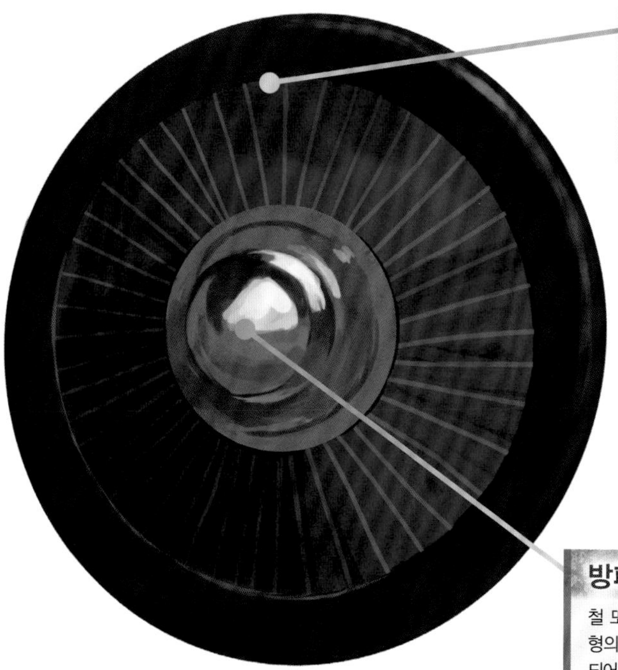

방패판

얇은 나무판을 2~3장 겹치고, 표면은 가죽 또는 천으로 둘러쌌다.

방패심

철 또는 청동으로 제작된 원형의 방패심이 중앙에 부착되어 있다.

고대 그리스에 기원을 둔 라운드 실드

파르마의 원형인 라운드 실드의 기원은 고대 그리스에서 사용했던 호플론이라는 방패로 추측된다. 호플론은 청동으로 만든 원형 방패로, 지름은 약 100㎝ 정도. 그러나 보병이 들고 걷기에는 매우 무거웠기 때문에 나중에 경량화가 진행되어 지름 60㎝정도의 크기로 축소되었다. 호플론은 기원전 8세기경에 로마에 전파된 것으로 보이는데, 로마군은 보병의 기동력을 중시했기 때문에 무거운 금속제 호플론은 그다지 큰 호응을 얻지 못했다.

계속해서 개량된 로마 군단의 투구

카시스

CASSIS

방어력 3 / 범용성 3 / 휴대성 4 / 비용 4 / 내구성 4 / 선진성 3

크기	중량	사용 연대
—	—	전4~5세기

그리스 문화와 켈트 문화의 영향을 받아서 탄생한 투구

카시스는 고대 로마에서 사용된 투구의 총칭이다. 갈레아라고도 불리며, 시대나 생산지에 따라 다양한 모양이 존재했다.

초기 로마군의 투구는 그리스 문명의 영향을 강하게 받아서 코류스라고 불리는 그리스 투구를 그대로 모방한 것을 사용했다. 코류스는 머리를 완전히 덮는 형태를 하고 있으며, 미간 쪽에서 뻗어 나온 코 가리개와 볼 가리개로 얼굴도 완벽하게 보호되는 매우 방어 성능이 높은 투구였다. 그러나 너무 무거웠기 때문에 장시간 착용이 어려웠고, 귀까지 덮었기 때문에 소리나 명령을 제대로 듣기 어렵다는 결점도 안고 있었다. 그래서 **시대가 흐른 뒤에는 귀를 덮는 부분을 제거하거나 경첩으로 가동하는 볼 가리개를 붙이는 개량이 진행되었다.**

그 후 기원전 1세기경에 갈리아 지방으로 원정을 떠나게 되고, 로마군의 투구는 갈리아 지방에서 살던 **켈트인【※1】** 문화의 영향을 받게 된다. 켈트인의 투구는 몬테포르티노라고 하는데, 그릇을 엎어 놓은 듯한 형태에 머리 뒤쪽에는 **목 보호대【※2】**가, 옆면에는 경첩으로 가동하는 볼 보호대가 설치되어 있었다.

코류스와 몬테포르티노는 잠깐 동안 같이 쓰였지만, 제정 로마 시대가 되자 코류스는 쇠퇴하고 몬테포르티노가 주류가 되었다. **몬테포르티노에는 그 후에도 목 보호대의 확대와 차양 추가와 같은 개량이 더해져 더 세련된 방어구로 발전했다.**

용어 해설

【※1】
켈트인

중앙아시아 초원 지대를 기원으로 하는 민족으로, 기원전 20세기~기원전 15세기경에 유럽 중부로 이주한 것으로 추측된다. 켈트인은 그 후에도 세력을 계속 확장하며, 기원전 5세기경에는 이베리아 반도와 브리튼 제도로 세력을 더욱 확장했다. 고대 로마에서 갈리아인이라 불리던 민족도 갈리아 지역(현재의 프랑스 주변)으로 이주한 켈트인을 가리킨다.

【※2】
목 보호대

머리 뒤쪽에서 목 뒤쪽으로 뻗어 나온 갑판. 난전에서는 등 뒤나 머리 위에서 목을 노리는 경우가 많았고, 그런 치명적인 공격에서 몸을 보호하기 위해 만들어진 것으로 추측된다.

방어구 도해—카시스—

로마의 투구에는 그리스 코류스의 영향을 강하게 받은 것과 갈리아 지방 몬테포르티노의 영향을 받은 것이 존재했다. 최종적으로는 몬테포르티노가 주류가 되었다.

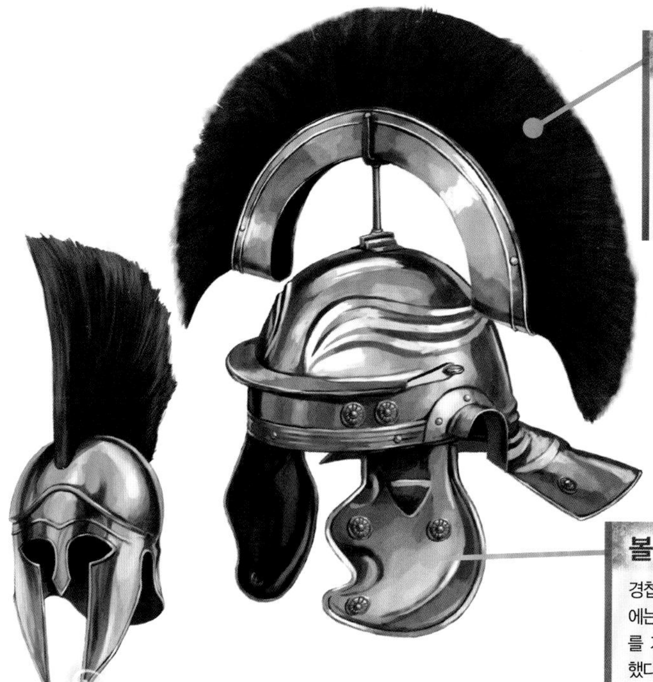

술 장식

크레스트라고 불린다. 일반 군단병은 세로 방향으로, 대장은 가로 방향으로 퍼지도록 제작되었다.

볼 가리개

경첩으로 가동한다. 전투 시에는 좌우에 있는 볼 가리개를 가죽 끈으로 묶어서 고정했다.

무기 이모저모 검투사들도 사용한 카시스

고대 로마에서 개최된 투기회에서는 다양한 장비를 착용한 검투사들이 언제나 목숨을 걸고 싸웠다. 분수처럼 피를 흩뿌리며 시합을 달아오르게 만들기 위해 급소가 집중된 몸통 방어구를 장비할 수 없었지만, 투구는 많은 검투사가 착용을 허가받았다. 검투사의 투구는 얼굴이 철망으로 가려져 있어서 표정이 보이지 않는 것이 특징이다. 이것은 안면이 있는 사람과 싸우게 되었을 때 전의를 잃지 않도록 제작된 것이라고 한다.

급소를 완벽하게 지킨 금속제 정강이 받이

그리브

GREAVE

크기	중량	사용 연대
약 30cm	약 0.5~1.0kg	전3~5세기

제1장 로마 시대의 무장·병기 방어구

패전의 경험을 받아들이고 채용한 방어구

인체에는 공격을 받으면 큰 타격을 받는 「급소」라고 불리는 부위가 몇 군데 존재한다. 병사들이 착용하는 방어구는 이 급소를 지키기 위해 만들어진 것이다. **급소는 특히 몸통과 머리 부분에 집중되어 있기 때문에 어느 시대에서든 갑옷과 투구의 개발과 개량은 우선적으로 이루어졌다.**

고대 로마에서도 이런 점은 마찬가지다. 병사들은 로리카 세그멘타타(60페이지)나 로리카 하마타(62페이지) 등을 착용하여 몸을 지켰고, 카시스(70페이지)를 써서 머리를 보호했다. 그러나 팔과 다리의 방어는 가볍게 여겼는지 이렇다 할 방어구를 장착하지 않는 기간이 오랫동안 지속되었다.

몸통이나 머리만큼은 아니지만, 팔과 다리에도 급소는 존재한다. 특히 정강이는 일본에서 「벤케이(일본의 유명한 무장. 용맹하며 충직함의 상징이기도 하다-옮긴이)도 아파도 우는 곳」이라고 하며, 타격을 받으면 엄청난 고통이 밀려드는 부위로 알려져 있다. 또 아프기만 하다면 괜찮지만 뼈가 부러지거나 절단되면 걸을 수 없게 되고, 그 병사는 전력이 되지 않을뿐더러 걸림돌이 되고 만다. 1세기경 로마군은 **다키아인【※1】**과의 전투에서 이 사실을 뼈저리게 깨닫게 된다. **다키아인들은 펄스(32페이지)라는 무기를 이용해 로마병의 노출된 팔다리를 노렸던 것이다.** 이로 인해 로마군은 큰 피해를 입으며 몇 번이나 패전을 거듭했다.

다키아인과의 전투에서 입은 피해를 심각하게 본 당시 로마의 황제 **트라야누스【※2】**는 정강이용 방어구인 그리브를 정식 장비로 도입하였다. 그리고 충분한 군비를 확보한 뒤에 전투에 나섰고, 결국 다키아에게 승리를 거두었다.

용어 해설

【※1】
다키아인

기원전 1000년경부터 다키아 지방(현재의 루마니아)에 정착한 민족. 다키아 지방은 106년에 로마에 정복당한 후 로마인과의 혼혈화가 진행되었다. 이때 탄생한 민족이 현재 루마니아인의 선조라고 일컬어진다.

【※2】
트라야누스

제정 로마 시대의 황제. 재위 기간은 98년부터 117년. 다키아와 파르티아 원정에서 성과를 올리며 로마 제국의 판도를 역사상 최대로 확대했다. 로마 역사상 가장 뛰어난 황제 중 한 명으로서, 그 수완을 높이 평가받고 있는 명군.

방어구 도해—그리브—

금속제 정강이 받이. 가장자리에 단 쇠 장식에 가죽 끈을 꿰어 정강이 위로 고정시킨다. 비용이 저렴한 방어구라 공화제 로마 시대에 벨리테스가 사용한 적도 있다.

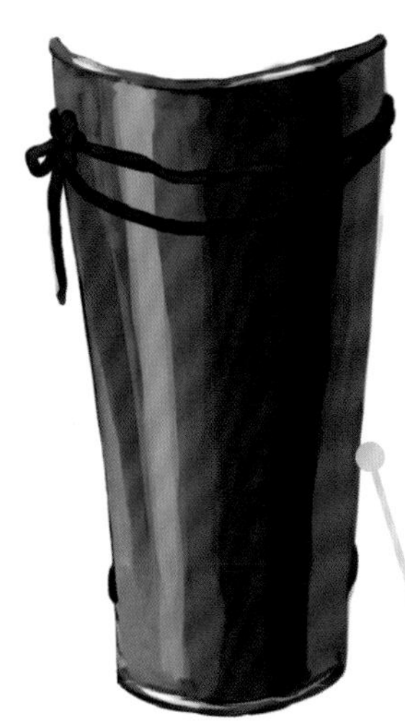

표면

다양한 무늬 장식을 넣은 것도 존재했다.

안감

충격 흡수와 착용감을 높이기 위해 부드러운 천 등을 안에 채워서 장착하는 경우가 많았다.

무기 이모저모 정규병보다 더 빨리 그리브를 도입한 검투사들

로마군 정규병이 그리브를 채용한 것은 제정 로마 시대에 들어온 다음이지만, 검투사들은 그 이전부터 그리브를 사용했다. 대부분의 검투사들은 갑옷 착용 허가를 받지 못했기 때문에 치명상을 피하기 위해 방패는 오로지 몸을 노리는 공격을 받기 위해 사용되었다. 이 때문에 다리 방어는 쉽게 허술해졌고, 그리브는 많은 도움이 되었다. 그리브는 기본적으로 양쪽 다리에 착용했지만, 무르밀로라고 하는 검투사는 왼쪽 다리에만 착용하고 싸웠다.

신기 쉽고 내구성도 뛰어난 로마군의 군화

칼리가

CALIGA

방어력 1 / 범용성 4 / 휴대성 5 / 비용 5 / 내구성 4 / 선진성 3

크기	중량	사용 연대
약 25~30cm	약 0.5kg	전 8세기 이후

로마군이 빠른 속도를 낼 수 있게 도와준 고성능 샌들

고대 로마 군대는 전투력이 높기로 유명한데, 그 기동력도 발군으로 뛰어났다. **로마군은 평균적인 행군 속도로 하루에 약 25㎞를 이동할 수 있으며, 강행군【※1】이라면 35㎞ 이동할 수 있었다고 한다.** 12세기 **십자군【※2】**의 행군 속도가 하루에 7~10㎞, 18세기 나폴레옹이 이끈 군대는 하루에 15~20㎞였던 것과 비교하면, 로마군의 행군 속도가 얼마나 대단한 수준이었는지 알 수 있다. 게다가 이 속도는 갑옷을 착용한 상태에서 검과 방패를 들고, 곡괭이나 말뚝 같은 자재도 장비하고서 유지한 것이라 더욱 놀라울 뿐이다.

이 경이적인 행군 속도를 자랑하던 로마군 보병들이 신은 것이 칼리가라고 하는 신발이다. 칼리가는 가죽으로 만든 샌들로, 많은 스트랩을 이용해 발에 딱 맞게끔 만들어졌다. 밑창의 두께는 약 1.3㎝이며, 바닥 쪽에는 미끄럼을 방지하기 위해 금속으로 만든 징이 촘촘히 박혀 있었다. **유연성이 뛰어난 칼리가는 발목의 움직임을 방해하지 않았기 때문에 장시간 신고 있어도 쉽게 지치지 않았고, 통기성도 우수했다.** 또 젖어도 내부에 물이 고이지 않고 바로 말랐다. 게다가 로마 시대의 유적에서 발뒤꿈치에 **박차【※3】**가 달린 칼리가도 발견된 것으로 보아 기병도 칼리가를 신은 것으로 추측된다.

칼리가의 유일한 단점은 우수한 통기성과 반대로 한기를 막지 못한다는 점이다. 이 때문에 기후가 추운 지역으로 진군하는 병사들은 칼리가가 아닌 페로네스라는 부츠 같은 군화를 착용했다고 한다.

용어 해설

【※1】 강행군

일반적인 행군보다 속도를 높여서 실시하는 행군. 병사의 피로가 쌓이기 쉽기 때문에 연일 지속할 수는 없다.

【※2】 십자군

11세기 말부터 13세기 사이에 몇 차례에 걸쳐 이루어진 그리스도교국 연맹군에 의한 이슬람교국 원정. 처음에는 그리스도교의 성지 예루살렘을 탈환할 목적으로 시작되었지만, 이집트나 튀니스 등 아프리카를 목적으로 한 원정도 진행되었다. 원정 횟수에 대해서는 해석에 따라 여러 주장이 있으나, 일반적으로는 8~9회로 보고 있다.

【※3】 박차

말에 탔을 때 말에게 신호를 보내기 위해 사용한 돌기 모양의 도구. 신발 뒤축 부분에 붙어 있다.

방어구 도해—칼리가—

로마군 병사들이 신고 있던 가죽으로 만든 샌들. 부드러워서 착용감이 좋고, 장시간 행군에도 쉽게 지치지 않았다. 형태가 복잡해 보이지만, 밑창 외에는 가죽 한 장으로 만들어졌다.

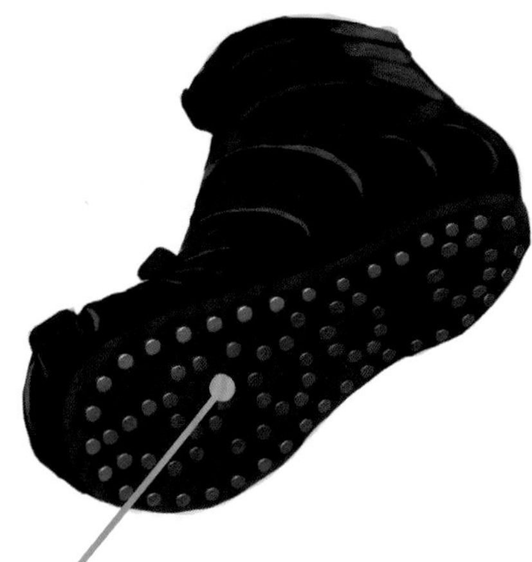

밑창

밑창에는 철로 만든 반원형 징이 여러 개 박혀 있어서 미끄럼 방지 역할을 했다.

스트랩

행군 중에 벗겨지지 않도록 일반적인 샌들보다 많은 스트랩으로 발에 단단히 고정시켰다.

무기 이모저모 군화 이름에 관련된 이름으로 알려진 광기의 폭군 황제

제정 로마 초기의 군인 게르마니쿠스에게는 가이우스라는 아들이 있었다. 이 작은 아이는 늘 자신을 위해 만들어진 어린이용 갑옷과 칼리가를 착용했기 때문에 라틴어로 「작은 칼리가」라는 뜻의 칼리굴라라는 애칭을 얻으며 마스코트 같은 존재로 병사들에게 사랑을 받았다. 이윽고 성장한 가이우스는 로마 황제로 즉위. 어린 시절에 붙여진 칼리굴라라는 애칭으로 민중의 지지를 받지만, 이후 폭군이 되는 바람에 친위대 손에 암살을 당하고 말았다.

팔을 보호하기 위해 도입된 추가 방어구

마니카

MANICA

크기	중량	사용 연대
—	—	전3~5세기

방어력 2 / 범용성 3 / 휴대성 4 / 비용 4 / 내구성 3 / 선진성 3

용어 해설

【※1】 중장보병

몸통 갑옷과 투구를 장착하고 방패를 든 중장비 보병. 기동력은 낮지만 방어력이 높으며, 군대끼리 정면에서 부딪치는 전투에서는 강력한 전력이 되었다. 건국되었을 때부터 로마군 내에서도 주력을 담당했다. 그러나 제정 후기가 되면서 기병이 중요시되자 점점 중장보병이 활약할 수 있는 상황이 적어졌다.

【※2】 다키아인

다키아 지방(현재의 루마니아)에서 생활하던 민족. 로마와는 오래전부터 교류가 있었으며 교역도 하고 있었는데, 로마인은 다키아인의 용맹한 성질을 두려워했다고 한다.

【※3】 도미티아누스 황제

81~96년에 재위한 로마 제국 황제. 대외 원정에서 실패를 반복하며 인심을 잃고, 마지막에는 부하에게 암살을 당했다. 황제로서의 평가는 역제 중에서도 상당히 낮은 인물.

방어구 강화로 전쟁의 흐름을 바꿨다

공화제에서 제정 초기 사이의 로마 **중장보병【※1】**의 방어구는 로리카 세그멘타타(60페이지)나 로리카 하마타(62페이지) 등 몸통을 보호하는 갑옷에 머리를 보호하는 카시스(70페이지)만 착용하는 단순한 구성이었다. 로마의 갑옷은 어깨부터 팔까지 완전히 노출되어 있는데, **로마군은 스큐툼(66페이지)라는 대형 방패를 사용했기 때문에 기본적으로 팔에 공격을 받을 일이 없어서 팔 전용 방어구가 필요하다는 생각을 하지 않았던 것이다.**

그러나 1세기 후반에 **다키아인【※2】**와의 전투가 시작되자, 방어구에 대한 로마병의 생각이 완전히 바뀐다. 다키아인이 사용하던 펄스(32페이지)가 굉장히 예리해서, 팔이나 다리에 중상을 입는 병사가 속출했던 것이다. 다키아군과의 본격적인 첫 전투는 **도미티아누스 황제【※3】**가 재위 중인 87년에 벌어졌는데, 이때 로마에서 파견된 2개 군단은 다키아군에게 패하여 지휘관을 포함해 전멸하고 말았다.

도미티아누스 황제의 뒤를 이어 즉위한 트라야누스 황제는 **이전 원정에서 반성할 점을 참고하여 병사들에게 팔을 보호하는 방어구 마니카와 정강이를 보호하는 방어구 그리브(72페이지)를 착용시켰다.** 이 대책으로 펄스에 의한 피해는 급격하게 줄고, 로마군은 다키아군을 상대로 연승을 올리게 된다. 그리고 106년에는 다키아의 수도 사르미제게투사로 진군하여 포위전으로 함락시켰다.

다키아 전쟁 이후 그리브는 거의 정식 장비가 되었고, 마니카도 필요에 따라 사용하게 되었다.

방어구 도해—마니카—

어깨와 팔 전체를 보호하는 방어구. 손끝까지는 덮이지 않는다. 다키아인의 무기 펄스를 대처하기 위한 대책으로 채용되었으며, 병사들의 팔을 완벽하게 보호했다.

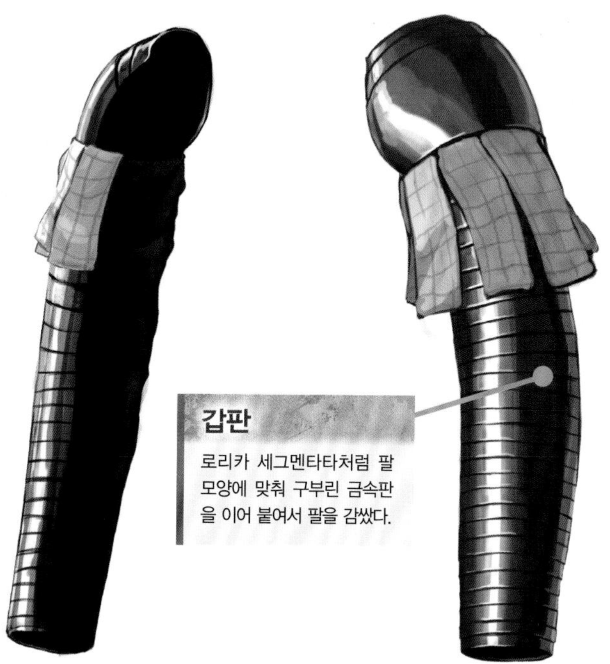

갑판

로리카 세그멘타타처럼 팔 모양에 맞춰 구부린 금속판을 이어 붙여서 팔을 감쌌다.

무기 이모저모 투기장에서 진화된 마니카

정규병의 장비로 채용되기 전까지 마니카는 오로지 검투사의 장비로서만 활용되고 있었다. 많은 검투사는 무기를 든 쪽 팔에 마니카를 착용하고, 방패를 든 쪽 팔에는 방어구를 착용하지 않은 채 싸웠다. 초기의 마니카는 꿰맨 돛천에 완충재만 채운 간소한 형태였지만, 나중 시대에는 로리카 스쿼마타(64페이지)처럼 비늘 모양의 금속 조각으로 표면을 덮은 것이나 로리카 하마타처럼 금속 고리를 사슬처럼 이어서 엮은 것도 만들어졌다.

높은 공격력과 명중 정밀도를 자랑하는 투사 병기

스콜피오(발리스타)

SCORPION (BALLISTA)

공격력 5 / 범용성 4 / 휴대성 2 / 비용 2 / 내구성 3 / 선진성 4

크기	중량	사용 연대
—	—	전4~5세기

용어 해설

【※1】
카이로네이아 전투
기원전 338년에 마케도니아 왕국군과 그리스 연합군 사이에서 발생한 대규모 전투. 마케도니아 왕국군이 승리했다.

【※2】
비틀어 감은 줄
튼튼하고 탄력성이 높은 줄을 비튼 뒤 원래대로 돌아가려고 할 때에 발생하는 힘을 동력으로 하는 방식. 기원전 4세기경에 마케도니아 왕국 필리포스 2세의 명령으로 개발된, 고대 병기 제작 분야에서 혁명을 일으킨 획기적인 기술이다. 줄 소재로는 말의 털이나 동물을 힘줄 등 여러 소재가 쓰였다.

로마군이 개발한 신형 발리스타

스콜피오는 로마군이 개발한 병기로, 발리스타라는 병기를 소형화하고 성능도 향상시킨 것이다.

스콜피오의 바탕이 되는 발리스타란 대형 화살을 발사하는 투사 병기이다. 그 기원은 오래전 기원전 338년에 벌어진 **카이로네이아 전투【※1】**에서 발리스타가 사용된 기록이 남아 있는 것으로 보아 기원전 4세기 중반에는 이미 실용화되었던 것으로 추측된다. 발리스타는 화살을 쏘는 무기라는 점에서 활과 비슷하지만 구조는 전혀 달랐다. 일반적인 활은 휘어진 활대가 원래 모습으로 돌아가려고 할 때 발생하는 반발력으로 화살을 쏘지만, 발리스타는 **비틀어 감은 줄【※2】**의 장력으로 화살을 발사했다. **비틀린 줄의 반발력은 매우 강하여 발리스타는 전용으로 제작된 거대한 금속제 화살을 수백 미터 앞까지 날릴 수 있었으며, 높은 명중 정밀도를 자랑했다.** 그러나 발리스타는 여러 사람이 매달려야만 움직일 정도로 크고 무거운 병기였기 때문에 운용하는 데 시간과 노력이 많이 든다는 결점을 안고 있었다.

로마군은 발리스타의 결점을 해소하기 위해 작고 가볍게 개선하는 작업을 진행했다. 그러면서 **특별히 강도가 필요한 부분에는 금속 부품을 더 많이 쓰고, 틀도 형태를 다시 손보며, 종래의 발리스타보다 크기는 작으면서 공격력은 향상된 신병기 스콜피오를 완성하였다.** 스콜피오는 모든 전투에 투입되어 크나큰 성과를 올렸는데, 특히 공성탑(84페이지)에 설치하기 쉬워진 점은 커다란 장점이 되었고, 공성전에서는 주력 병기로 대활약했다.

병기 도해―스콜피오―

일반적인 활보다 거대한 화살을 쏠 수 있는 투사 병기. 강력하지만 크고 기동성이 좋지 않다는 발리스타의 결점을 보완하기 위해 만들어진 것이 스콜피오이다.

기구부

스콜피오의 기구부는 금속 부품이 사용되었으며, 비틀어 감은 줄에도 비바람을 피하기 위한 덮개가 설치되었다.

비틀어 감은 줄

줄을 비틀어서 원래대로 돌아가려고 하는 반동으로 힘을 얻는다.

틀

초기 발리스타 틀은 목제. 강도를 확보하기 위해 점차 금속제 틀도 증가했다.

무기 이모저모 고대부터 중세 시대에 걸쳐 존재감을 과시한 발리스타

고대에 일어난 전쟁에서 발리스타는 캐터펄트(80페이지)와 나란히 최대 공격력을 자랑하는 병기였다. 그래서 각국에서 개량이 진행되었으며, 마케도니아의 거대 발리스타나 시라쿠사의 옥시벨레스 등 다양한 형태의 발리스타가 만들어졌다. 또 함선에 실어서 함포로 활용하거나 말이 끄는 수레에 실어서 기마포병으로 사용하는 등 운용 방법에 대한 연구도 진행되었다. 이렇게 발리스타는 화약을 이용한 대포가 실용화되기 전까지 최전선에서 늘 활약했다고 한다.

고대 최강의 파괴력을 자랑하는 대형 병기

오나거(캐터펄트)

ONAGER (CATAPULT)

공격력 5 / 범용성 4 / 휴대성 2 / 비용 2 / 내구성 3 / 선진성 4

크기	중량	사용 연대
—	—	전3~5세기

용어 해설

【※1】
공성 병기

성이나 요새 등을 공략하기 위해 설계된 병기를 가리킨다. 성벽이나 성문을 파괴하는 것이 목적인 병기와 성벽을 타고 넘어 성 안으로 병사를 들여보내는 것이 목적인 병기, 이렇게 두 타입이 존재한다. 전자에 해당하는 것이 오나거와 파성추(82페이지), 후자에 해당하는 것이 공성탑(84페이지)이다.

【※2】
비틀어 감은 줄

기원전4세기경에 마케도니아에서 개발된 기술. 말의 털이나 힘줄 등을 이용해서 만든 탄력성이 높은 줄을 비틀어 부하를 건 다음, 원래대로 돌아오려고 하는 힘을 동력으로 이용한다. 발리스타나 스콜피오(78페이지)과 같은 병기에도 사용되었다.

양산화에 성공한 로마판 캐터펄트

오나거는 로마군이 사용하던 **공성 병기【※1】**의 일종으로, 캐터펄트를 개량한 것이다. **오나거란 야생 당나귀라는 뜻으로, 탄환을 발사할 때의 모습이 당나귀가 발길질하는 모습과 비슷하다고 해서 이렇게 불리게 되었다고 한다.**

캐터펄트는 고대 그리스어로「휘두르는 것」이라는 뜻을 가진 말로, 그 이름대로 거대한 스푼 같은 암을 휘둘러서 탄환을 발사하는 병기다. 동력이 되는 것은 **비틀어 감은 줄【※2】**이며, 암을 뒤로 잡아당겨서 반발력을 얻은 다음 원래대로 돌아가려고 하는 힘을 이용해 암을 휘두른다. 비틀린 줄에 거는 무게가 클수록 강한 힘으로 탄환을 날릴 수 있지만, 틀에 가해지는 부담도 증가한다. 이 문제를 해소하기 위해 재료로는 두껍고 튼튼한 목재가 사용되었고, 캐터펄트는 거대한 병기가 되었다. 운용하려면 한 대에 여섯 명에서 열 명 정도의 병사가 필요했다.

오나거는 캐터펄트의 제조법을 간략화하여 대량 생산할 수 있게 한 것이라고 말한다. 외형이나 사용법은 거의 캐터펄트와 똑같지만, 탄환을 싣는 암은 스푼형에서 막대기와 주머니를 합친 것으로 변경되었다. **오나거에 사용한 탄환은 주로 둥근 돌로, 약 100㎏의 돌을 600m나 날릴 수 있었다.** 하지만 탄환은 포물선을 그리며 날아가기 때문에 떨어지는 위치를 예측하기 어려웠고, 작은 목표를 노리기에는 적합하지 않았다. 이 때문에 오나거는 오로지 성벽이나 탑 등 거대한 건조물을 파괴하기 위해 사용되었다.

병기 도해—오나거—

마케도니아에서 탄생한 캐터펄트를 분석하여 대량 생산하기 쉽게 개량한 것이 오나거이다. 사람보다 무거운 큰 바위를 던질 수가 있으며, 공성전에서 큰 역할을 했다.

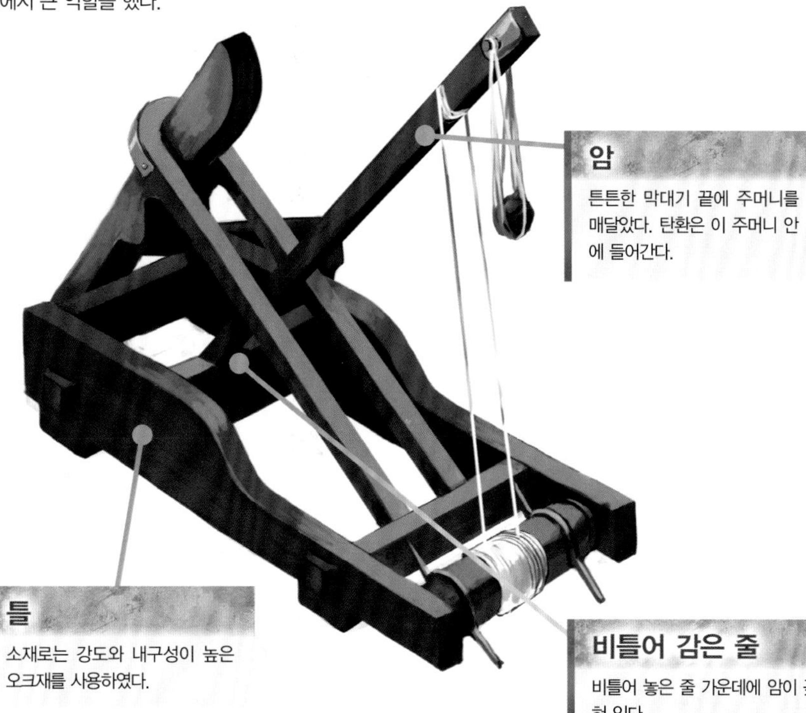

암

튼튼한 막대기 끝에 주머니를 매달았다. 탄환은 이 주머니 안에 들어간다.

틀

소재로는 강도와 내구성이 높은 오크재를 사용하였다.

비틀어 감은 줄

비틀어 놓은 줄 가운데에 암이 꽂혀 있다.

무기의 역사 거대 시소로 암석을 던진 트레뷰셋

고대 로마의 오나거는 비튼 줄을 이용해 탄환을 날리는 투석기지만, 후세에는 다른 방식으로 탄환을 발사하는 투석기도 제작되었다. 대표적인 것은 시소 같은 암 한쪽에 추를 매달고, 추가 낙하하는 힘을 이용해서 암을 휘두르는 방식이다. 이 방식을 채용한 투석기 중에서 가장 유명한 것이 12세기에 제작된 트레뷰셋이다. 가장 큰 트레뷰셋은 약 150㎏의 돌을 300m나 날릴 수 있었다고 한다.

성벽을 강행돌파하기 위해 제작된 공성 병기

파성추

공격력 4 / 범용성 1 / 휴대성 1 / 비용 3 / 내구성 3 / 선진성 2

크기	중량	사용 연대
—	—	전18세기 이후

진자 운동을 이용하여 통나무로 벽을 쳐서 파괴

성이나 요새와 같은 거점을 공격할 때, 공격하는 쪽 입장에서 큰 방해가 되는 것이 진군을 방해하는 성벽이나 **흙성【※1】**, 울타리와 같은 장벽이다. 파성추는 이러한 장벽을 파괴하기 위해 제작된 공성 병기의 일종이다. 파성추는 매우 옛날 시대에 만들어진 병기로, 기원전 18세기에는 **아시리아【※2】**군이 주변 국가들과의 전투에서 이미 파성추를 사용했다는 기록이 남아 있다.

파성추가 아직 존재하지 않았던 시대에는 벽을 파괴하기 위해 여러 명의 병사가 가지를 쳐낸 통나무를 들고 벽으로 돌진하는 수단을 썼다. 그러나 이 방법은 통나무를 든 병사들이 벽 위에서 쏟아지는 화살이나 투석에 무방비해진다는 단점을 안고 있었다. 그래서 병사를 공격에서 지키면서 벽을 파괴할 수 있는 방법을 연구했고, 파성추가 개발된 것이다.

초기의 파성추는 수레 위에 지붕을 얹고, 내부에 통나무를 매단 단순한 구조였다. **이 병기가 등장하자 병사들은 지붕 아래에 숨어서 성벽 앞까지 수레를 이동시킨 뒤, 통나무를 진자처럼 흔들어 내려쳐서 벽을 파괴할 수 있게 되었다.** 그 후 건축 기술이 향상되고 성벽이 두껍고 견고해지자, 그것을 부수기 위해 파성추도 점점 커지고 파괴력도 향상되었다. 또 통나무 끝에 금속 부품을 부착하여 공격력과 내구성을 높이는 연구도 주류가 된다. **로마에서 사용되었던 파성추는 양 모리 모양을 한 쇠 장식이 붙어 있었기 때문에 숫양이라는 뜻의 「아리에스」라고 불렸다.**

용어 해설

【※1】 흙성

성새나 마을 주위에 축조된 흙벽. 해자와 같이 만들어지는 경우가 많으며 해자를 팔 때 나오는 흙이 흙성의 재료가 되었다. 주로 적병이나 짐승의 침입을 막는 목적으로 만들어졌다. 로마군은 야영을 할 때 반드시 주위를 흙성으로 둘러싼 진영을 설영하고 안전을 확보한 뒤 휴식을 취했다고 한다.

【※2】 아시리아

메소포타미아(현재의 이라크 주변)에서 기원전 20세기경부터 기원전 7세기까지 번영했던 고대 왕국. 여러 왕조가 들어섰으나 결국은 마케도니아에게 멸망당했다.

병기 도해—파성추—

성벽을 파괴하기 위해 고안된 병기. 시대가 지나면서 대형 파성추가 제작되었다. 작업에 착수하면 단시간에 구멍을 뚫을 수 있는 파성추는 공성전에서 비장의 무기가 되었다.

지붕

화살이나 투석을 막는 효과가 있었다. 불에 잘 타지 않도록 물에 축인 짚이나 털가죽 등으로 덮는 경우도 있었다.

추

추의 위력을 높이기 위해 끝 부분에는 금속으로 만든 부품을 부착하였다. 내구성을 높이는 효과도 있었다.

무기의 역사 성문을 파괴하기 위해 사용한 중국의 파성추

높은 성벽으로 주위를 에워싼 도시를 만들고, 거리에는 방어 거점으로서 관문을 설치했던 고대 중국에서 공성 병기의 수요는 유럽보다 더 높았다. 그로 인해 고대 중국에서는 다양한 형태의 공성 병기가 고안되었다. 충차(당차라고도 했다)도 그의 일종. 수레 위에 만든 망루에 동추라는 추를 매단 것이 파성추와 구조가 비슷한 병기이다. 기원전 8세기경 춘추시대에 만들어진 후로 개량을 반복하면서 약 2500년 후인 1851년 태평천국의 난까지 사용되었다고 한다.

성벽을 넘기 위한 외장 계단

공성탑

공격력 4 / 범용성 3 / 휴대성 1 / 비용 2 / 내구성 3 / 선진성 3

크기	중량	사용 연대
약 10~30m	—	기원전 20세기 이후

성새를 위에서 공략하기 위해 고안한 공성 병기

성이나 요새 등을 공격할 경우, 성벽이나 울타리를 돌파하고 거점 안으로 병사들을 대거 들여보낼 수 있다면 그 시점에서 거의 **공격 측의 승리가 확정【※1】**된다. 그러기 위해서는 성벽 그 자체를 파괴하거나 어떠한 수단으로 성벽을 회피할 필요가 있었다. 전자를 달성하기 위해 고안된 것이 캐터펄트(80페이지)와 파성추(82페이지)이고, 후자를 달성하기 위해 만들어진 것이 공성탑이라고 하는 병기다.

공성탑은 **여러 개의 층계 구조【※2】**로 된 목조탑이다. 적의 거점에서 떨어진 장소에서 조립한 뒤 성벽 앞까지 이동시키는 경우가 많았으나, 운반로를 확보할 수 없는 경우에는 현지에서 직접 조립하는 경우도 있었다. **위층에 설치된 발판을 성벽에 걸친 다음 병사를 거점 안으로 들여보내는 것이 주목적이다.** 각층에는 발리스타(78페이지)나 궁병을 배치하여 공성탑을 이동하는 일이나 병사들이 돌입하는 것을 지원했다. 또 성벽 아래에서도 공격에 가세하기 위해 파성추를 탑재한 공성탑도 제작되었다.

공성탑은 목조이므로 화재에 약하다는 약점이 있었다. 그래서 **표면을 불에 잘 타지 않는 동물의 생가죽이나 철판으로 덮거나 물로 축이는 등 여러 가지 방화 대책을 세웠다.**

공성탑 높이는 공략하는 성벽에 맞춰 조정되었기 때문에 공략 대상에 따라 거대한 공성탑이 조립되는 경우도 있었다. **73~74년에 걸쳐서 일어난 마사다 항전【※3】에서 로마군은 높이 25m의 받침대를 만들고, 그 위에 30m의 공성탑을 지어서 난공불락이라고 하는 마사다 요새를 공략했다.**

용어 해설

**【※1】
공격 측의 승리가 확정**

성새 안으로 침입한 병사들이 성문 앞을 제압하고, 내부에서 성문을 열어 바깥에 있는 본대를 불러들일 수 있다면, 성 안에 있는 적이 소탕되는 것은 확정적이다.

**【※2】
여러 개의 층계 구조**

공성탑 높이에 맞춰서 내부에는 2~5단 정도의 층계가 설치되었다. 각 층계 사이에는 사다리나 계단으로 왔다갔다 할 수 있도록 만들어졌다.

**【※3】
마사다 항전**

66~74년에 로마군과 유대인 세력 사이에서 벌어진 유대 전쟁의 최종 결전. 약 1,000명의 유대인이 마사다 요새 안에 들어박혀 계속 저항했으나 로마군의 공격을 받고 집단 자살을 했다. 유대인 생존자는 불과 일곱 명뿐이라는 처참한 결과를 맞이한 전투이다.

병기 도해—공성탑—

공성탑은 성벽 위를 제압하는 것과 내부로 병사들을 진입시키는 것을 목적으로 하는 공성 병기다. 작은 것도 높이가 10m 전후이며, 고대 전투에서 사용되었던 병기 중에서는 제일 큰 부류에 속한다.

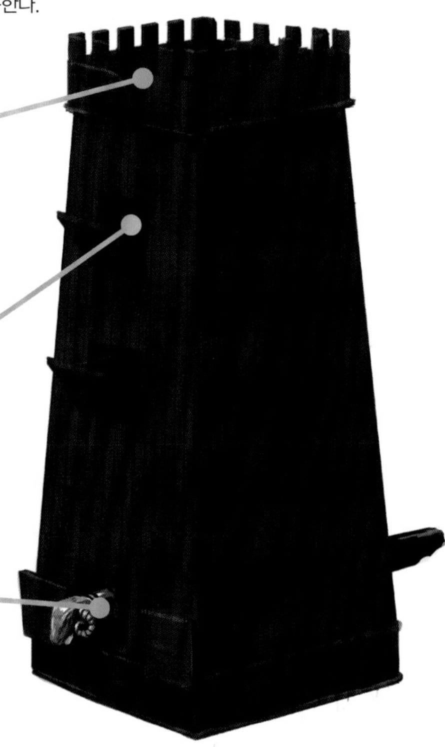

발판

성벽에 병사를 들여보내는 다리 역할을 하는 판자. 공성탑 위층에 설치되었다.

공성 병기

로마군의 공성탑에는 많은 스콜피오가 설치되어 병사들이 돌입할 때 엄호하였다.

파성추

맨 아래층이나 중간층에 파성추를 탑재하는 경우도 있었다.

무기의 역사 마케도니아의 이동요새 헬레폴리스

로마군에서 가장 거대한 공성탑은 마사다 항전에서 사용된 것이지만, 다른 국가에서는 더 거대한 공성탑이 제작된 적도 있다. 가장 유명한 것은 기원전 305~304년에 벌어진 로도스 포위전에 투입된 마케도니아군의 공성탑 헬레폴리스일 것이다. 헬레폴리스는 9층 구조로 된 높이 43m의 거대 구조물로, 1~3층에는 투석기, 4층부터는 발리스타와 궁병이 배치되었다. 바닥 부분에는 여덟 개의 수레바퀴가 달려 있었고, 200명이서 윈치를 조작함으로써 이동할 수 있었다고 한다.

지상 최대의 동물을 이용한 최강의 동물 병기

전투 코끼리

WAR ELEPHANT

크기	중량	사용 연대
약 400~640cm	약 2,700~6,700kg	전 5세기~20세기

공격력 5 / 범용성 1 / 휴대성 2 / 비용 1 / 내구성 5 / 선진성 3

용어 해설

【※1】
군용 동물

군사적으로 이용하기 위해 육성된 동물을 가리킨다. 기마용과 운반용으로 활용되었던 말 외에도, 낙타나 개 등이 흔히 이용되었다.

다루기는 어렵지만 전력은 막강

인류는 고대부터 여러 동물을 길들이며 그 힘을 수렵이나 농경, 식용 등에 유용하게 써 왔다. 그리고 동물들을 가축으로 키우면서 어느 정도 제어가 가능해지자, 동물들을 전쟁에도 동원하게 된다. **인간보다 더 뛰어난 신체 능력이나 감각을 지닌 군용 동물【※1】들은 전쟁의 방식 그 자체를 바꿔버릴 만큼 큰 영향력을 발휘했다.**

동물을 전력으로 이용하는 것을 생각했을 때, 지상 최대의 동물인 코끼리가 그 대상이 된 것은 당연한 일이다. 코끼리의 가축화는 기원전 20세기경부터 인도 주변에서 시작되어 기원전 5세기경에는 군용 코끼리인 전투 코끼리가 등장했다. 그 후 전투 코끼리는 중동에서 그리스를 통해 지중해 세계로 전파되었다.

전투 코끼리 단독으로는 제어할 수 없기 때문에 반드시 코끼리 조련사가 올라탔고, 등에는 여러 명의 병사가 올라탔다. 초기에는 병사들이 직접 전투 코끼리의 등에 올라탔지만, 얼마 지나지 않아 등에 병사들을 태울 망루가 설치되었다. **코끼리의 몸집 크기는 2~3m이며, 올라탄 병사들은 시야 확보와 공격 범위 등에서 유리한 이점을 얻을 수 있었다.** 또 코끼리가 걷는 것만으로도 적병을 압도할 수 있었으며, 돌격을 정면에서 막는 것은 불가능이었다.

이처럼 막강한 전력을 자랑하는 전투 코끼리지만, 코끼리 조련사가 죽으면 제어 불능이 된다거나 돌진 중에는 갑자기 방향 전환을 할 수 없어서 운용이 어렵다는 약점도 있었다. 또 불이나 큰 소리에 놀라 폭주하는 경우도 있었다. 전투 코끼리를 사용하는 지휘관은 이러한 점을 염두에 둘 필요가 있었다.

병기 도해—전투 코끼리—

전투 코끼리는 코끼리를 전장에 내보낼 수 있도록 조교한 것. 분류상 기병으로 분류되지만, 말보다는 제어가 월등하게 어렵고, 식비로 드는 비용도 막대했기 때문에 대량으로 운용하는 것은 어려웠다.

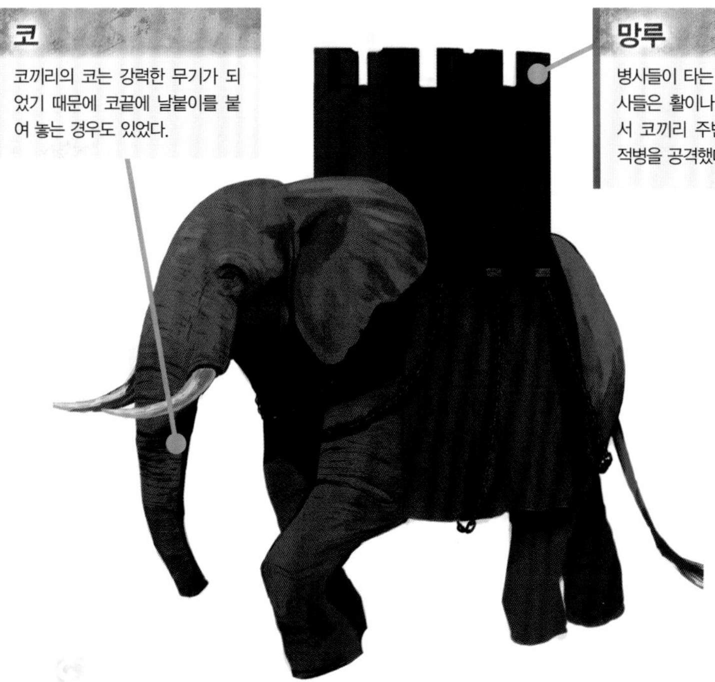

코

코끼리의 코는 강력한 무기가 되었기 때문에 코끝에 날붙이를 붙여 놓는 경우도 있었다.

망루

병사들이 타는 공간. 올라탄 병사들은 활이나 창 등을 이용해서 코끼리 주변으로 모여드는 적병을 공격했다.

무기 이모저모 전투 코끼리의 혼란으로 인해 자멸한 마케도니아군

전투 코끼리는 매우 강력한 전력이었으나 한 번 전투 코끼리가 폭주해버리면 아군이 전멸하는 경우도 적지 않았다. 기원전 275년에 로마와 마케도니아 사이에서 벌어진 말벤툼 전투도 그러한 예 중 하나이다. 이 전투에서 로마군이 불화살로 마케도니아군의 전투 코끼리를 공격하자, 불에 놀란 코끼리가 마케도니아군에게 돌격하고 만다. 게다가 공황 상태인 코끼리에게 영향을 받아 다른 코끼리들도 날뛰기 시작하고, 마케도니아군은 괴멸 상태에 빠지고 말았던 것이다.

적 함선을 절대로 놓치지 않는 돌입용 다리

코르부스

CORVUS

공격력 1 / 범용성 1 / 휴대성 1 / 비용 3 / 내구성 3 / 선진성 5

크기	중량	사용 연대
약 10m	—	전3세기

제1장 로마 시대의 무장·병기 병기

조선 기술의 격차를 좁힌 신병기

공화제 로마 시대, 로마는 주변 국가들과 격전을 펼치며 그 판도를 확장하였다. 이 전투의 역사 속에서 로마를 가장 괴롭힌 상대가 **카르타고【※1】**다.

카르타고는 지중해의 패자라고도 할 수 있는 대국이었다. 로마는 **시칠리아 섬【※2】**의 소유권을 둘러싸고 카르타고와 대립하게 되고, 결국 기원전 264년에 제1차 **포에니 전쟁【※3】**에 돌입한다. 그러나 **당시 카르타고는 해양 무역으로 번영한 해군 대국이라 조선 기술에서는 로마보다 훨씬 월등했다.** 로마군은 첫 대규모 해전인 **리파라 해전【※4】**에서 카르타고군에게 완패하며 지휘관이 잡히는 굴욕을 겪는다.

힘의 차이를 뼈저리게 느낀 로마군은 그 격차를 좁히기 위한 신병기로서 코르부스를 개발하였다. 코르부스는 길이가 10m, 폭은 1.2m 정도의 판 모양 병기로, 끝 부분에는 금속으로 된 갈고리가 달려 있었다. 로마 함선은 그것을 뱃머리에 있는 기둥에 밧줄로 묶어 두고, 적 함선에 접근하면 적 함선 쪽으로 내린 다음 갈고리를 걸어서 고정했다. 그리고 돌입하기 위해 대기 중이던 병사들이 코르부스 위를 건너 적 함선으로 몰려가 카르타고군에게 덤벼들었던 것이다.

개전 당시의 전력을 비교하면 해상에서는 카르타고군이 압도적으로 강했지만, 육지에서는 로마군이 더 우세했다. 약한 해상전을 자신 있는 지상전으로 바꿔버리는 획기적인 발명으로 인해, 코르부스 도입 후 로마군은 서서히 카르타고군을 압도하게 되었다.

용어 해설

【※1】 카르타고

현재의 튀니지 주변에서 번성했던 고대 국가. 여러 설이 있지만, 건국은 기원전 814년. 로마와 세 번에 걸친 대전 끝에 기원전 146년에 멸망했다.

【※2】 시칠리아 섬

이탈리아 반도 남부에 위치한 지중해에서 면적이 가장 큰 섬. 기원전 8세기경부터 그리스인이 식민지로 만들기 시작했으나 기원전 5세기 말에 카르타고와 대립하게 되며 전쟁 상태가 된다. 그 결과 기원전 4세기 말까지는 동부를 제외한 섬 전역이 카르타고에게 지배당하였다.

【※3】 포에니 전쟁

로마와 카르타고 사이에서 벌어진 전쟁. 제1차부터 제3차까지, 약 120년 동안 지속된 대규모 전쟁.

【※4】 리파라 해전

기원전 260년에 시칠리아 섬 북동쪽에 위치한 리파라 섬 앞바다에서 일어난 해전.

병기 도해—코르부스—

코르부스는 적 함선으로 옮겨 타기 위해 제작된 다리다. 코르부스란 라틴어로 「까마귀」라는 의미. 끝 부분에 달려 있는 갈고리가 까마귀의 부리를 연상시킨다고 해서 그렇게 불렸다.

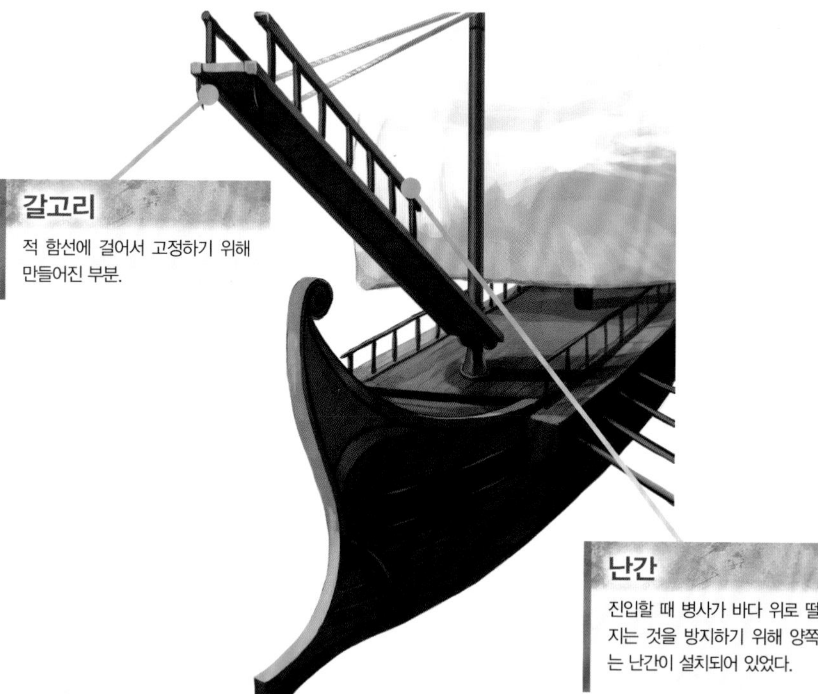

무기 이모저모 적 함선을 가라앉히는 거대한 말뚝

고대 함선은 궁병이나 발리스타(78페이지)로 원거리 공격을 했지만, 적 함선을 가라앉힐 정도의 효과는 없었다. 함선 전투에서 승부를 결정지었던 것은 오로지 직접 들이받는 공격뿐이었다. 이를 위해 함선의 뱃머리에는 충각이라는 병기가 설치되었다. 충각은 금속으로 만든 말뚝 같은 병기로, 상대편 배 옆에서 찌르면 선체에 구멍을 내 침몰시킬 수 있었다. 로마군의 함선에도 탑재되어 있었으나 안타깝게도 카르타고군에게는 거의 통용되지 않았다.

성벽으로 돌진하는 것을 막는 소형 병기

세르부스

CERVUS

크기	중량	사용 연대
—	—	전2세기~전1세기

용어 해설

【※1】
공성 병기

성이나 요새를 공략하기 위해 고안된 병기. 크기가 커서 이동이나 설치 등 운용에 시간과 노력이 드는 것이 많았기 때문에 야전에서 사용되는 일은 거의 없다.

뾰족하게 깎은 가시로 적병을 견제

고대 전쟁에서 공성전이 발생했을 때에는 공격하는 쪽은 파성추(92페이지)나 공성탑(84페이지)와 같은 **공성 병기【※1】**를 준비하여 성벽 돌파를 시도했다. 이에 반해 방어하는 쪽은 가능하다면 공성 병기를 파괴하려고 하거나, 그 외에도 방어용 병기를 준비해서 몰려오는 적군과 맞서 싸웠다.

로마군이 개발한 세르부스는 이러한 공성전에서 활약한 방어용 병기 중 하나이다. 세르부스는 나뭇가지에서 잎을 떼어낸 뒤 모든 가지 끝을 깎아서 날카로운 말뚝처럼 가공한 것이다. **재료는 근처에 숲이 있으면 얼마든지 조달할 수 있고, 가공하는 데 드는 시간도 적어서 단시간에 대량 생산하는 것이 가능했다.** 그렇게 해서 대량으로 준비한 세르부스는 쉽게 뽑히지 않도록 각각의 뿌리 부분을 밧줄로 묶은 뒤 성벽이나 흙성에 꽂아서 사용하였다.

세르부스가 설치된 성벽은 뾰족한 가시로 뒤덮인 상태가 되며, 벽을 기어오르는 것은 물론 다가가는 것조차 어려웠다. **파성추나 공성탑도 세르부스에 막혀서 유효 거리까지 진군할 수 없었기 때문에 공격하는 입장에서는 매우 성가신 장해물이었다.** 또 세르부스는 벽에 꽂을 뿐만 아니라 지면에 판 홈 안에 꽂아 놓아도 효과적인 장벽이 되었다. 홈에 빼곡하게 늘어선 뾰족한 가시는 공격하는 쪽 전의를 꺾는 데에 충분한 효과가 있었으며, 강행 돌파하려고 한다면 많은 희생이 나오는 것은 확실했기 때문이다. 로마군에서는 이런 식으로 만들어진 장벽을 「경계 말뚝」이라고 불렀다.

병기 도해—세르부스—

세르부스는 복잡하게 뻗은 나무를 적당한 크기로 자른 뒤 각각의 가지 끝을 깎아서 뾰족하게 만든 것. 단순한 구조지만, 대량 생산함으로써 큰 성과를 올렸다.

가지

재료로는 가지가 많은 나무가 선택되었다.

끝 부분

날카롭게 깎은 가지는 적의 돌격에 맞서는 창이 되었다.

무기 이모저모 로마 최고의 천재가 만든 신병기들

세르부스나 스티머러스(92페이지), 리리움(94페이지)과 같은 방어용 병기는 공화제 로마 시대 군인 카이사르가 갈리아 원정을 떠났을 때에 고안한 것이라고 전해진다. 카이사르는 적의 진지를 완전히 포위하여 고립시키고, 탈출을 시도하는 적군을 방어용 병기로 막는 전법을 자주 사용하였다. 기원전 52년에 벌어진 알레시아 포위전에서는 이 전법으로 8만 명의 갈리아군과 25만 명의 구원군을 격파하며 갈리아 원정에 종지부를 찍었다.

간편하게 설치할 수 있는 방위 전용 장해물

스티머러스

STIMULOS

공격력 3 / 범용성 2 / 휴대성 4 / 비용 4 / 내구성 2 / 선진성 3

크기	중량	사용 연대
약 30~50cm	약 1kg	전1세기

용어 해설

【※1】
스티머러스
모양이 소의 머리와 비슷했기 때문에 로마군 사이에서는「소 뿔」이라고도 불렸다.

【※2】
지휘관의 기량이 필요
로마의 군인 카이사르가 저술한『갈리아 전기』에는 스티머러스가 효과적으로 활용된 전투에 대한 기록이 남아있다. 카이사르는 알레시아 포위전에서 갈리아군의 거점 알레시아를 완전히 포위하는 장벽을 만들었으며, 장벽으로 달려드는 적을 막는 병기로 스티머러스를 활용하였다. 로마군의 포위로 외부에서 보급이 끊긴 알레시아에서는 식량 부족과 민족의 대립 등 문제가 발생하였고, 갈리아군은 희생이 나올 것을 알면서도 장벽을 공격할 수밖에 없었다. 그러나 결국 포위망을 뚫지 못하고, 밖에서 달려온 원군도 저지당하는 바람에 갈리아군은 전면 항복을 하고 만다.

단순한 병기지만 운용 면에서는 효과 탁월

요새나 성 등 거점을 둘러싼 공방전에서 수비하는 쪽 군은 적의 진군을 방해하는 장치를 마련함으로써 적에게 직접 피해를 주거나 진군 경로를 제한할 수 있었다. **스티머러스【※1】**는 이러한 목적을 위해 제작된 소형 병기이다.

스티머러스란「가시」라는 의미. 한쪽을 뾰족하게 깎은 나무 말뚝에 30㎝ 정도의 금속제 칼날을 붙인 매우 단순한 구조이다. 이 말뚝을 땅 위로 갈고리가 튀어나오게 땅 밑에 박아서 사용한다. 한 개로는 효과를 발휘할 수 없기 때문에 운용할 때에는 한 번에 수백 개의 스티머러스를 준비하였다.

풀이 우거진 초원에 박아 놓을 경우, 스티머러스의 날은 풀에 가려져 매우 찾기 어려웠다. 그래서 덫을 알아채지 못하고 위를 지나가는 적병은 모두 심각한 부상을 입게 되었던 것이다. **스티머러스의 날 끝 부분은 갈고리 형태로 구부러져 있었기 때문에 찔리면 상처가 벌어지기 쉽고, 때로는 치명상이 되는 경우도 있었다.** 특히 바위가 많은 곳이나 숲속 같은 곳을 지나기 어려운 **기병은 손쉽게 침공 경로를 예측할 수 있었기 때문에 스티미러스의 좋은 먹잇감이 되었다.**

이처럼 스티미러스는 적은 비용으로 효과는 높은 병기였으나 몇 가지 결점도 존재했다. 한 가지는 한 번 설치하면 제거하는 것이 어려웠고, 아군이 밟을 위험성이 있었다는 점. 또 설치한 장소가 특정적이면 전혀 쓸모가 없어져버리기 때문에 효과적으로 사용하려면 **지휘관의 기량이 필요【※2】**했다는 점도 들 수 있다.

병기 도해―스티머러스―

나무 말뚝에 칼날을 붙인 것만으로 완성되는 단순하고 저렴한 병기. 설치도 땅에 박기만 하면 되니 간단하였다. 설치되면 발견하기 어려워서 매우 성가신 존재였다.

칼날

초승달 모양의 칼날. 쇠 장식으로 말뚝에 박아서 고정했다.

말뚝

땅에 박기 위해 한쪽을 뾰족하게 깎았다.

무기 이모저모 적의 진군을 방해한 갖가지 방위용 설비

스티머러스처럼 나무 말뚝을 땅에 박아서 만드는 방위용 설비는 고대 일본에도 존재하였다. 이것은 끝이 뾰족한 나무 말뚝을 요새나 마을 주위에 여러 개 박아 넣은 것으로, 사카모기(逆茂木)나 란구이(乱杭)라고 불렸다. 스티머러스처럼 적을 기습하는 효과는 없으며, 단순히 적의 침공을 방기 위한 방벽으로서 이용되었다. 또 나무나 대나무 등을 엮어서 만든 울타리를 세워 놓는 것만으로도 기병의 경로를 제한하는 효과가 있었기 때문에 고대부터 중세 사이에 벌어진 전쟁에서는 이용되는 경우가 많았다.

살상 능력이 높은 방어용 병기

리리움

LILIUM

공격력 4 / 범용성 3 / 휴대성 3 / 비용 4 / 내구성 3 / 선진성 3

크기	중량	사용 연대
약 100cm	—	전2~전1세기

용어 해설

【※1】
『갈리아 전기』
갈리아 전쟁의 기록을 로마군 지휘관이었던 카이사르가 직접 집필한 비망록.

【※2】
알레시아 포위전
기원전 52년에 로마군과 갈리아인 세력 사이에서 일어난 전투를 가리킨다. 갈리아군이 농성한 도시 알레시아를 로마군이 포위하였다. 2개월간에 걸친 공방전 끝에 로마군이 승리하였다.

알레시아의 갈리아군을 절망시킨 함정

공격해 오는 적과 맞서 싸울 때 진군 경로에 미리 함정을 설치해 두면 아군의 희생 없이 크나큰 성과를 올릴 수 있다. 리리움은 이러한 목적을 위해 로마군이 만든 함정의 일종이다.

리리움이란 끝을 깎아서 뾰족하고 날카롭게 만든 통나무를 구멍 바닥에 설치한 함정이다. 함정의 깊이는 약 1m. **형태는 그릇 모양이며 구멍에 떨어지면 확실하게 통나무에 꽂히도록 되어 있어서 치명적인 부상을 입힐 수가 있었다.** 이 함정의 겉모습이 백합꽃처럼 보여서 라틴어로 「백합」이라는 의미를 지닌 리리움이라고 불렸다. 함정 위로 풀이나 잔가지를 덮어서 위장하였다.

로마의 군인 카이사르의 저서 **『갈리아 전기』【※1】**에 의하면 로마군은 기원전 52년에 펼쳐진 **알레시아 포위전【※2】**에서 이 리리움을 사용했다. 이 전투에서 로마군은 갈리아군이 농성 중이던 도시 알레시아를 포위한 뒤, 총 길이 15㎞에 달하는 장벽을 만들어서 알레시아를 완전히 고립시켰다. **장벽은 참호 3열과 세르부스(90페이지)가 꽂힌 높이 3.6m의 흙성으로 구성되었으며, 리리움은 참호 첫 번째 열 바깥 쪽에 1m 간격으로 설치되었다.** 또 리리움보다 더 바깥 쪽에는 스티머러스(92페이지)가 대량으로 박혀 있어서 장벽에 가까이 가는 것조차 어려운 상황을 만들었다고 한다.

갈리아군은 여러 번 장벽을 돌파하려고 했지만 크나큰 피해를 입은 채 전부 실패로 끝났고, 결국 항복을 선택하였다.

병기 도해—리리움—

그릇 모양의 구멍 아래에 뾰족한 나무 말뚝을 심어 놓은 살상 능력이 높은 함정. 알레시아 포위전에서 대량으로 설치되어 포위를 돌파하려고 시도한 갈리아군을 저지하였다.

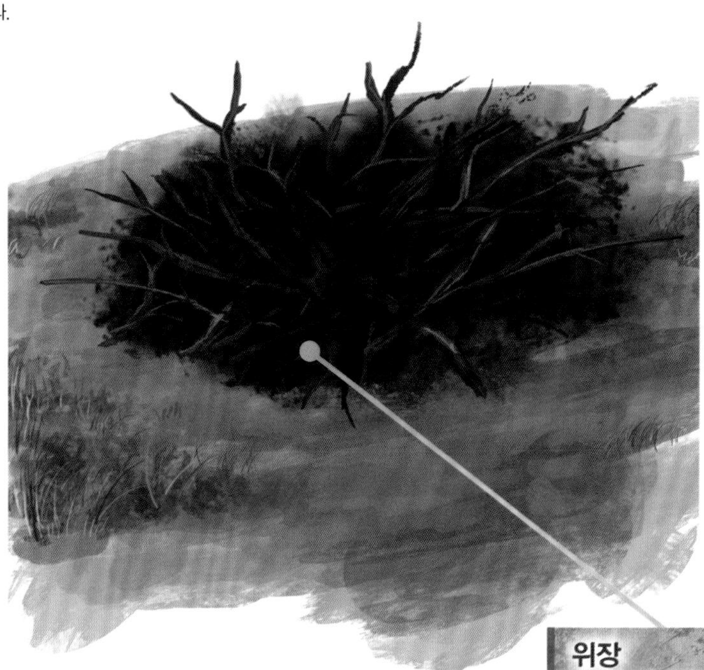

위장

잔가지나 풀을 덮어서 구멍의 위치를 알기 어렵게 하였다.

무기 이모저모 근세 시대까지 사용되었던 함정

함정은 설치하는 데 특별한 도구나 기술이 필요 없으며, 비용도 거의 들지 않았기 때문에 오래전부터 꾸준히 이용하는 덫 중 하나였다. 그리고 무기가 진화하여 전쟁 방식도 완전히 달라진 근대가 되어서도 함정은 변함없이 유용했다. 1960년대 초부터 시작된 베트남 전쟁에서는 남베트남 해방 민족 전선 부대가 정글 곳곳에 함정을 설치하고 게릴라전을 벌여, 무장 수준이 훨씬 뛰어난 미국군을 애먹게 만들었다.

로마 군단의 병종과 장비

로마군의 편성은 시대와 함께 변화하였다. 여기서부터는 가장 오랜 기간 동안 운용되었고, 나중 시대의 군단에게도 영향을 준 공화제 시대 군단을 중심으로 편성과 장비에 대해서 설명하고자 한다.

공화제 시대에 진보한 로마군 편성

왕정 로마가 건국되었을 때부터 로마군은 소집 명령을 받은 로마 시민으로 편성된 시민병단이었다. 초기 로마군은 고대 그리스에서 고안된 전군이 밀집대형을 이뤄서 싸우는 팔랑크스라는 진형을 도입하였다. 그러나 이탈리아 반도는 산악 지대가 많았기 때문에 전열을 흐트러뜨리지 않고 유지하면서 싸우는 것은 어려웠고, 이 지역에 살고 있던 삼니움인과의 전투에서 로마군은 고전을 면치 못하였다.

왕정이 막을 내리고 공화제가 시작되자 로마군 편성도 크게 변경된다. 왕이 없어지면서 지휘관은 집정관이 되었고, 군사 행동이 증가하면서 군단의 수도 증설되었다. 그리고 마니풀루스라고 불리는 120명 정도의 소집단 단위를 도입하고, 각각 독자적으로 행동할 수 있도록 제도를 개혁하였다. 이로 인해 로마군은 대규모 부대에 의한 단조로운 돌격뿐만 아니라 상황에 맞춰 유연하게 움직이는 것이 가능해졌다.

소집된 시민들은 나이나 자산에 따라 각종 병종으로 나누어졌다. 병종은 다섯 종류가 있으며, 나이가 너무 어리거나 군단병 장비를 구입하지 못하는 시민은 벨리테스(104페이지), 자산이 있는 젊은 사람은 하스타티(100페이지), 장년인 사람은 프린키페스(98페이지), 숙련자는 트리아리(102페이지)로 분류되었다. 남은 에퀴테스(98페이지)에는 자산을 많이 가지고 있는 부유한 시민이 발탁되었다. 병종 분류에 자산이 관련된 것은 필요한 장비는 각자 구입해야 했기 때문이다. 공화제 후기에 마리우스의 군제 개혁이 시행된 이후로는 병사의 장비는 군에서 지급받게 되어 균일화되었기 때문에 에퀴테스 이외의 구분은 폐지되었다.

공화제 로마의 군대는 앞서 말한 다섯 종류의 병종에 동맹군(106페이지)을 더하여 편성되었다. 지금부터 각 병종의 장비와 역할에 대해서 자세히 설명하겠다.

로마군의 전열

공화제 중기의 기본적인 군 진형. 지휘관은 집정관이 맡았다. 로마 정규병인 보병으로 구성된 정규군(레기오라고 불렀다) 2군단을 중앙에 배치한 뒤 좌우로 동맹군을, 더 바깥쪽으로는 에퀴테스를 배치하는 형태를 채택하였다.

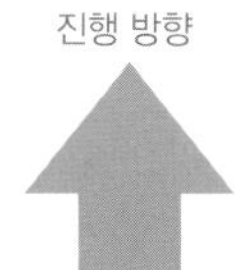

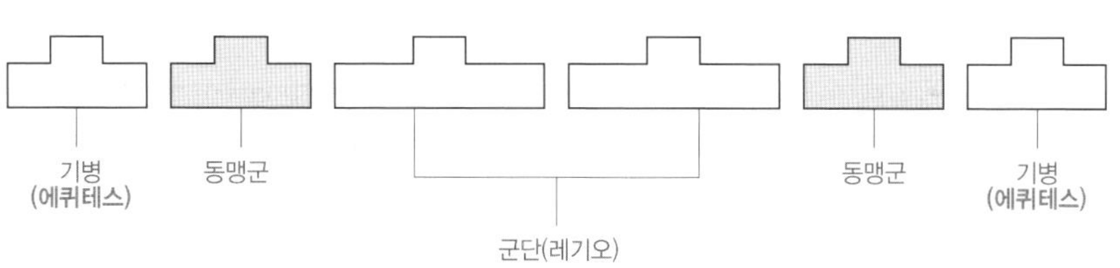

군단(레기오)의 포진

위의 전열에서 중앙에 배치되었던 정규군의 편성. 제1열에 하스타티, 제2열에 프린키페스, 제3열에 트리아리로 구성된 마니풀루스가 10개 중대씩 늘어섰다. 벨리테스는 대열을 이루지 않고 제일 앞쪽에서 분산되어 있었다.

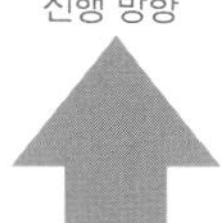

최전열
벨리테스

제1전열
하스타티

제2전열
프린키페스

제3전열
트리아리우스

유격 · 돌격 · 호위에 활약한 기동력이 있는 병종

에퀴테스

EQUITES

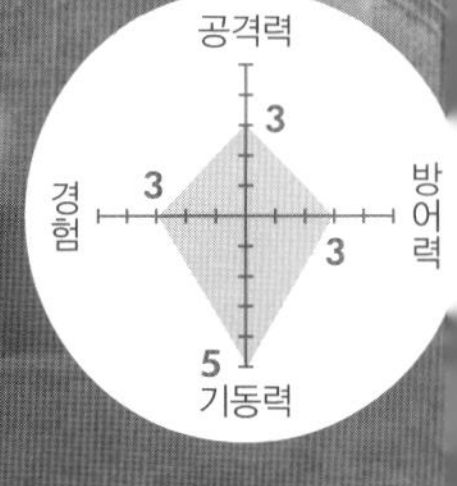

장비품 스파타, 푸기오, 하스타, 재블린, 로리카, 카시스, 칼리가 등

용어 해설

【※1】
하스타

넓은 의미로는 창을 뜻한다. 보병용으로 제작된 하스타와는 달리 가늘고 부러지기 쉬웠다.

【※2】
등자

안장 좌우에 매달린 것으로, 말에 올라탔을 때 발을 올려놓기 위해 만들어진 마구(馬具)의 일종. 이것이 도입되기 전까지 말을 탄 사람의 자세는 매우 불안정했다. 아시아에서 발명된 것으로 추측되며, 유럽에 전파된 것은 7세기경이라고 한다.

부유층으로 구성된 엘리트 부대

에퀴테스는 로마 시민 중에서도 특히 부유한 사람들로 구성된 병종이다. 부유층으로 구성된 이유는 주로 두 가지. 한 가지는 단순히 기병용 장비가 고가여서 경제력이 없으면 마련할 수가 없었던 것. 또 한 가지는 고대 로마에서는 말을 탈 기회가 거의 없었으며, 어릴 때부터 말을 능숙하게 탈 수 있는 것은 부유층에 국한됐기 때문이다. 에퀴테스가 되는 것은 크나큰 명예이며, 대상자 중에는 군사적으로 공적을 세워서 퇴역 후에 정치적으로 발언권을 얻기 위한 발판으로 삼고자 생각하는 사람도 있었다.

초기 에퀴테스는 갑옷을 착용하지 않은 경장비였지만, 시간이 흐른 후 갑옷을 착용하게 되었다. 무기는 **하스타【※1】**(34페이지)나 재블린(48페이지) 같은 창에 기병용 검인 스파타(26페이지)를 사용하였다. 그러나 로마에서 제작한 창은 가늘고 약해서 단 한 번의 공격만으로도 망가지는 경우도 많았다. 그래서 그리스에서 더 튼튼한 기병창을 들여오는 사람도 있었다. 타고 다닐 말은 기본적으로 국가에서 지급되었다.

에퀴테스들은 그 출신으로 인해 엘리트로 대접받았지만, 고대 로마의 기마 기술은 그다지 높지 않았고 **등자【※2】**도 없는 시대였기 때문에 말과 한 몸이 되어 돌격할 수 없었다. 그래서 전장의 주역은 어디까지나 중장보병들이었다. 에퀴테스는 그 기동력을 활용해서 초계나 견제, 패하고 도망치는 적을 추격하는 일 등 보조적인 역할을 수행하였다.

병종 도해—에퀴테스—

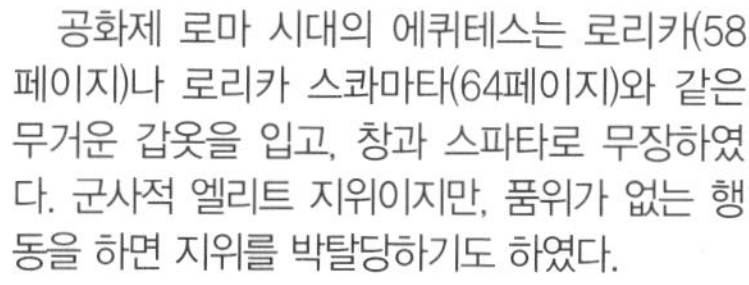

공화제 로마 시대의 에퀴테스는 로리카(58페이지)나 로리카 스콰마타(64페이지)와 같은 무거운 갑옷을 입고, 창과 스파타로 무장하였다. 군사적 엘리트 지위이지만, 품위가 없는 행동을 하면 지위를 박탈당하기도 하였다.

창

기병용 창이 주력 장비. 등자가 없기 때문에 말 위에서 균형을 잡고 버틸 수 없어서 창을 들고 돌격하기가 힘들었다.

갑옷

전장에서는 말을 타고 이동하기 때문에 로리카나 로리카 스콰마타와 같이 무거워도 방어력이 높은 갑옷을 입었다.

방패

보병용과는 달리 둥근 방패를 장비하였다. 금속으로 만들어서 견고하지만 무게가 있고 가격도 비쌌다.

일러스트 : aohato

군단의 제1열과 제2열을 담당한 주요 전력

하스타티/프린키페스

HASTATI/PRINCIPES

공격력 3 / 방어력 3 / 기동력 3 / 경험 3

장비품 글라디우스, 푸기오, 필룸, 로리카, 스큐툼, 카시스, 칼리가 등

용어 해설

【※1】
프린키페스가 제1열
기원전 181년에 벌어진 전투에서 루키우스 아이밀리우스가 프린키페스를 제1열에, 하스타티를 제2열에 배치하였다는 기록이 남아 있다.

신병과 베테랑의 조합으로 맹렬히 싸운다

하스타티는 로마 정규병 군단으로 제1열을 담당한 병종이다. 벨리테스(104페이지)를 제외하면 가장 연령대가 낮고 경험이 적은 사람들로 구성되었다.

하스타티는 필룸과 필라(46페이지) 두 자루의 투창 외에 글라디우스(24페이지)와 푸기오(28페이지)로 무장하였다. 방어구는 스큐툼(66페이지)과 카시스(70페이지)를 갖추었으며, 경제적으로 여유가 있는 사람은 갑옷도 마련하였다. 벨리테스보다 유복하다지만, 갓 하스타티가 된 청년들 대부분은 자산이 그렇게 많지 않아서 필연적으로 장비가 부족한 사람이 많았다.

전장에서는 우선 벨리테스가 견제 공격을 하고, 그들이 물러나면 하스타티가 공격을 개시하였다. 하스타티의 공격은 일단 필라와 필룸을 던지는 것부터 시작하며, 창을 던진 사람부터 글라디우스를 뽑아 들고 적에게 돌격하였다.

하스타티의 공격만으로 승리하지 못했을 경우 일단 그들은 뒤로 물러나 대열을 정비하였고, 그 사이에 제2열에서 대기하고 있던 프린키페스가 앞으로 달려 나갔다. 프린키페스는 하스타티보다 종군 경험을 쌓은 장년 병사들의 집단으로, 전투 기술이 뛰어날 뿐만 아니라 경제적인 여유도 있어서 방어구 역시 잘 갖추었다. 그래서 비교적 장비가 부실하고 미숙한 하스타티의 피해를 줄이기 위해 **프린키페스가 제1열【※1】**을 담당하는 경우도 있었다고 한다. 신병이 베테랑의 전투 방식을 배움으로써 로마군은 한층 더 세련되어져 갔다.

병종 도해—하스타티/프린키페스—

하스타티는 젊은 시민들, 프린키페스는 경험이 풍부한 장년 시민들로 구성되었다. 양쪽 모두 필요로 하는 장비에는 차이가 없었지만, 경제력의 차이로 프린키페스가 더 질 좋은 장비를 착용하는 경우가 많았다.

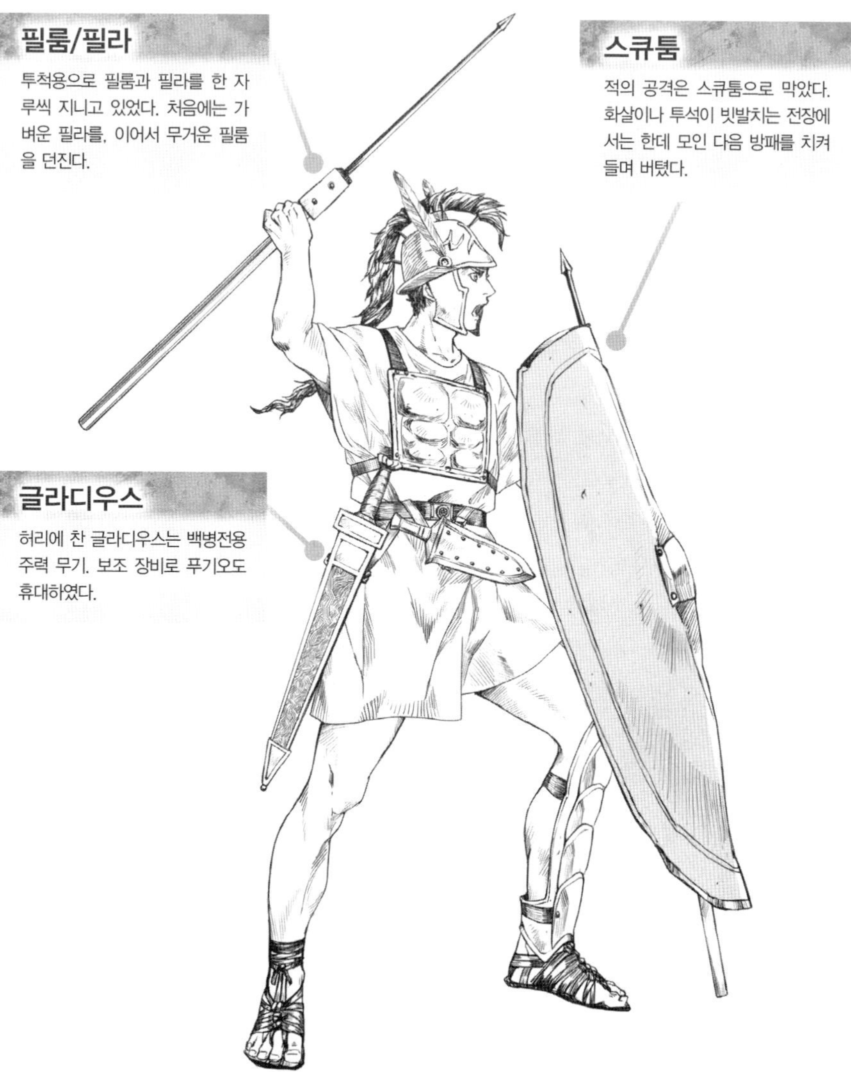

일러스트 : 츠키오카 케루

정신적인 리더도 담당하였던 노련한 병사들

트리아리

TRIARII

공격력 4 / 방어력 4 / 기동력 3 / 경험 5

장비품 글라디우스, 푸기오, 하스타, 로리카 하마타, 스큐툼, 카시스, 칼리가 등

아군이 싸우는 모습을 지켜보는 로마군 최후의 요새

로마 정규병 군단에서 제일 마지막 대열을 담당하던 것이 트리아리이다. 트리아리는 **군 경력이 길고【※1】** 전투 경력이 풍부한 고참 병사들의 집단이다.

트리아리는 그때까지 쌓은 군 경력으로 인해 많은 보수를 받았으며, 기본적으로 비싸고 질이 높은 장비를 장비하였다. 무장에 대해 말하자면 글라디우스(24페이지)와 푸기오(28페이지)는 소지하고 있었지만 하스타티나 프린키페스(100페이지)처럼 필룸과 필라(46페이지)는 소지하지 않았으며, 그 대신 하스타(34페이지)를 장비하고 있었다.

전투가 시작되면 트리아리는 그 자리를 지키며 주의 깊게 상황을 지켜보았다. 그리고 하스타티가 처음 공격으로 적으로 적을 격파하지 못하고 돌아왔을 경우에는 그들이 안전하게 후퇴할 수 있도록 엄호하였다. 그러나 트리아리가 전진해서 전투에 참가하는 일은 거의 없었고, 하스타티와 프린키페스 전군이 총공격에 들어가도 트리아리만큼은 후방에 남는 것이 보통이었다. 경험이 풍부한 트리아리가 후방에서 침착하게 대기하고 있음으로써 전선에서 싸우는 병사들을 안심시키는 역할도 했던 것으로 보인다.

트리아리가 돌입할 때에는 전투 상황이 혼전에 빠져서 적과 자신들 중 어느 쪽이 우세한지 모를 경우나 아군의 패색이 짙어질 때였다. 로마에는「트리아리에게 의지한다」라는 말이 있는데, 이 말에는「궁지에 빠졌을 때 최후의 수단」이라는 뜻이 있다고 한다.

용어 해설

【※1】
군 경력이 길고

공화제 로마 중기까지는 20~45세 시민이 병역의 대상이 되었다. 그 중 트리아리로는 군 경력이 15년 이상인 30대 후반 병사가 선발되는 경우가 많았다. 다만 당시 군단을 구성하는 연령층에 따라 이 기준이 오르내리는 경우도 있었던 것으로 보인다.

병종 도해—트리아리—

트리아리는 가장 많은 전투를 경험한 고참병들로 구성되었다. 그들은 경제적으로 여유가 있었기 때문에 로리카 하마타(62페이지)처럼 신뢰할 수 있는 방어구를 구입해서 착용하였다. 무기는 주로 하스타를 사용하였다.

하스타

다른 중장보병과 달리 필룸은 소지하지 않는다. 하스타를 손에 들고 제일 마지막 대열에서 듬직하게 서 있었다.

갑옷

움직이기 쉽고 방어력도 겸비한 로리카 하마타를 착용하는 사람이 많았다.

일러스트 : 츠키오카 케루

청년층과 빈곤층으로 구성된 경장보병

벨리테스

VELITES

공격력 2 / 방어력 2 / 기동력 4 / 경험 2

장비품 글라디우스, 푸기오, 필룸, 파르마, 그리브 등

용어 해설

【※1】
경제적으로 빈곤한 시민들

왕정 로마가 건국된 이후, 로마에는 파트리키(귀족)과 플레브스(평민)이라는 계급이 존재하였다. 파트리키는 탄탄한 경제 기반을 가진 부유층으로, 대대로 원로원에 인재를 제공함으로써 정치에 강한 영향력을 발휘하는 상류 계급이었다. 이에 비해 플레브스는 중류 이하의 계급으로 구성된 시민들로, 그 중에는 토지 등의 경제 기반을 갖지 못한 빈민층도 포함되어 있었다. 군역은 이러한 빈민들이 보수를 획득하는 기회이기도 하였으나 마리우스의 군제 개혁 이전의 로마군에서는 장비를 병사가 직접 준비해야 했기 때문에 빈민은 중장보병의 일원이 될 수 없었다. 그래서 그들은 고가의 장비를 필요로 하지 않는 벨리테스가 되었던 것이다.

전쟁의 서막을 연 교란 부대

벨리테스는 하스타티(100페이지)가 되기에 아직 어리거나 군단병 장비를 구입할 수 없을 만큼 **경제적으로 빈곤한 시민들**【※1】로 구성된 집단이다.

빈곤하다고는 하지만 로마군의 일원인 그들은 글라디우스(24페이지)와 푸기오(28페이지)에, 추가로 필라(46페이지) 또는 재블린(48페이지)을 여러 자루 휴대하였다. 방어구는 원형 방패인 파르마(68페이지)와 값이 저렴한 청동제 투구, 다리를 보호할 그리브(72페이지) 등을 많이 사용하였으며, 갑옷은 입지 않았지만 동물의 털가죽을 둘러서 방어구 대신으로 한 사람이 많았다.

벨리테스의 역할은 군단 맨 앞줄에 서서 투척용 도구를 중심으로 한 원거리 공격을 적군에게 퍼부으며 적의 전열을 흐트러뜨리는 것이었다. 경장비를 착용하는 벨리테스는 적군 중장보병과 맞붙으면 잠시도 못 버티고 분산되기 때문에 자신들의 공격이 끝나면 바로 트리아리(102페이지)의 뒤로 물러서서 대열을 정비하고 다음 차례를 기다렸다. 그러나 불행히도 백병전에 휘말렸을 경우에는 글라디우스를 빼들고 용감하게 싸웠다고 한다.

벨리테스는 방어구를 거의 장비하지 않았기 때문에 쉽게 지치지 않았으며, 로마군 보병 중에서도 가장 기동력이 뛰어났다. 이 성질을 활용하여 그들에게는 정찰이나 지형 조사, 군단 측면 경계 등 특수한 임무가 분담되기도 하였다.

병종 도해—벨리테스—

벨리테스는 청년층과 경제력이 약한 시민으로 구성되었다. 로마군의 전투는 기본적으로 벨리타스가 창을 던지는 시점에서 시작되었다. 그들은 그를 위해 몇 자루의 창을 갖추고, 최저한의 방어구를 장비한 채 전투에 참가하였다.

투창

투창을 여러 개 가지고 다니다가 전투 개시 때 멀리서 적군에게 던져 대열을 흐트러뜨리고자 하였다.

파르마

스큐툼(66페이지)보다 저렴한 방패인 파르마를 사용하였다.

방어구

갑옷은 가격이 비싸서 착용하지 못하는 사람이 많았다. 방어력은 불안하지만 몸이 가벼워서 기동력은 높았다.

일러스트 : 츠키오카 케루

로마군에게 힘을 빌려준 지원군들

동맹군

AUXILIA

공격력 4 / 방어력 3 / 기동력 5 / 경험 4

장비품 —

용어 해설

【※1】
누미디아
현재의 알제리 북동부 주변에 있던 왕국. 후에 로마의 속주가 되었다. 거주민은 유목민족이 많았으며, 뛰어난 기병을 배출하는 지역으로 유명하였다.

로마군의 부족한 전력을 채워준 동맹군

로마군이 대규모 원정을 나설 때에는 동맹 부족에서 보내준 부대를 동행시켜서 병력 증강을 도모하는 경우가 자주 있었다. 그리고 그들과 함께 승리를 맛보면서 동맹 관계는 더욱 공고해졌다.

공화제 로마 시대, 로마군의 파트너로 가장 많이 활약했던 것이 **누미디아【※1】** 군대였다. 그들은 제2차 포에니 전쟁 당시에는 카르타고와 동맹이었으며, 원래는 로마군의 적이었다. 그러나 기원전 206년에 동누미디아의 왕이 사망하자 서누미디아가 동부를 합병. 그로 인해 나라를 잃은 동누미디아의 왕자 마시니사는 로마에게 항복한다. 그 후 로마군이 누미디아를 제압하였고, 로마에게 협력한 마시니사가 누미디아 왕에 즉위하였다. 그 이후 마시니사는 로마의 강력한 원군이 되고, 기원전 202년에 일어난 자마 전투에서는 카르타고군의 배후를 찌르는 활약을 하며 로마군을 승리로 이끌었다. 마시니사가 죽은 후에도 누미디아 기병은 로마군의 중요한 전력으로서 중용되었다.

누미디아군 외에도 로마와 동맹 관계를 맺은 갈리아인, 게르만인, 시리아인 부대 등도 존재하였다. 그들은 주로 경장보병으로 활약하였으며, 마리우스의 군제 개혁 후 로마 정규군에서 벨리테스가 폐지된 뒤로는 한층 더 그 존재감을 더했다.

또 로마 지배하에 있는 지역 출신으로 시민권을 가지고 있지 않았던 사람도 로마군의 지원군으로 중용되었다.

병종 도해—동맹군—

마시니사가 누미디아 왕이 된 이후로 누미디아는 로마의 좋은 친구가 되었다. 로마군은 기병 전력이 약점이었기 때문에 뛰어난 기마 기술을 자랑하는 누미디아 기병의 참전은 매우 든든한 원군이 되었다.

갑옷

일반 병사는 갑옷을 착용하지 않은 사람도 많았으나 신분이 높은 기병은 갑옷을 착용하였다.

창

무기는 기병용으로 제장된 장창. 로마군 기병보다 기마 기술이 높았고, 기동력과 공격력이 뛰어났다.

일러스트 : 츠키오카 케루

로마군의 전술
~장점과 약점~

고대 지중해 세계에서 로마군은 상당히 오랫동안 최강의 군대로 존재했다. 그 강함의 비밀은 어디에 있었는지, 반대로 약점은 무엇이었는지, 지금 살펴보도록 하자.

엄격한 군대 규칙과 높은 전의

로마의 시민권을 가진 17세부터 46세까지의 시민은 전시가 되면 병사로 소집되었다. 공화제 후기에 마리우스의 군제 개혁이 시행된 후부터 종군 기간은 25년으로 제한되었지만, 기본적으로 어느 시대에서든 병역은 시민의 의무였다. 그러나 시민에게 병역은 의무라기보다 국가를 위해 몸을 바친다는 긍지 높은 권리로 받아들여졌다고 한다. 소집이 된 시민은 군 규칙을 엄수하겠다는 것과 집정관에게 복종한다는 것을 맹세하는 선서를 한 후 정규병으로 인정을 받았다. 그리고 혹독한 훈련을 받은 후에 개개인은 높은 능력을 가지며 군단으로서도 통제된 집단으로 성장해 나갔다.

로마군에서는 집단의 규율을 중요시하였기 때문에 군 규율을 위반한 사람에게는 가차없이 징벌이 내려졌다. 별로 심각하지 않은 위반이라면 채찍형으로 끝나지만, 초계 임무 태만이나 명령 위반, 절도, 동성애 행위 등 특히 중죄라고 여겨지는 위반이 발각될 때에는 사형에 처하였다. 또 전투 중에 불명예스러운 전투를 하거나 상관에게 반란을 꾀하는 등 부대 전체를 대상으로 중죄를 저지른 경우에는 처벌 대상이 되는 부대병을 열 사람씩 묶어서 추첨으로 한 사람을 뽑은 다음, 추첨으로 뽑힌 사람을 남은 사람들이 처형하게 하였다. 그리고 남은 사람들도 식사로 군마의 식량으로 쓰던 보리를 지급하고, 야영 시에는 정규병 진영에 들어가는 것을 허가하지 않았으며 야외 취침을 강요했다. 이 형벌은 「10분의 1형」이라고 하는데, 엄청난 불명예로 여기며 두려워했다.

그러나 전투에서 승리하고 귀국하면 군단은 박수갈채로 환영을 받았고, 무훈을 발휘한 병사는 용사로서 칭송되었다. 그리고 특히 큰 공을 세운 병사는 황금 화관이나 월계수관을 받으며 온 시민에게서 찬사를 받았다. 명예를 중시한 로마인에게 이러한 찬사는 높은 전의를 유지하는 중요한 요인이 되었다.

로마군의 진영

고대에서는 군대가 야영을 할 경우 근처에 버려진 마을이 있으면 그곳을 이용하고, 아무것도 없으면 보초를 세우고 일정 범위 안에서 흩어져 휴식을 취하는 것이 보통이었다. 그러나 로마군은 야영할 필요가 있을 때에는 반드시 진영을 치고 휴식을 취했다. 이것은 고대 국가 중 오직 로마군에게서만 확인된 행동이다. 진영은 한 변이 약 700m인 정사각형으로, 해자와 흙성으로 주위를 둘러쳤다. 중앙에는 본영이, 그 주위로는 규칙에 따라 각 군단이 배치되어 각 병종의 천막을 치고 야영했다고 한다.

신뢰성이 높은 장비와 합리적인 집단 전술

로마가 사용한 장비는 카르타고나 마케도니아와 같은 다른 대국에 비해 특별히 앞서지 않았으며 오히려 수수하고 튼튼했다. 이것은 로마군이 실전 속에서 효과가 증명된 기존 장비를 선호하는 경향이 있었기 때문이다. 그러나 발상 그 자체는 유연해서 전투 중에 문제점을 발견하면 바로 대처법을 연구하고, 적의 뛰어난 점을 자국 군에 도입하였으며, 필요하다면 신병기 개발과 투입도 순조롭게 진행되었다. 그래서 건국부터 공화제 로마 초기까지는 고대 그리스의 영향을 강하게 받은 장비가 주류였지만, 켈트인과의 전쟁이 증가한 공화제 중기에는 켈트인의 기술을 받아들였다. 이러한 영향은 검이나 갑옷, 투구 등에서 강하게 나타나고 있으며, 그에 맞춰 군단병의 모습은 여러 차례 변화하였다.

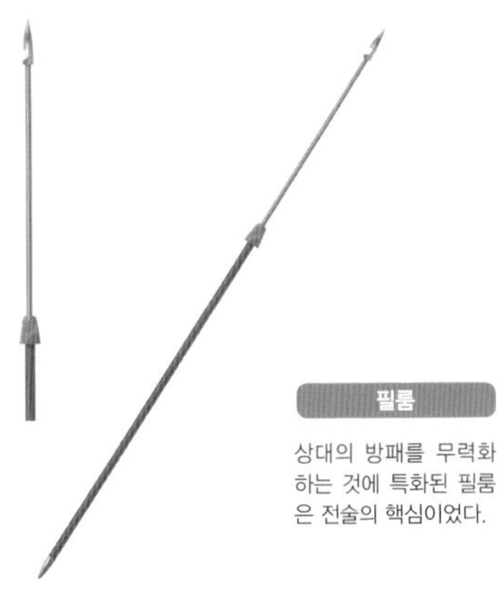

필룸

상대의 방패를 무력화하는 것에 특화된 필룸은 전술의 핵심이었다.

로마군의 주력은 언제나 보병이며 그들은 모두 우수한 검사였다. 주력 무기인 보병용 검 글라디우스(24페이지)는 집단전에 적합한 다소 짧은 한손검으로, 매우 예리했다. 외형은 앞서 말한 듯이 타국 문화의 영향을 받아 변했지만, 무기로서 기본 용도는 변함이 없었다. 또한 투창 필룸과 필라(46페이지)도 개량을 거듭하면서 오랫동안 주력 무기로 활약한 로마군 대표 무기이다.

글라디우스

매우 예리하고 파손하기 어려운 글라디우스는 신뢰성이 높았다.

로마군의 전술은 주로 이 두 가지 무기를 중심으로 고안됐으며, 병사들은 협력해서 적에게 맞서는 것을 훈련 속에서 철저히 배웠다. 그들은 항상 다른 아군을 엄호할 수 있게끔 정신을 분산시키고 있었으며, 동료와 싸우고 있는 적을 옆에서 베는 일도 마다하지 않았다.

필룸을 이용한 투창 전술

로마군의 기본 전술은 일단 접근해서 창을 던지는 순간부터 시작되었다. 아래의 그림에서 이 시대의 대표적인 군단 편성이었던 마케도니아 팔랑크스 부대와의 전투를 예로, 로마군이 자랑하던 투창 전술에 대해서 설명하고자 한다.

로마병(필룸 장비)
로마병(글라디우스 장비)
팔랑크스

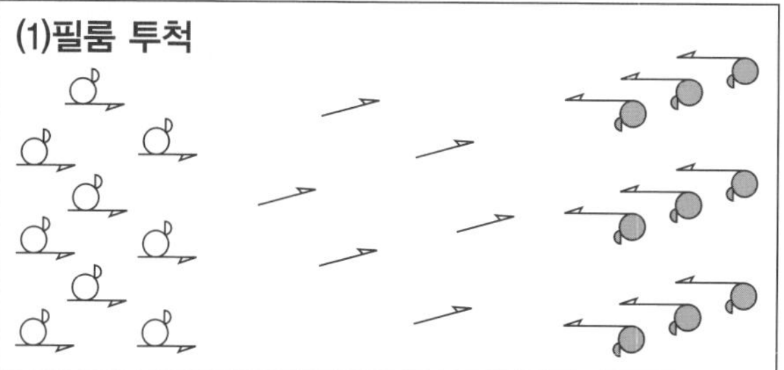

양쪽 군대 모두 방패를 들고 전진. 양쪽 군대가 충돌하기 직전인 20m 정도까지 접근하면, 로마군은 필라를 던지기 시작한다.

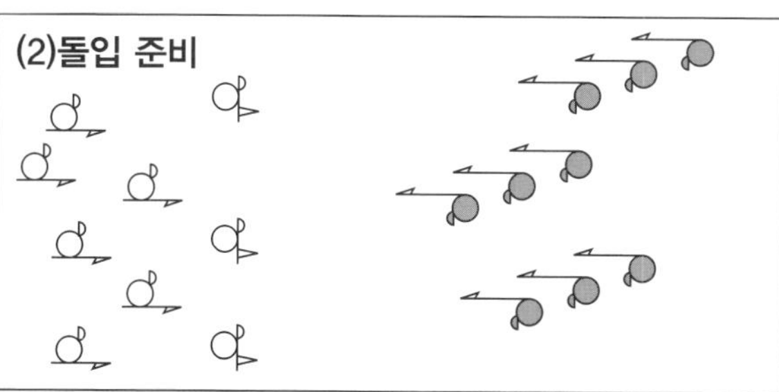

로마군은 이어서 필룸을 투척. 이로 인해 상대의 진형이 흐트러지기 시작한다. 창을 다 던진 병사는 칼을 뽑아 들고 돌격을 준비한다.

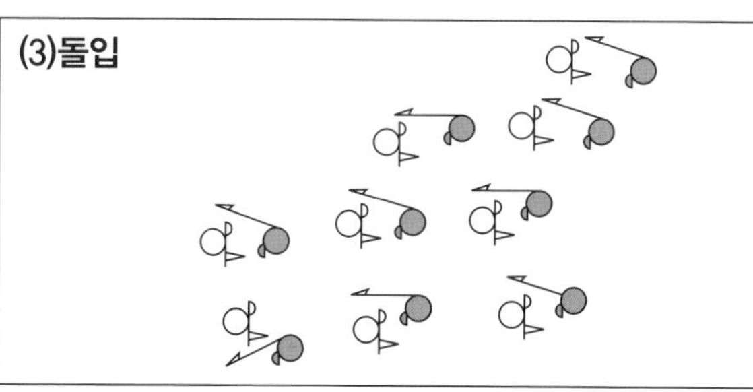

대열이 흐트러져서 생긴 틈으로 로마병이 돌진한다. 로마병이 장비한 글라디우스는 이러한 난전에서 휘두르기 적당한 길이였다.

온갖 일을 다 한 군단병들

로마병은 우수한 전사임과 동시에 숙련된 공병(工兵)이기도 했다. 행군할 때 로마병은 무기나 갑옷, 방패 등 선두에 필요한 장비 일체에, 식재료와 음료수, 조리 도구, 곡괭이, 톱, 건축자재가 되는 말뚝 등을 짐 꾸러미에 넣어서 가지고 다녔다.

로마군의 행군은 기본적으로 따뜻하고 행동하기 좋은 하계를 중심으로 이루어졌고, 동계에는 적극적으로 전투하는 일은 없었다. 하계 행군 중에는 하루의 끝에 반드시 진영을 만들었고, 동계에는 장기간 체재하기 위해 설비가 더 잘 갖춰진 진영을 만들었다. 이러한 진영은 숙박지로서뿐만 아니라, 적이 오면 성새의 역할도 하는 본격적인 방어 기지였다. 그리고 행중 중에 필요하다면 길을 닦고, 강이 앞길을 막으면 다리를 놓았다. 카이사르에 의한 갈리아 원정이 진행되었을 때에는 라인 강의 너비 500, 수심 8m 정도의 장소에 불과 열흘 만에 다리를 놓았다는 기록이 남아 있다.

적의 성새를 공격할 때에는 파성추(82페이지)나 오나거(80페이지), 공성탑(84페이지) 등의 공성 병기가 사용되었다. 이러한 병기 중 소형 병기는 노새나 이륜차 등으로 수송되었지만, 대형 병기는 현지에서 조립되었다. 또 공성 병기에 의한 강행책이 통용되지 않을 경우에는 흙성으로 적의 거점을 둘러싸고, 다양한 방어용 병기 등을 설치해서 포위전을 펼쳤다. 기원전 52년 알레시아 포위전에서는 실제로 전체 길이 15㎞에 달하는 거대 방어벽을 구축하며 알레시아를 완전히 고립시켰고, 항복할 수밖에 없도록 만들었다. 로마군은 무기뿐만 아니라 토목 기술로 이기는 능력도 가지고 있었던 것이다.

로마 이모저모 「모든 길은 로마로 통한다」의 공로자는 로마병

로마군은 신속한 행군과 병참 확보를 위해 로마와 주요 도시를 잇는 도로와 다리를 적극적으로 건설했다. 이러한 도로는 영토 확장과 함께 점점 더 거리가 길어졌고, 전성기에는 갈리아 지방과 이베리아 반도, 그리스 등의 속주에까지 도로가 정비되었다. 도로는 행군뿐만 아니라 물류나 문화 교류에도 유용했고, 로마의 발전에 크게 공헌하였다. 이 시대에 만들어진 도로나 다리 중에는 현재도 사용되는 것이 있으며, 로마군의 높은 기술력을 이야기하고 있다.

로마군의 우수한 공성 병기

로마군은 파성추나 공성탑과 같은 공성 병기를 현지에서 단시간 내에 조립하였다. 이 속도는 상대에게 방어를 할 시간을 주지 않고, 전의를 잃게 하는 효과도 있었다. 또 공략 목표가 강하면 로마군은 공성 병기를 개량하기도 했다. 74년에 벌어진 마사다 전투에서는 높이 30m나 되는 공성탑과 파성추를 합친 병기를 만들어 견고한 마사다 성벽을 무너뜨렸다.

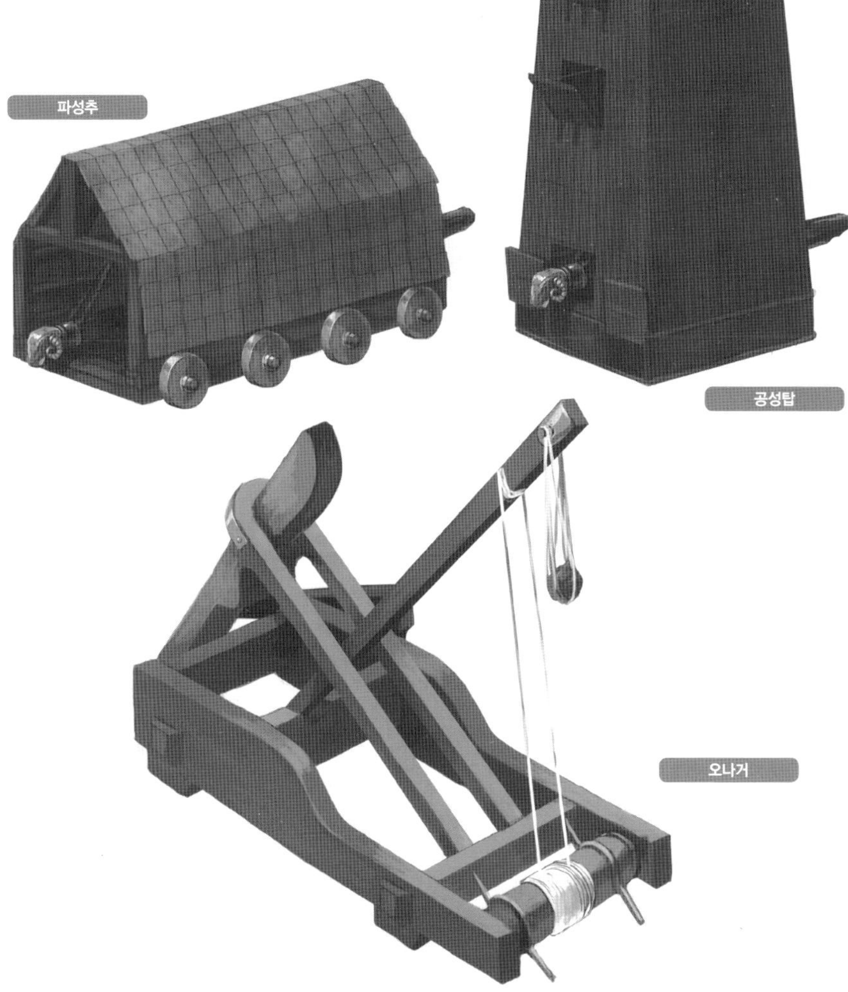

로마군의 약점

전성기에는 수많은 적을 무찌르고, 언제나 마지막에는 승리자가 된 로마군이지만, 국지적인 전투에서는 이따금 뼈아픈 패배를 당하기도 하였다. 로마군의 장점은 강력한 보병들이지만, 약점 역시 그 보병 중심의 편성이었다. 보병은 기동력이 낮아서 기병을 중심으로 한 기동력이 뛰어난 부대를 쫓을 수가 없었다. 특히 파르티아나 훈족과 같이 강력한 활을 소유한 기병과는 상성이 안 좋아서, 기원전 53년에 벌어진 카레 전투처럼 거의 아무것도 하지 못한 채 완패하는 경우도 있었다.

이민족의 특수한 무기에 방심해서 당한 적도 여러 차례 있었다. 트라키아인의 롬파이아(30페이지)나 다키아인의 펄스(32페이지) 등은 로마를 공포로 떨게 한 대표적인 무기인데, 펄스에는 너무나도 큰 피해를 입어서 군단병의 방어구를 다시 점검할 정도였다.

또 지휘관이 가장 위험한 곳에 솔선해서 뛰어 들어가 지휘를 했기 때문에 로마군의 사기는 항상 높았지만, 지휘관이 사망하기 쉬운 것도 약점 중 하나였다.

로마 이모저모 로마군이 대패한 대표적인 전투

기록적인 대패를 당한 로마군의 전투를 아래의 표와 같이 정리해보았다. 일반적인 국가라면 멸망으로 이어질 수도 있는 심각한 패배도 있지만, 로마의 인구와 생산력, 그리고 시민들의 불굴의 정신으로 로마군은 몇 번이나 재기하였다.

명칭	연대	개요
칸나에 전투 (136페이지)	전 216년	로마군과 카르타고군 사이에서 벌어진 전투. 한니발의 뛰어난 지휘로 병력에서 우세한 로마군이 포위당하며 완전히 궤멸되었다. 로마군 사상자는 6만 명에 이른다.
카레 전투 (172페이지)	전 53년	로마군과 파르티아군의 전투. 중장보병은 파르티아군의 궁기병에게 농락당하고, 기병 부대도 포위되어 섬멸. 결전에서도 패배하며 포로를 포함하여 3만 명 이상의 병사를 잃었다.
토이토부르크 숲 전투	후 9년	로마군과 게르만인 부족의 전투. 숲속으로 들어온 로마군을 상대로 게르만인이 게릴라전을 펼쳤다. 집요한 습격으로 로마군은 약 2만 명의 전사자를 냈다.

로마군을 괴롭혔던 천적

로마군은 고대에 벌어진 전투에서 가장 많이 승리를 거둔 군단이지만, 결코 무적인 존재는 아니었다. 기동력이 있는 궁기병들과는 항상 고전을 면치 못했으며, 아무런 대책이 없었던 시기에 이민족의 특수한 무기로 생각지도 못한 피해를 입은 적도 있었다. 로마군은 패배에서 배운 것을 살려서 대책을 강구했지만, 완전히 해결할 수 없는 문제도 몇 가지 남아 있었다.

펄스

이민족의 특수한 무기

다키아인은 로마를 가장 공포로 떨게 만든 존재이다. 그들이 사용하던 펄스라는 무기는 팔과 다리의 방어 수단이 변변치 않았던 로마병의 약점을 찔러 많은 피해를 입혔다.

파르티아 궁기병

훈족의 기병

기마 기술이 뛰어났던 궁병들

보병이 쫓을 수 없는 속도로 이동하면서 강력한 활로 공격하는 궁기병은 로마군의 천적이었다. 로마군은 대처법으로서 기병을 늘렸지만, 근본적인 대책은 되지 않았다.

column

로마군을 괴롭혔던 아르키메데스의 신병기

고대 최고의 두뇌가 만든 신병기

기원전 287년에 시칠리아 섬 시라쿠사에서 태어난 아르키메데스는 수학과 물리학 분야에서 눈부신 업적을 남겼을 뿐만 아니라 발명가나 기술자로서도 이름을 남긴 고대 세계 최고의 천재 중 한 명이다.

제2차 포에니 전쟁이 시작되었을 때, 아르키메데스의 고향 시칠리아는 카르타고 측에 가담했기 때문에 로마군의 공격을 받았다. 이에 대해 아르키메데스는 고향을 지키기 위해 다양한 병기를 고안하여 로마군에게 막대한 피해를 주었다. 아르키메데스가 고안한 병기에는 당시 기술을 초월한 기술이 쓰여서 말 그대로 시대를 초월한 신병기라 불릴 만한 물건들이었다.

그러나 신병기를 소유하고 있어도 로마군의 맹공은 멈추지 않았고, 3년에 걸친 전투 끝에 시라쿠사는 함락. 아르키메데스도 로마병에게 살해당했다.

●문헌에 남은 아르키메데스가 발명한 신병기

명칭	개요
투석기	아르키메데스가 설계한 캐터펄트(80페이지)로, 로마군의 수많은 함선을 침몰시켰다. 문헌에서는 지렛대 원리를 이용해서 거대한 돌을 날렸다고 하며, 비틀어 감은 줄을 사용하는 형식이 아니라 트레뷰셋(81페이지 칼럼) 같은 것이었을 가능성이 있다.
기중기	지렛대 원리를 이용해서 무거운 물건을 들어올리기 위해 제작된 크레인. 해안을 따라 설치한 다음 다가오는 로마의 함선을 갈고리로 걸어서 전복시켰다. 로마군을 이끌던 마르켈루스는 믿기 어려운 광경에 「함선을 잔으로 만들고 있다」라며 탄식했다고 한다.
아르키메데스의 거울	반사경으로 햇빛을 모아 열선을 방출하는 병기. 목표가 된 함선은 순식간에 불타오르며 침몰했다고 한다. 명백하게 당시 기술을 뛰어넘은 물건이며, 시라쿠사의 전투로부터 700년 후에 기록된 책에 등장하는 병기임을 감안하였을 때, 창작일 가능성이 높다.

제 2 장

로마와 싸운 주변 국가들

THE HISTORY OF ANCIENT ROME

건국 이후 계속 확장 노선을 걸은 로마군 앞에는
언제나 카르타고나 마케도니아, 페르시아 등
주변 국가와 민족이라는 장해물이 가로막고 있었다.
제2장에서는 이러한 로마의 라이벌들의 성립과 문화, 군대의 특징,
로마군과의 사이에서 발생한 주요 전투를 소개하고자 한다.

로마와 싸운 주변 국가들

로마는 강대국으로 성장하는 과정에서 여러 국가, 민족과 항쟁을 벌였다. 로마의 라이벌들은 어떤 존재였는지, 군대나 전투 결과로 분석해보도록 하자.

로마의 라이벌들을 철저히 분석한다

왕정 로마가 건국된 이후 로마는 주변에 사는 민족 집단이나 도시, 더 나아가 국가에 전쟁을 선포하고 그들을 쓰러뜨림으로써, 영토를 확장하고 지중해 세계의 패자가 되었다. 로마의 역사는 늘 싸움과 함께했다고 할 수 있다.

로마의 라이벌이 된 것은 로마가 진출하기 전에 지중해 세계의 패권을 쥐고 있던 대국 카르타고, 그리스 세계의 전통을 잇는 군사 국가 마케도니아, 동방에 위치한 신흥 국가 사산 왕조 페르시아 등이다. 로마는 우수한 장비와 세련된 전술로 무장한 강인한 군대를 보유하고 있었지만, 이러한 라이벌 국가의 군대도 로마군과는 다른 장점을 가지고 있어서 양 국가의 국력 관계는 대립했던 경우가 많았다.

이러한 강적들과의 싸움에서 로마는 어떻게 승리했던 것일까? 이번 장에서는 라이벌 세력의 개요와 군대의 특징 등에 초점을 맞춰서 로마와의 국력 관계를 고찰해 보도록 하자. 또 라이벌 세력과의 사이에서 벌어진 주요 전투를 소개하면서 세력을 비교한 자세한 데이터와 포진도(布陣図), 전투 전개 등을 함께 설명하고자 한다. 앞서 소개한 로마군의 무장이나 병종, 전술 등을 기억해 두면 당시의 전투 목적이나 각 군단이 노리는 바가 무엇이었는지 이해하기 쉬워지므로 참조하길 바란다.

또 로마는 많은 전투에서 승리했지만 백전무패인 군단이었던 것은 아니다. 카르타고의 명장 한니발에게 거듭 패배하거나 기원전 53년에 벌어진 카레 전투에서 참패하는 등 국가 존망의 위기로 이어질 수 있는 위험한 패전도 여러 번 경험했다. 이번 장에서는 이처럼 로마군이 패배한 전투도 소개하면서 패인이나 그 후에 받은 영향에 대해서 설명하고자 한다. 패전에서 로마가 무엇을 배우고 어떻게 다시 일어났는지를 알면 로마에 대한 이해가 한층 더 깊어질 것이다.

페이지 보는 방법

● 국가·세력 데이터

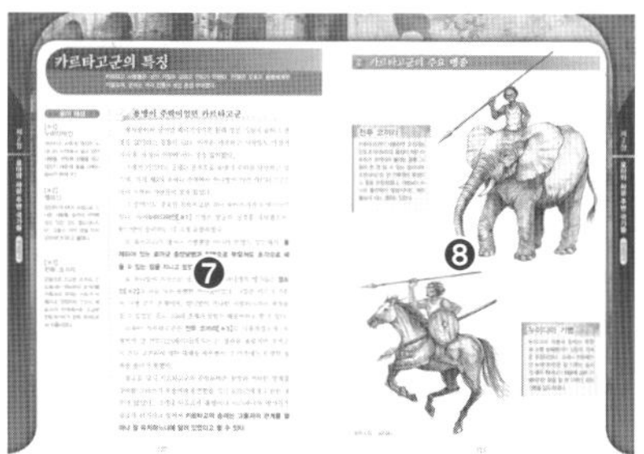

❶국가 명 또는 세력 명. 로마자 표기도 기재.
❷전력 평가. 군사력, 경제력, 영토, 인재, 네 항목으로 종합 평가하였다.
❸본문. 국가나 세력의 성립이나 문화의 특징, 역사 등에 대해서 설명.
❹용어 해설. 이해하기 어려운 용어를 설명하였다.
❺세력도. 가장 발전했던 시대의 세력도를 게재.
❻연도. 국가나 세력에 관한 주요한 역사적 사건을 게재.
❼본문. 국가나 세력의 군대에 대해서 개요를 설명하였다.
❽주요 병종. 국가나 세력의 중심적인 전력이 된 병종을 일러스트와 함께 소개.

● 전투 데이터

❶전투의 명칭. 발생한 시기도 기재.
❷지도. 전투가 벌어진 위치를 기재.
❸세력 비교. 로마군과 적대 세력의 지휘관, 총 병력, 병력 내역을 기재.
❹본문. 전투에 이르기까지의 과정에 대해 설명하였다.
❺용어 해설. 이해하기 어려운 용어를 설명하였다.
❻본문. 전투 개시부터 종료까지의 과정을 설명하였다.
❼전투 전개. 전투 중 각 군단의 움직임에 대해서 그림으로 설명.

군사력 3 / 인재 3 / 영토 3 / 경제력 4

여러 번 싸움을 펼친 로마 최강의 적

카르타고

CARTHAGE

동방에서 온 페니키아인의 도시국가 카르타고. 해양 무역으로 얻은 막대한 부를 배경으로 번영했으나, 지중해의 패권을 두고 벌인 로마와의 싸움에서 지면서 멸망하고 말았다.

강력한 해군을 보유한 서지중해의 패자

카르타고는 현재의 튀니지 공화국의 수도 튀니스 동쪽에 위치한 도시국가이다. 기원전 9세기 초에 이 지역으로 온 **페니키아인【※1】**에 의해 건국되었다고 한다.

그 후 카르타고는 해양 무역을 중심으로 몇 세기에 걸쳐서 발전하였다. **원래 해양 민족이었던 페니키아인은 뛰어난 해군과 상선들로 인해 교역로를 개척**하면서 주변 각지에 식민 도시를 건설하며 세력을 넓혔다.

이 무렵 이탈리아 반도와 시칠리아 섬 동부에는 그리스인이 진출하며, 카르타고는 수차례에 걸쳐서 이 그리스 세력들과 싸우게 된다.

또 이 무렵 로마는 이탈리아 반도를 통일하지 못하였으며, 로마가 왕정에서 공화제로 이행된 기원전 509년경에 조약을 맺었기 때문에 직접적인 충돌은 없었다.

그러나 로마가 그리스 세력을 몰아내고 이탈리아 반도를 통일하자 이탈리아 반도 바로 앞에 있는 시칠리아에 카르타고의 세력이 미치는 것은 좋지 않다고 생각하게 된다. 그리고 시칠리아 섬 북동부에 있는 메사나에 간섭하는 것을 둘러싸고 제1차 포에니 전쟁이 발발. **이 전쟁에서 카르타고 해군은 거의 전멸하고 제도권을 상실한다.**

그 후, 제2차 포에니 전쟁에서는 유명한 **한니발【※2】**이 로마군에게 큰 타격을 주지만, 거점으로 삼았던 **이스파니아【※3】**가 공략되며 최종적으로 패배. 전쟁이 끝난 후에는 국가 부흥에 힘썼지만, 회복하는 그 모습을 보고 복수를 두려워한 로마군이 공격하여 멸망하였다.

용어 해설

【※1】 페니키아인

현재의 레바논 부근에 거주하던 해양 민족. 뛰어난 상인으로, 해양 무역을 통해 번성하였다. 전승에 의하면 카르타고를 건국한 것은 해양 도시 티로스에서 온 망명자들이었다고 한다.

【※2】 한니발

한니발 바르카. 카르타고의 장군 하밀카르 바르카의 아들로, 아버지를 따라 이스파니아로 건너온다. 알프스 산맥을 넘어서 로마가 예상하지 못한 북쪽에서 이탈리아 반도로 침공하여 각지를 유린. 로마에 막대한 피해를 주며 공포심을 심어주었다. 로마군과의 전투에서 발휘한 수많은 수완으로 인해 현재도 전술가로 매우 높은 평가를 받고 있다.

【※3】 이스파니아

편재의 스페인이나 포르투갈이 있는 이베리아 반도의 옛 명칭.

카르타고 세력도 ~전 264년경

연표 ~카르타고의 건국부터 멸망까지~

전 814년	카르타고 건국	
전 264년	제1차 포에니 전쟁 발발	
전 256년	에크노무스 해전	➡P.124
전 241년	제1차 포에니 전쟁 종결. 시칠리아 섬을 잃다	
전 218년	제2차 포에니 전쟁 발발	
	한니발, 알프스 넘는 것을 감행	
	트레비아 강 전투	➡P.128
전 217년	트라시메누스 호수 전투	➡P.132
전 215년	사르데냐 침공 실패	
전 216년	칸나에 전투	➡P.136
전 206년	로마군에 의하여 스페인에서 내몰리다	
전 202년	자마 전투	➡P.140
전 201년	제2차 포에니 전쟁 종결	
전 196년	한니발에 의한 행정 개혁	
전 150년	누미디아 침공	
전 149년	제3차 포에니 전쟁 발발. 카르타고 공방전	➡P.144
전 146년	카르타고 멸망	

카르타고군의 특징

카르타고 사람들은 상인 기질이 강하고 전의가 약했다. 전쟁은 오로지 용병에게만 기댔으며, 군대는 여러 인종이 섞인 혼성 부대였다.

용병이 주력이었던 카르타고군

뱃사람이자 상인인 페니키아인은 원래 상인 기질이 강하고 전쟁을 싫어하는 경향이 있다. 이것은 카르타고 사람들도 마찬가지이며, 자신이 전장에 서는 것을 싫어했다.

그래서 카르타고 군대는 전적으로 용병이 주력을 담당하고 있으며, 특히 제2차 포에니 전쟁에서 한니발이 이끈 카르타고군은 여러 지역의 사람들이 섞여 있었다.

그 중에서도 중요한 전력이었던 것이 북아프리카의 병사들이었다. 특히 **누미디아인【※1】** 기병은 발군의 실력을 자랑했으며, 한니발이 승리하는 데 크게 공헌하였다.

또 북아프리카 병사는 기병뿐만 아니라 보병도 강인해서, **통제되어 있는 로마군 중장보병과 정면으로 부딪쳐도 호각으로 싸울 수 있는 힘을 지니고 있었다.**

또 한니발이 거점으로 삼고 있던 이스파니아의 병사들은 **켈트인【※2】**의 피를 잇는 용맹한 전사들이었다. 그들은 바르카 가문의 사병 같은 존재이며, 한니발이 머나먼 이탈리아까지 원정을 갈 수 있었던 것도 그들의 존재가 있었기 때문이라고 할 수 있다.

더욱이 카르타고군은 **전투 코끼리【※3】**도 이용하였는데, 트레비아 강 전투(128페이지)까지는 큰 성과를 올렸지만 로마군이 전투 코끼리에 대한 대책을 세우면서 그 이후에는 뚜렷한 성과를 올리지 못했다.

참고로 당시 카르타고군의 중장보병은 장창과 커다란 방패를 장비한 그리스식 무장이라 유연함을 지닌 로마군에게 고전한 경우가 많았다. 그러나 아프리카 용병이나 이스파니아 병사들은 상당히 선전하고 있어서 **카르타고의 승리는 그들과의 관계를 얼마나 잘 유지하느냐에 달려 있었다고 할 수 있다.**

용어 해설

【※1】누미디아인

카르타고 서쪽에 위치한 누미디아 지역에서 살고 있던 사람들. 반유목 생활을 하고 있었기 때문에 말을 다루는 솜씨가 뛰어나다.

【※2】켈트인

중앙아시아에서 유럽으로 건너온 사람들. 갈리아 지역에 살고 있던 것도 켈트인이지만, 그들은 지역 명을 따서 갈리아인이라고 불렸다.

【※3】전투 코끼리

군용으로 조교된 코끼리. 인도에서는 옛날부터 코끼리를 가축으로 부리는 시도가 이뤄지고 있었으며, 인도나 페르시아 지역에서는 조교된 인도코끼리가 전투 코끼리로서 이용되었다.

카르타고군의 주요 병종

전투 코끼리

카르타고군이 사용하던 코끼리는 인도코끼리보다도 몸집이 작은 아프리카 코끼리라 불리는 종류. 사람이 한 명 탈 수 있는 정도이며, 조련사이기도 한 전투원은 투창이나 활로 무장하였다. 기병보다 더 나은 돌진력이 장점이지만, 제어 불능이 되는 경우도 있었다.

누미디아 기병

누미디아 기병의 장비는 투창과 소형 방패뿐이라 상당히 가벼운 무장이었다. 그러나 반유목민인 누미디아인은 말 다루는 솜씨가 매우 뛰어났기 때문에 같은 기병이지만 말을 잘 못 다루던 로마 기병을 압도하였다.

일러스트 : aohato

카르타고 해군이 신흥 로마 해군에게 대패

에크노무스 해전

기원전 256년

로마군의 북아프리카 상륙 작전을 저지하고자 나서 카르타고군. 그러나 로마군의 새로운 전술에 대항책을 찾지 못한 채 패배하고 물러났다.

세력 비교

	로마군	카르타고군
지휘관	마르쿠스 아틸리우스 레굴루스 루키우스 만리우스 불소 롱구스	하밀카르 대(大) 한노
병력	140,000	150,000
함정	330척	350척

카르타고가 자신하던 해전에서 로마에게 패하다

기원전 265년, 시칠리아 남동쪽에 위치한 **시라쿠사이【※1】**를 다스리고 있던 히에론이 **마메르티니【※2】**에게 점령당한 **메사나【※3】**를 회복하고자 군대를 일으켰다. 마메르티니는 로마와 카르타고에게 원군을 요청했고, 두 국가는 각각 원군을 파견한다.

그런데 이 지역에 카르타고의 영향이 미치는 것을 싫어한 로마는 마메르티니와 동맹을 체결. 그리고 메사나에서 카르타고군을 내쫓아내면서 제1차 포니에 전쟁이 발발하였다.

당시 시칠리아 남부는 카르타고의 지배하에 있었다. 그러나 카르타고군은 지상전에서 로마에게 압도당하며 중요 거점인 아그리겐툼을 잃는다. **우수한 해군 전력으로 로마의 뒤를 위협하며 간신히 침공을 막고 있는 상황이었다.**

이 무렵 로마는 본격적인 해군은 보유하고 있지 않았지만, 그제야 제해권의 중요성을 깨닫고 해군 증강을 개시한다. 그러나 경험의 차는 분명해서 처음에는 카르타고 해군이 우세하였다.

이 경험의 차를 좁히기 위해 로마군은 **코르부스【※4】**라고 하는 다리를 개발. 이것을 이용하여 돌격하는 전법으로 카르타고군을 격파하고자 하였다. 그리고 기원전 260년 밀라이 해전에서 처음으로 카르타고 해군을 무찌른다.

종래의 해전에서는 뱃머리에 장치한 충각으로 적 함선 측면을 들이받아서 파괴하는 방법이 주류였고, 그 나름대로 조선 기술이 요구되었다.

그러나 로마군의 전법은 **적 함선 쪽으로 접근할 수만 있으면 되므로, 고도의 조선 기술은 별로 필요하지 않았다.**

카르타고군은 로마군의 새로운 전법에 효과적인 대책을 찾지 못한 채 그 후로는 해전에서도 고전을 면지 못하게 된다.

그 후 반격을 꾀하는 카르타고군과 결정적인 승리를 원하는 로마군은 나란히 전력 증강. 기원전 256년, 북아프리카에 상륙을 계획한 로마가 대규모 함대를 파견하고, 저지하기 위해 나타난 카르타고 함대와 시칠리아 남부 에크노무스 앞바다에서 격돌하였다.

용어 해설

【※1】 시라쿠사이

시칠리아 남동쪽에 있는 시라쿠사.

【※2】 마메르티니

「군신 마르스의 아들들」이라는 뜻으로, 루카니아인 용병단이 자신들을 이렇게 불렀다. 루카니아는 현재의 이탈리아 남부에 위치한 바실리카타 주 부근의 옛 명칭.

【※3】 메사나

시칠리아 북동쪽에 위치한 도시로, 현재의 메시나. 이탈리아 반도와 아주 가까운 거리에 있었기 때문에 로마의 입장에서는 카르타고의 영향 아래 놓이는 것을 묵인할 수 없었다.

【※4】 코르부스

끝 부분 안쪽에 철로 만든 갈고리를 붙인 발판으로, 까마귀의 부리에 비유하며 이렇게 불렸다. 뱃머리 부근에 있는 기둥에 밧줄로 매달아 놓은 다음 적 함선 쪽으로 다가가면 동시에 이것을 내리고 갈고리를 적 함선에 박아서 고정시킨다. 그 위를 중장보병이 건너서 적 함선으로 돌진하였다.

적의 공격을 버티지 못하고 후퇴

북아프리카를 향해 출발한 로마군의 함대는 시칠리아 남측을 서쪽으로 항해 중에 카르타고 함대와 맞닥뜨렸다.

로마 함대는 세 개의 전투 부대와 운송선단으로 구성되었으며, 대열은 **레굴루스【※1】**가 지휘하는 제1함대와 **만리우스【※2】**가 지휘하는 제2함대가 전방에서 쐐기 모양의 진형을 이루고, 그 후방에 제3함대를 가로 1열로 배치. 그 사이에 운송선단을 배치하여 세 함대가 운송선단을 호위하는 형태였다.

이에 반해 카르타고군은 함대를 가로 1열로 활 모양으로 배치. 좌익의 제1함대를 **하밀카르【※3】**, 우익의 제2함대를 **대 한노【※4】**가 각각 지휘하였다.

카르타고군을 확인한 로마군 제1, 제2함대는 그대로 전진하면서 카르타고 함대 중앙 쪽으로 공격을 개시. 이렇게 전투가 시작되었다.

이에 대해 공격을 받은 카르타고군 중앙 함선은 후퇴하기 시작하고, 로마의 제1, 제2함대가 그것을 추격하였다. 그러자 카르타고 함대의 우익과 좌익이 중앙에서 분리. 각각 바깥쪽으로 돌면서 전진하여 로마 수송선단과 제3함대에게 공격을 개시했다.

카르타고군의 목적은 적의 북아프리카 상륙을 저지하는 것이었다. 처음부터 공격 목표는 수송선단으로 한정하여 호위하던 로마 제1, 제2함대를 떨어뜨리는 작전이었던 것이다.

카르타고 함대의 좌익에게 공격을 받은 로마 수송선단은 점점 북쪽으로 몰렸다. **작전 목표 달성이라는 의미라면 이 시점에서 카르타고가 우위에 서 있었다고 할 수 있다.**

그러나 로마군 제1, 제2함대를 유인하던 함대가 공격을 버티지 못하고 후퇴. 로마군 제1, 제2함대는 곧장 뱃머리를 돌려서 수송선단과 제3함대를 구하러 왔고, 전장에 남아 있던 카르타고 함대는 옆을 찔리거나 혹은 협공을 당하는 형세가 되어 궤멸하였다.

용어 해설

【※1】 레굴루스

마르쿠스 아틸리우스 레굴루스. 로마의 집정관. 에크노무스 해전 후 북아프리카에서 활약하지만, 튀니스 전투에서 패해 카르타고의 포로가 되었다.

【※2】 만리우스

루키우스 만리우스 불소 롱구스. 로마의 통치 기관인 원로원의 의원으로, 제1차 포에니 전쟁에서는 집정관으로 종군하였다.

【※3】 하밀카르

카르타고의 장군. 한니발의 아버지 하밀카르 바르카와 이름이 같아서 혼동하기 쉽지만, 다른 사람이라고 한다.

【※4】 대 한노

카르타고의 귀족. 나중에 등장하는 한니발의 바르카 가문의 입장에서는 아버지 대부터 정적이었다.

전투 전개

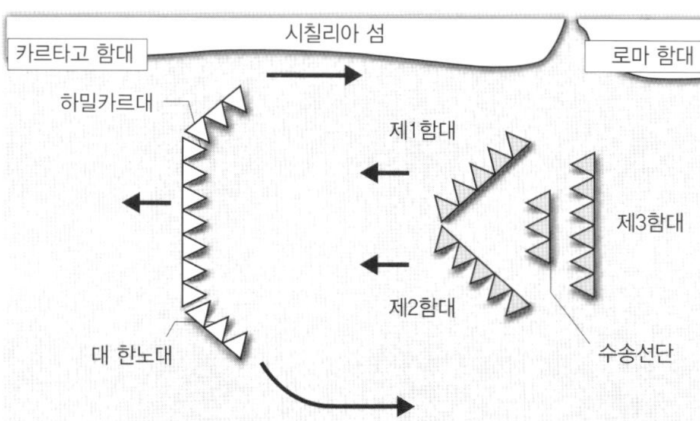

로마군 제1, 제2함대가 카르타고군을 공격하며 전투 개시. 카르타고군은 후퇴하면서 좌익과 우익이 분리되고, 운송선단과 제3함대를 공격하기 위해 다가간다.

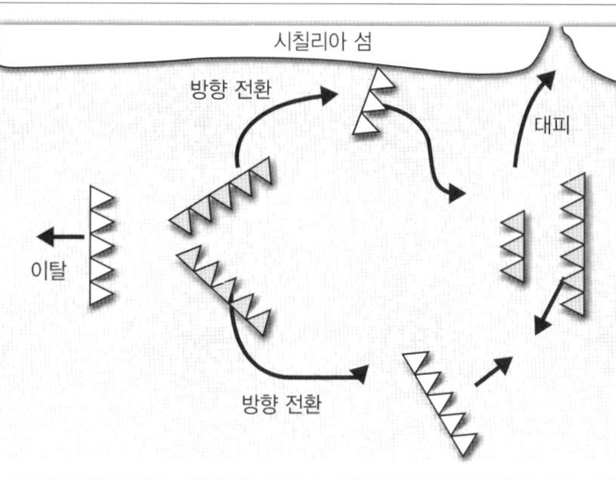

카르타고 함대의 좌익은 로마군 수송선단, 우익은 제3함대와 전투 개시. 한편, 로마군 제1, 제2함대와 싸우던 나머지 카르타고 함대가 후퇴를 시작한다.

카르타고군 좌익 함대는 운송선단을 공격 중에 로마군 제1함대에게 옆을 찔리고, 우익 함대는 제2함대에게 뒤에서 공격당하며 전부 격파되고 말았다.

카르타고군, 북이탈리아로 진출

트레비아 강 전투

기원전 218년

돌파력이 뛰어난 로마군 중장보병에 카르타고군은 강인한 기병에 의한 기동 전법으로 대항. 로마군 격파에 성공하였다.

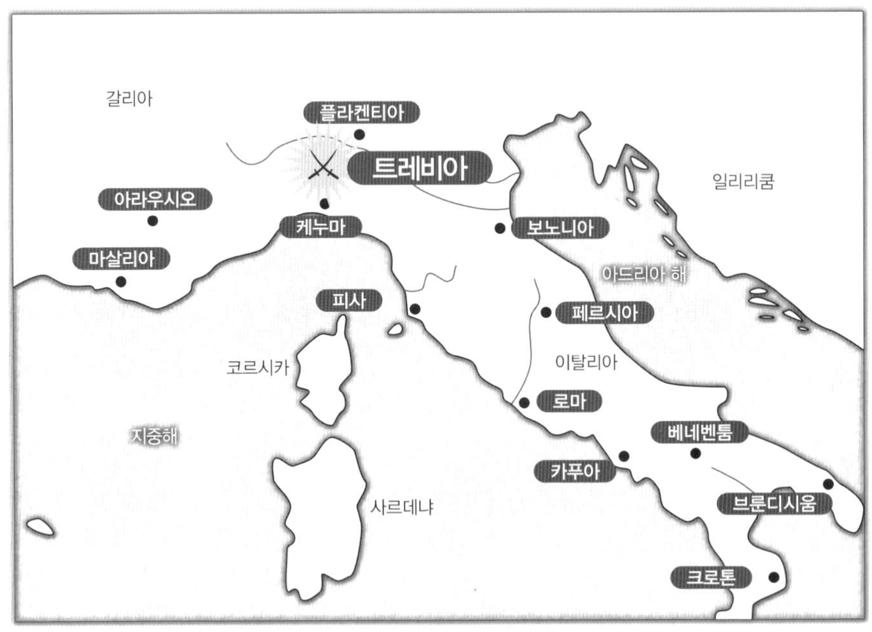

세력 비교

로마군	
지휘관	티베리우스 셈프로니우스 롱구스
총병력	40,000
기병	4,000
보병	36,000

VS

카르타고군	
지휘관	한니발 바르카
총병력	40,000
기병	11,000
보병	29,000
전투 코끼리	3마리

로마의 기선을 제압한 카르타고군의 침공

기원전 241년 카르타고군은 **아이가테스 제도【※1】** 해전에서 로마군에게 대패. 많은 함선을 잃은 카르타고는 계속 전쟁을 하는 것이 불가능해졌고, 로마와의 강화 조약으로 시칠리아에서 철수하였다.

그 후 카르타고는 용병의 반란이 일어나 혼란스러워졌고, **이 틈을 노린 로마에게 사르데냐와 코르시카를 빼앗기고 만다.** 카르타고는 이들을 대신할 새로운 영토를 찾아 이스파니아로 진출하였고, 이 지역에 세력을 구축하기 시작했다.

그러나 이스파니아 동부에 위치한 **사군툼【※2】**의 처우를 둘러싼 대립이 새로운 불씨가 되어 기원전 219년에 제2차 포에니 전쟁이 발발한다.

이스파니아에 거점을 만들고 있던 하밀카르 바르카의 아들 한니발은 본국의 허가를 받고 사군툼을 공략. 그리고 기원전 218년 가을에는 군대를 이끌고 알프스를 넘을 것을 감행하며 이탈리아 반도 북쪽에 도착하였다.

이 무렵 로마는 카르타고와 이스파니아에 대한 원정 준비를 하며 서부와 남부는 경계하고 있었지만, 북쪽은 허술했다. 한니발의 등장에 놀란 로마는 우선 원정을 단념. **스키피오【※3】**를 한니발이 있는 곳으로 출정시킨다.

한니발은 로마가 원정군을 파견하리라 예상한 뒤, **알프스를 넘어 이탈리아 반도를 공격함으로써 기선을 제압하려고 생각하고 있었다.** 이 진군으로 한니발은 20,000명이나 되는 병사를 잃었지만, 로마군의 원정을 저지한다는 목적을 우선 달성한 것이었다.

그 뒤 카르타고군과 맞서기 위해 출정한 스키피오는 **티키누스 전투【※4】**에서 부상을 당하고 만다. 이로 인해 스키피오는 후퇴하여 야영지를 지키면서 **셈프로니우스【※5】**의 증원을 기다렸다. 그리고 12월에 셈프로니우스의 군대가 도착. 트레비아 강가에서 로마군과 카르타고군의 전투가 시작되었다.

용어 해설

【※1】 아이가테스 제도

시칠리아 서부에 있는 작은 섬들

【※2】 사군툼

이베리아 반도 동부에 위치한 도시국가. 로마가 사군툼의 친로마파를 지원하던 것을 보며 한니발은 로마가 이스파니아로의 진출을 노리고 있다고 판단. 본국의 허가를 받아 공략에 나섰다.

【※3】 스키피오

푸블리우스 코르넬리우스 스키피오. 로마의 집정관. 카르타고군의 북상을 알아채고 방어하러 향하지만 한 발 늦고, 본국으로 소환된 뒤에 한니발을 막는 임무를 맡았다.

【※4】 티키누스 전투

정찰하러 나온 스키피오와 한니발이 마주치게 되어 일어난 싸움.

【※5】 셈프로니우스

티베리우스 셈프로니우스 롱구스. 스키피오와 마찬가지로 로마의 집정관이었다.

기병의 기동 전법으로 로마군을 격파

로마군과 카르타고군은 **트레비아 강【※1】**을 사이에 두고 야영지를 설치하였다. 12월 17일, 한니발은 동생 **마고【※2】**에게 경보병과 기병으로 이루어진 혼성군 2,000을 주고 트레비아 강 남쪽으로 파견하여 매복시켰다.

다음 날 18일 이른 아침, 한니발은 전군에게 전투 준비를 통보. 트레비아 강 서쪽으로 전열을 배치한 뒤 소수의 기병을 로마군 야영지로 파견하였다.

카르타고군 기병이 다가오는 모습을 보고 로마군은 맞서기 위해 나서지만, 본격적으로 싸우기도 전에 적은 후퇴한다. 로마군은 이것을 카르타고군이 약하기 때문이라고 해석하며 추격하기 시작했고, 그대로 트레비아 강을 건넜다.

그러나 그곳에서 기다리고 있던 것은 질서 정연하게 대열을 갖춘 카르타고군. 로마군은 서둘러 대열을 정비하며 전투에 대비하였다.

이때 한니발이 이끄는 카르타고군은 새로 참전한 **갈리아인【※3】** 보병을 중앙에 배치. 그 양 옆에 이스파니아병과 아프리카 용병, 그리고 그 바깥쪽으로 누미디아 기병을 배치하였다.

갈리아병을 중앙에 둔 것은 그들을 바로 신용할 수 없어서 전투 중에 도망을 막기 위한 것이 이유 중 하나였고, 로마군 보병의 공격을 막는 소모품으로서의 의미가 있었다.

전투가 시작되자 조직적인 전투에 서투르고 장비도 변변치 않았던 갈리아 보병은 로마 보병에게 밀리고 말았다.

그러나 로마 기병에게 달려든 양쪽의 누미디아 기병이, **전투 코끼리의 효과【※4】**에 힘입어 로마 기병을 단숨에 물리치고, 이어서 텅 빈 로마 보병의 측면에서 공격을 개시. 이에 맞춰 매복하고 있던 마고의 별동대가 움직이더니 로마 보병의 퇴로를 막는 바람에 로마군 보병 부대는 완전히 포위당하는 형태가 되었다.

그러나 포위되어 큰 피해를 입으면서도 로마 보병은 갈리아병을 쓰러뜨리며 10,000명의 병사가 탈출에 성공하였다.

용어 해설

【※1】 트레비아 강
이탈리아 반도 북쪽, 제노바 북동쪽에 있는 원류에서 북쪽으로 흐르는 강. 또한 북동쪽에서 동서쪽으로 흐르는 포 강의 지류 중 하나.

【※2】 마고
마고 바르카. 하밀카르 바르카의 자식 중 셋째로, 한니발의 동생.

【※3】 갈리아인
갈리아라 불리는 현재의 프랑스 주변 지역에 살던 사람들. 로마에게 반감을 가진 사람이 많았다. 하지만 부족 단위로 생활하던 그들은 군으로서 결속력이 부족했고, 로마나 카르타고에 비하면 장비나 숙련도 면에서 상당히 뒤떨어져 있었다. 자세한 것은 156페이지를 참조.

【※4】 전투 코끼리의 효과
나팔 같은 전투 코끼리의 울음소리는 로마 기병의 군마를 겁먹게 만들어서, 탑승자를 흔들어 떨어뜨린 뒤 도주하는 혼란스러운 상황을 만들었다.

전투 전개

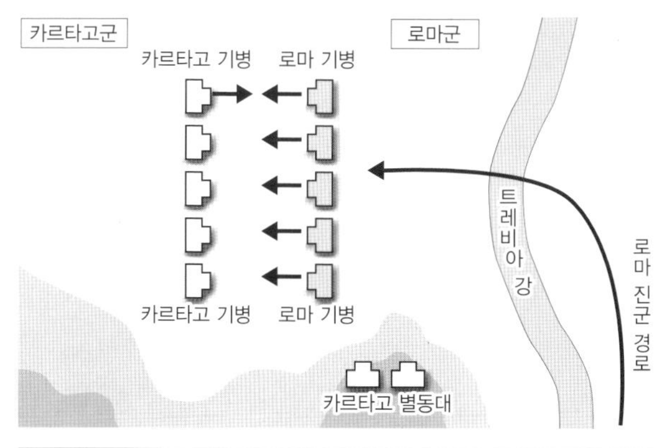

카르타고군 기병에게 유인당한 로마군은 강을 건너자마자 쉴 틈도 없이 전투에 돌입. 전투가 시작되자, 카르타고군 기병이 로마군 기병을 격파한다.

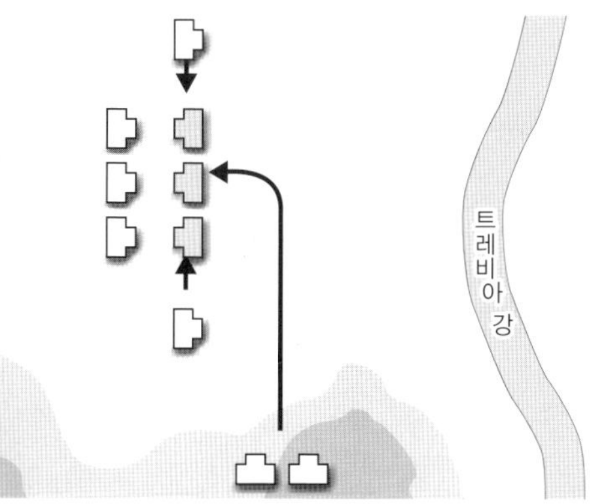

로마군 기병을 퇴각시킨 카르타고군 기병이 로마군 보병의 측면에서 공격을 개시. 별동대도 행동을 개시하며 로마군 보병 뒤에서 공격을 개시한다.

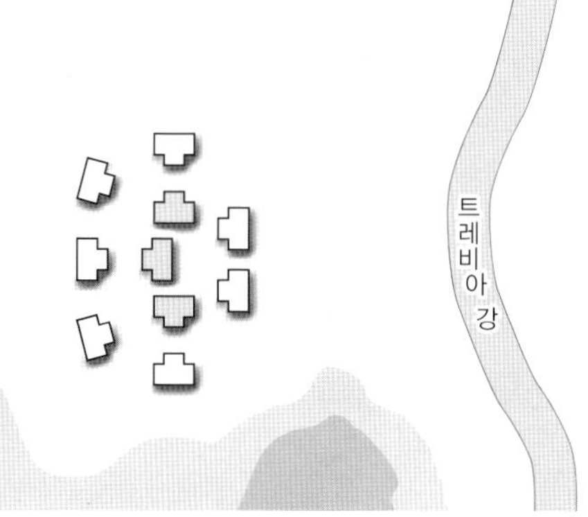

포위된 형태가 된 로마 보병은 큰 피해를 입지만, 그 후에 한계에 달한 카르타고군 보병의 전열을 돌파하며 탈출. 섬멸되는 일은 피할 수 있었다.

한니발의 함정에 빠져 로마군이 파멸

트라시메누스 호수 전투

기원전 217년

군을 두 개로 나눠서 방어선을 친 로마군. 카르타고군은 상대의 의표를 찌름으로써 각개격파를 노렸고, 난관에 봉착한 로마군을 일방적으로 격파하였다.

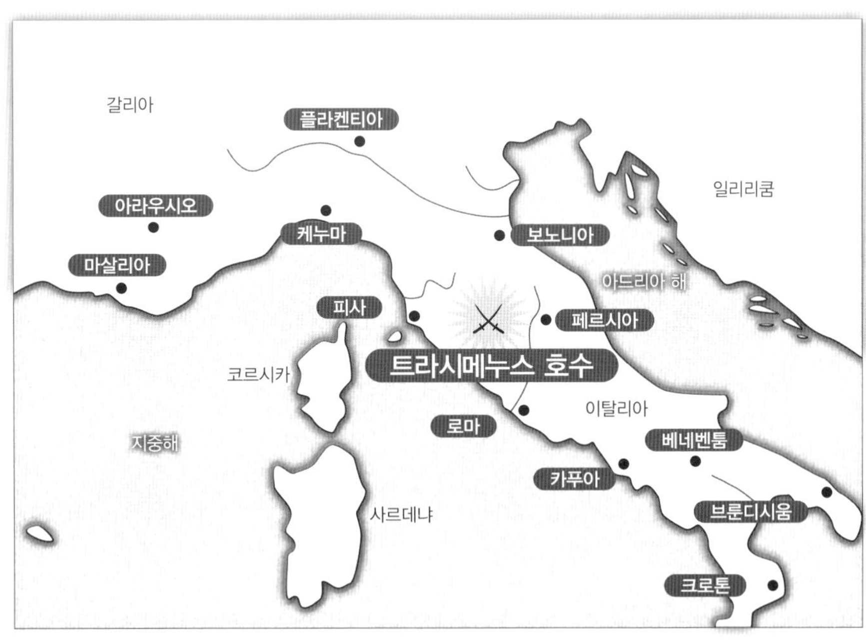

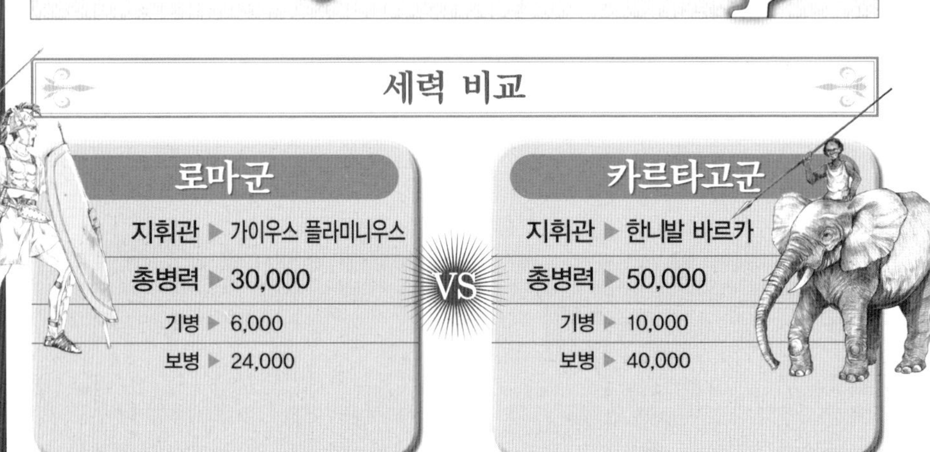

세력 비교

로마군		VS	카르타고군	
지휘관	가이우스 플라미니우스		지휘관	한니발 바르카
총병력	30,000		총병력	50,000
기병	6,000		기병	10,000
보병	24,000		보병	40,000

카르타고군에게 선수를 빼앗긴 로마군

트레비아 강 전투에서 패한 이듬해, 로마에서는 **플라미니우스【※1】**와 **세르빌리우스【※2】**가 새롭게 **집정관【※3】**으로 선출되어 각각 군대를 이끌고 카르타고군과 맞서기 위해 출발하였다. 세르빌리우스는 로마의 북동쪽에 있는 리미니, 플라미니우스는 북북서에 위치한 아레초에 진을 친다.

로마군이 양쪽으로 나뉜 것은 카르타고군이 다음에 어떻게 움직일지 몰랐기 때문이다. 그들은 카르타고군이 도로를 이용하리라 예상하며 확률이 높다고 생각되는 장소를 선택했다.

그러나 카르타고군은 로마군의 예상과는 달리 **아페닌 산맥【※4】**를 넘고 피렌체를 지나 서쪽에서 페루자로 향했다.

험한 협곡을 지나는 행군은 가혹해서 전투 코끼리는 한 마리를 남기고 전멸. **한니발도 병으로 인해 한쪽 눈의 시력을 잃을 정도였다.** 그러나 카르타고군은 완전히 로마군을 따돌리는 데에 성공했으니 그만한 값어치는 있었다.

카르타고군이 남쪽에 나타난 것을 안 플라미니우스는 세르빌리우스의 군대와 합류해야 한다는 의견을 무시하고 곧바로 자신의 군대만으로 카르타고군 추격을 결정하였다.

아레초에 있던 그는 싸워보지도 못하고 적을 그냥 보내버린 셈이 된다. 실책을 범한 그가 귀국 후에 규탄을 받을 것은 확실했으며, 정치 생명의 위기라 할 수 있었다.

무엇보다 플라미니우스의 군대 뒤에 로마를 지키는 전력은 존재하지 않았고 세르빌리우스의 군대는 아페닌 반대쪽에 있었다. 플라미니우스가 자신의 처지를 생각했는지 어떤지는 몰라도 아군과 합류할 때가지 기다릴 시간이 없다고 판단한 것에 틀림없다.

이렇게 해서 플라미니우스는 전력으로 카르타고군을 뒤쫓기 시작했다. 그리고 이 보고를 받은 한니발은 카르타고군을 트라시메누스 호수 쪽으로 움직였다.

용어 해설

【※1】 플라미니우스

카이우스 플라미니우스. 평민을 보호하는 호민관을 거쳐 원로원 의원이 된 인물로, 원로원을 독점하는 귀족의 권한을 억제하려고 했다.

【※2】 세르빌리우스

그나이우스 세르빌리우스 게미누스. 주로 사르데냐나 코르시카 부근에서 일어난 해전에서 활약한 인물. 칸나에 전투에서 전사하였다.

【※3】 집정관

콘술이라고 불리는 공화제 로마의 최고직. 내정(內政)의 최고 책임자이자 동시에 유사시에는 군의 최고 책임자도 맡았다. 독재를 방지하기 위해 임기는 1년으로 제한되었으며 매년 두 명이 선출되었다.

【※4】 아페닌 산맥

이탈리아 반도를 지나는 산맥. 장화 모양을 한 반도의 위쪽 북서부부터 중앙을 지나 반도의 남부 끝쪽으로 뻗어 있다. 로마가 있는 반도의 서부는 아페닌 산맥으로 둘러싸여 있다.

행군 중에 의표를 찔린 로마군 패배

트라시메누스 호수【※1】의 북쪽 기슭은 호수의 바로 앞까지 산이 다가와 있으며, 부근은 숲이 펼쳐져 있다. 좁은 길이 한 길로만 이어져 있어서 기동전에는 적합하지 않은 지형이었다.

좁은 지형에서 벌이는 전투라면 한 번에 교전할 수 있는 사람 수는 제한된다. 정면에서 충돌하면 **로마군이 유리【※2】**하며, 전력 차는 별 문제가 되지 않는다. 게다가 상대가 행군 중이라는 점도 있어서 플라미니우스는 「승산은 있다」라고 생각했다.

그러나 이것은 카르타고군의 함정이었다. 호수에 도착한 카르타고군은 단숨에 길을 통과한 다음 **길 동쪽 출구를 한니발이 이끄는 이스파니아병과 아프리카병으로 막았다.**

이어서 갈리아병을 길을 따라 북쪽 산 근처에 잠복시키고, 또 기병을 길 입구 북쪽에 있는 언덕 뒤에 배치. 로마군이 도착하기를 조용히 기다렸다.

기원전 217년 6월 21일 아침, 트라시메누스 호수에 도착한 로마군은 그대로 길에 진입한다. 이때 **짙은 안개가 끼었기 때문에 시야는 좋지 않았고, 로마군은 길 동쪽 출구에서 카르타고군과 부딪치기 전까지 적의 존재를 전혀 알아채지 못했다.**

로마군은 바로 대열을 이루려고 했지만, 곧이어 서쪽에 배치되어 있던 기병대가 로마군 뒤로 다가가 가장 뒤에 있던 **치중병【※3】**를 공격하면서 퇴로를 끊었다.

그리고 이를 알아챈 로마군이 동요한 순간에 측면에서 갈리아병이 일제히 공격을 개시. 행군을 위해 길게 늘어선 로마군의 전열은 나눠지고, 제대로 된 반격도 하지 못한 채 카르타고군에게 각개격파를 당했다.

이 전투에서 로마군을 지휘하고 있던 플라미니우스가 전사. 카르타고군의 피해는 2,500명 정도였던 것에 비해 로마군의 사망자는 15,000명에 달했고, 더욱이 달아난 사람도 추격을 받아 대부분이 항복했다.

용어 해설

【※1】 트라시메누스 호수
트라시메노 호수. 피렌체 남동쪽, 페루자 서쪽에 위치해 있으며, 현재는 공원이 되어 있다.

【※2】 로마군이 유리
중장보병 전열은 정면에서 부딪쳐야 최대의 위력을 발휘한다. 트레비아 강 전투에서도 보병끼리의 전투만 보면 로마군이 우세하였다.

【※3】 치중병
식재료나 자재 등 군수품을 수송하는 부대. 장비는 대부분 경장이며, 행군할 때에는 후방에 위치하는 경우가 많다.

전투 전개

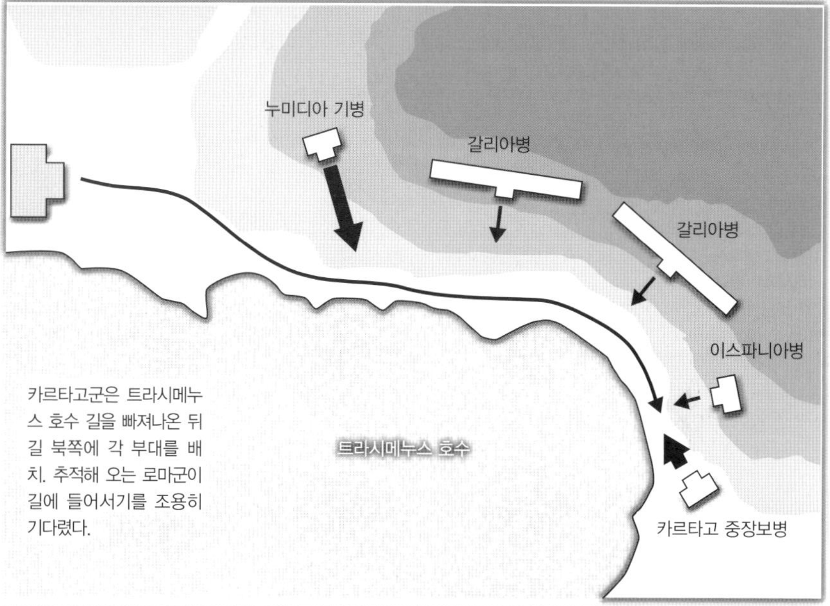

누미디아 기병
갈리아병
갈리아병
이스파니아병
트라시메누스 호수
카르타고 중장보병

카르타고군은 트라시메누스 호수 길을 빠져나온 뒤 길 북쪽에 각 부대를 배치. 추적해 오는 로마군이 길에 들어서기를 조용히 기다렸다.

트라시메누스 호수

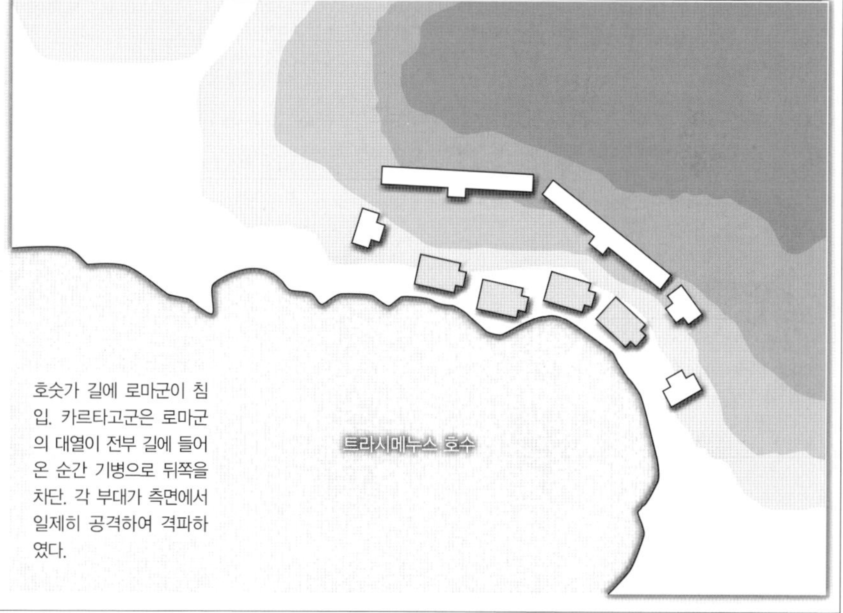

호숫가 길에 로마군이 침입. 카르타고군은 로마군의 대열이 전부 길에 들어온 순간 기병으로 뒤쪽을 차단. 각 부대가 측면에서 일제히 공격하여 격파하였다.

로마군, 한니발 앞에 완패

칸나에 전투

기원전 216년

대군을 동원하여 결전을 나선 로마군은 오히려 궤멸에 가까운 타격을 입고 만다. 이 전투에서 펼친 한니발의 전술은 현재도 높이 평가받고 있다.

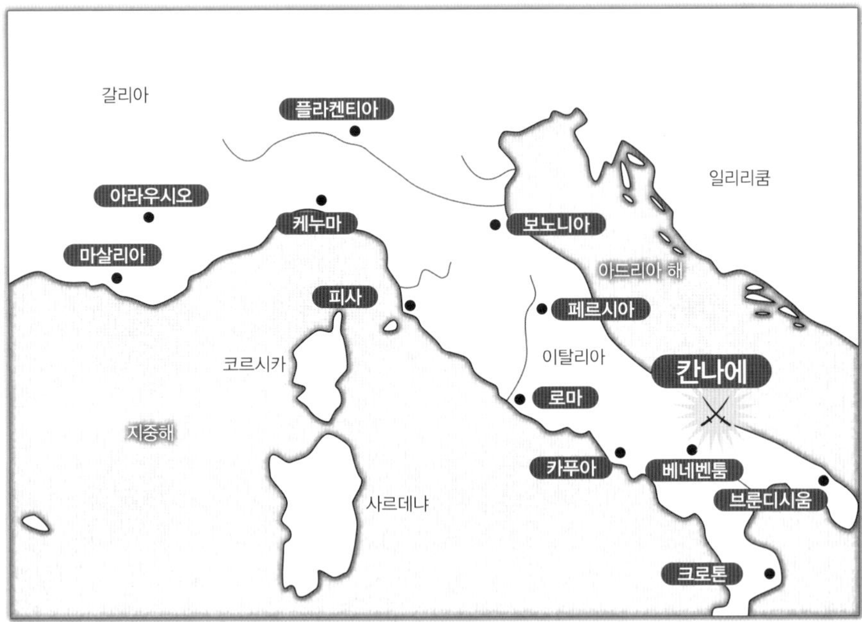

세력 비교

로마군	
지휘관	가이우스 테렌티우스 바로
총병력	80,000
기병	6,000
경보병	50,000
중장보병	24,000

카르타고군	
지휘관	한니발 바르카
총병력	50,000
기병	10,000
경보병	28,000
중장보병	12,000

용어 해설

【※1】 파비우스

퀸투스파비우스 막시무스. 로마의 정치가. 한니발의 실력을 인정하며 지구전을 채용하였다.

【※2】 독재관

원로원이 비상사태라고 인정한 경우에만 지명되는 공화제 로마의 최고직. 사태에 신속하게 대응할 수 있도록 강력한 권한을 주지만, 임기는 반년.

【※3】 초토전

공격당한 측이 시설이나 식재료 등을 모두 태우며 적이 이용할 수 없도록 하는 전술.

【※4】 바로

가이우스 테렌티우스 바로. 로마의 정치가. 파비우스의 소극적인 대책에 부정적이었다.

【※5】 파울루스

루키우스 아이밀리우스 파울루스. 로마의 정치가. 딸이 대 스키피오와 결혼하면서 그의 장인이 된다.

【※6】 아우피두스 강

현재의 이름은 오판토 강. 이탈리아 반도 남부의 북쪽에 있다.

로마군이 대군을 동원하여 임한 대규모 전투

거듭되는 패전과 심각한 인적 피해에 로마 원로원은 아연실색하였다. 비상사태라는 인식 아래 로마에는 계엄령이 내려지고, 원로원은 **파비우스【※1】**를 **독재관【※2】**에 임명하였다.

그리고 카르타고군과의 단기 결전을 포기하고 **초토전【※3】**을 전개함으로써 거점이 없는 카르타고군의 소모를 기다리는 지구전으로 전환하였다.

파비우스는 카르타고군을 가깝지도, 멀지도 않은 곳에서 감시하면서도 싸움을 벌어질 것 같으면 군대를 뒤로 물렸다. 그런 다음에 카르타고군의 진로를 예상하여 진로 상에 있는 토지를 사전에 초토화해 둠으로써 지치게 만들려고 한 것이다.

이 방법은 **적지에 있기 때문에 거의 모든 보급을 현지에서 약탈한 것으로 충당하던 카르타고군에게 야비해도 그만큼 효과적인 수단이기는 했다.**

그러나 예상과 다른 경우도 자주 있어서 작전은 완벽하다고 할 수 없었고, 무엇보다 초토화된 토지의 주민들에게 부담이 큰 작전이었다.

이 때문에 **민중과 원로원은 서서히 파비우스에게 비난의 목소리를 내기 시작했고,** 그의 임기가 끝나자마자 로마는 다시 적극적인 대책으로 전환. 새로운 집정관 **바로【※4】**와 **파울루스【※5】**를 선출하며 카르타고군과 결전을 치르게 되었다.

한편 카르타고군은 로마와 속주의 분단 공작을 하면서 이탈리아 반도 남쪽에 위치한 아풀리아와 캄파니아 지방에서 행동하고 있었다.

그러다가 로마 측의 움직임을 읽은 카르타고군은 칸나에에 있던 로마군의 보급 기지를 공격하여 탈취. 진군해서 다가오는 로마군을 이 지역에서 맞아 싸우게 된다.

로마군은 도발임을 알면서도 꿋꿋하게 칸나에로 진군한다. **아우피두스 강【※6】** 서쪽 기슭에 진을 친 카르타고군와 반대로 북쪽에 진을 치며 기원전 216년 8월 2일, 격렬한 전투가 시작되었다.

용어 해설

【※1】
활 모양으로 배치

당시의 전투는 전열이 무너진 시점에서 거의 승패가 결정된다. 앞으로 튀어나온 궁 모양으로 보병을 배치한 것은 밀려서 후퇴하는 공간을 확보함으로써 전선이 무너지지 않도록 하기 위해서이다. 카르타고군 보병은 대부분이 도중에 참전한 갈리아인. 한니발도 그들이 로마군의 중장보병에게 이길 승산이 없다는 것은 알고 있었다. 주 전력은 어디까지나 기병이며, 보병은 기병이 적의 뒤를 치기 전까지 시간만 벌 수 있으면 된다고 생각했던 것이다.

【※2】
동맹군 기병

로마군은 전쟁 때 반드시 동맹국 병사들도 참가하게 했다. 여기에는 단순히 전력을 증강한다는 이유뿐만 아니라 동맹국과의 결속을 다시 확인하는 의미도 있었다.

카르타고군이 로마군을 완전 포위

전투 당일 아침, 로마군은 아침 안개도 걷히기 전부터 대열을 갖추기 시작했다. 대열의 구성 자체는 지금까지와 같았지만, 이 날 포진에서는 보병의 종심(縱深)이 종래의 두 배였다.

지금까지 겪은 전투로 로마군은 카르타고군의 중앙이 약하다는 것을 알고 있었다. 그리고 적의 기병에게 포위당하기 전에 카르타고군 중앙을 무너뜨리면 승리하리라 생각했다.

이에 대해 카르타고군은 갈리아, 이스파니아 보병을 중앙이 앞으로 튀어나오는 **활 모양으로 배치【※1】**. 그 양 옆으로 아프리카병을 로마군과 마찬가지로 종심으로 배치하고, 또 우익에는 갈리아 누미디아 기병, 좌익에는 갈리아, 이스파니아 기병을 배치하였다.

드디어 로마군이 전진을 개시하면서 로마군 보병 대열과 카르타고군의 보병이 싸우기 시작했다. 약간의 두께는 유지하고 있었지만, 적대적으로 수가 적은 갈리아, 이스파니아 보병은 서서히 로마 보병에게 밀리기 시작했다.

그러나 적이 활 모양으로 배치되었기 때문에 전열을 가로 1열로 배치한 로마군 보병도 일부 병사만 싸우고 있어서 단숨에 밀고 들어갈 수 없었다. 후퇴하면서도 카르타고 보병의 전열은 흐트러지지 않았고, 이미 로마군의 계산에 차질이 생기고 있었다.

그 사이에 카르타고군의 갈리아, 이스파니아 기병이 로마 기병을 단숨에 물리친다. 우익에 배치된 누미디아 기병과 호각으로 싸우고 있던 **동맹군 기병【※2】**을 측면에서 공격하여 후퇴하게 만들었다.

이러는 동안 갈리아, 이스파니아 보병은 뒤로 튀어나온 궁 모양이 되며 돌파당할 뻔하지만, 이때 양쪽에 있던 아프리카 보병이 전진하면서 로마 보병의 측면을 공격. **후방에서는 기병대가 다가와 로마 보병을 완전히 포위하였고, 그대로 로마병은 바깥쪽부터 서서히 전력은 잃어 갔다.**

이 전투에서 로마군은 80명의 원로원 의원을 포함하여 약 50,000명이 전사. 생존자도 대부분이 포로가 되며 엄청난 피해를 입었다.

전 투 전 개

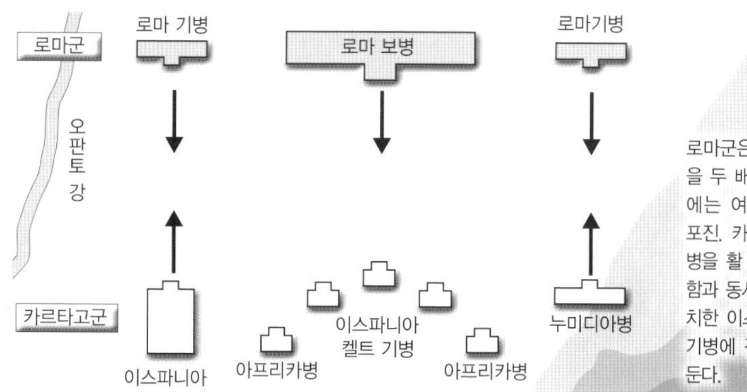

로마군은 보병의 종심을 두 배로 한 것 이외에는 여느 때와 같은 포진. 카르타고군은 보병을 활 모양으로 배치함과 동시에 좌익에 배치한 이스파니아, 켈트 기병에 전력의 중점을 둔다.

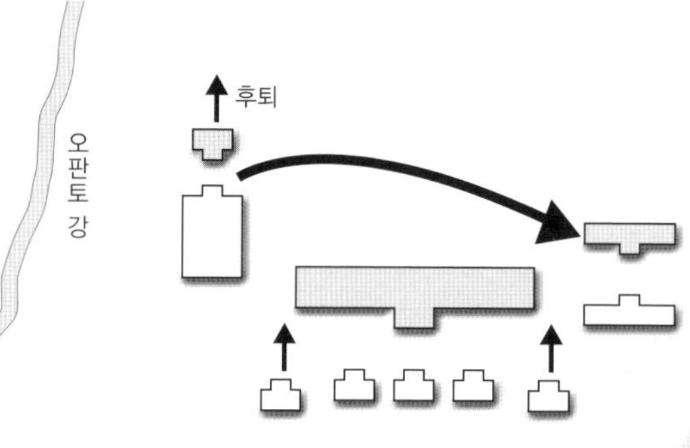

전투 개시 후, 카르타고군 보병은 밀리면서도 대열을 유지. 그러는 사이에 카르타고군 좌익에 배치한 기병이 로마 기병을 단숨에 물리치고 적 좌익 기병을 격파하러 향한다.

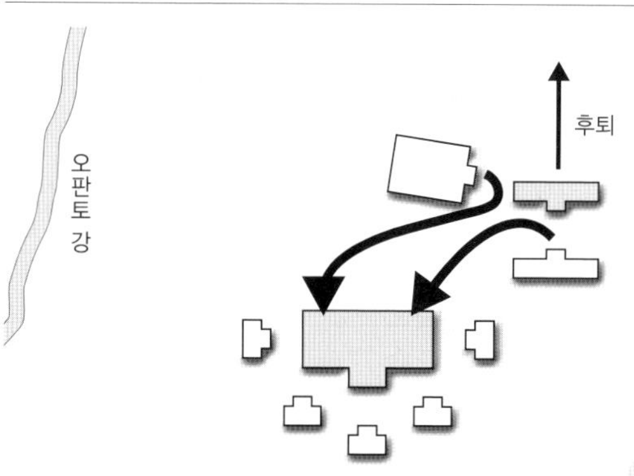

카르타고군 보병은 간신히 대열을 유지. 좌우로 배치된 아프리카 보병이 측면에서 공격하고, 적 기병을 격파한 카르타고군 기병이 적의 뒤쪽으로 다가오며 완전히 포위했다.

대(大) 스키피아, 칸나에 전투를 역으로 재현함으로써 카르타고군을 격파

자마 전투

기원전 202년

누미디아를 끌어들인 로마군은 칸나에 전투를 반대로 재현해 보이는 방법으로 한니발이 이끄는 카르타고군을 격파하였다.

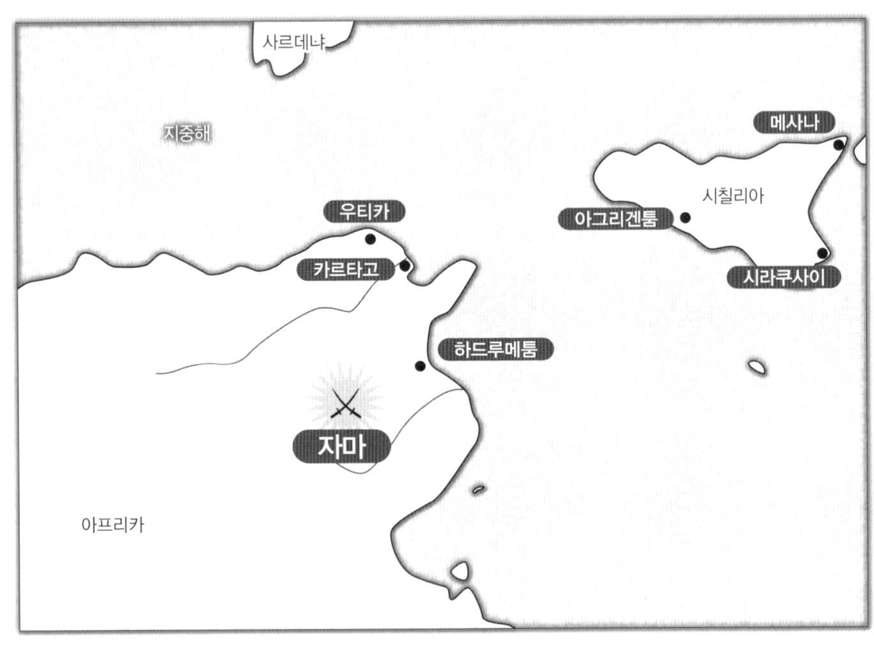

세력 비교

로마군		카르타고군	
지휘관	스키피오 아프리카누스	지휘관	한니발 바르카
총병력	30,000	총병력	40,000
기병	6,000	기병	4,000
보병	24,000	보병	36,000
		전투 코끼리	80마리

로마의 반격으로 궁지에 몰린 카르타고

카르타고군 지휘관 한니발은 **전투에서 로마군을 격파함으로써 로마 동맹 국가들의 동요를 불러일으켰고, 등을 돌리게 하는 것을 목적으로 삼고 있었다.**

그러나 로마와 동맹 국가들의 결속은 생각 외로 강했고, 칸나에에서 대승리를 이용해도 **카푸아【※1】**나 시라쿠라이 등 일부만 등을 돌릴 뿐이었다.

그렇다고 해서 한니발이 이끄는 카르타고군에게는 로마를 직접 공략할 수 있을 만큼의 전력도 없다. 한니발은 독자적으로 마케도니아(148페이지)와 동맹을 맺고 로마의 시선을 돌리면서 자신은 이탈리아 반도 남부 공략에 전념하기로 했다.

한편, 칸나에에서 대패를 경험한 로마는 **예전에 파비우스가 취한 방법이 정답임을 깨닫고**, 파비우스와 **마르켈루스【※2】**를 집정관으로 선출하며 사태를 바로 잡아보고자 했다.

지상에서는 패배와 후퇴가 계속됐지만, 여전히 제해권은 로마가 쥐고 있었다. 한편 카르타고군은 카르타고 본국의 느긋한 움직임에 충분한 보급을 받을 수가 없었다.

이럭저럭 하는 사이에 로마는 군 재정비에 성공. 만만치 않은 한니발과의 전투를 피하는 한편, 그를 지원하는 주변부터 무너뜨리기 위해 **대 스키피오【※3】**를 파견하여 이스파니아를 공략. 이스파니아를 관리하고 있던 **하스드루발【※4】**은 형과 합류하려고 이탈리아 반도로 향하던 도중에 격파당했다.

그 후 대 스키피오는 북아프리카에 침공. 카르타고와 누미디아 연합군을 물리친 뒤 보호하고 있던 **마시니사【※5】**를 누미디아의 왕으로 앉히고, 카르타고 공략에 참전한다는 약속을 받아냈다.

동요한 카르타고는 **서둘러 이탈리아에 있던 한니발을 소환하여 군을 재편하고, 로마군과 맞서 싸우기 위해 보낸다.** 그리고 기원전 202년 10월 19일, 대 스키피오가 이끄는 로마군과 한니발의 지휘 아래 움직이는 카르타고군은 자마 땅에서 결전을 벌였다.

용어 해설

【※1】 카푸아

이탈리아 반도 중부 남쪽에 있는 캄파니아의 도시. 카르타고와의 동맹으로 다시 독립하기를 원하고 있었다.

【※2】 마르켈루스

마르쿠스 클라우디우스 마르켈루스. 소극적인 대책 속에서 한니발을 추적하여 여러 차례 싸움을 걸며 소모하게 만들었다.

【※3】 대 스키피오

스키피오 아프리카누스. 트레비아 강 전투를 앞두고 부당을 당한 푸블리우스 코르넬리우스 스키피오의 아들. 원정에 반대하는 원로원이 묵인하는 형태로 북아프리카 공략에 나섰다.

【※4】 하스드루발

하스드루발 바르카. 한니발의 동생이며 하밀카르 바르카의 셋째 아들.

【※5】 마시니사

누미디아 동부 마에스리아의 왕. 이탈리아 반도로 출전한 사이 고국이 서쪽 마에스리아와 합병되면서 로마에 몸을 의탁하였다.

기병 전력과 시민병의 수준 차이가 명암을 가르다

대 스키피오가 이끄는 로마병과 한니발이 이끄는 카르타고군은 카르타고 남쪽에 위치한 자마 평원에서 싸우게 되었다. 양측의 포진을 보면, 로마군은 누미디아 기병을 좌익, 로마군과 동맹국 기병을 좌익에 배치. 보병대 편성은 종래와 같지만, **대열은 체크무늬가 아니라 3열 부대를 일직선상에 배치하고, 중대마다 간격을 넓게 벌렸다.**

그에 대해 카르타고군은 좌익에 누미디아 기병, 우익에 카르타고 시민 기병을 배치. 보병은 마고의 부하였던 병사들과 용병을 첫 번째 열에, 두 번째 열에 **카르타고 시민병【※1】**과 리비아, 페니키아 보병을 배치하였다. 이 두 번째 열에서 조금 뒤쪽으로 정예 부대를 배치하였다.

전투가 시작되고 양쪽의 **사격전【※2】**가 일단락되자, 카르타고군의 전투 코끼리 부대가 돌격을 개시. 그러나 로마군은 대열을 **가로로 대피【※3】**함으로써 통과시키고, 투창이나 활로 대부분을 쏘아 죽였다.

전투 코끼리의 돌격이 끝나자 이번에는 로마군 기병이 공격을 개시했는데, 카르타고군 기병은 후퇴하는 척을 하면서 로마군 기병을 유인하며 전장을 이탈. 보병 간의 전투가 시작되었다.

보병 수로는 카르타고군이 우세했다. 카르타고군은 **자군의 기병을 미끼로 적 기병을 전장에서 떼어 놓고, 그 사이에 로마군 보병을 격파하려고 했다.**

그러나 첫 번째 열의 용병들은 선전했지만, 두 번째 열에 있던 시민 보병이 전혀 **제 몫을 하지 못했다【※4】**. 하는 수 없이 한니발은 정예 부대를 전면에 내세워 끝을 보려고 했으나, 교착 상태가 되고 만다. 그리고 돌아온 로마군 기병에게 뒤를 공격당하며, 이 시점에서 카르타고군의 패배가 결정되었다.

로마에서는 평소 군역이 시민의 의무였던 것에 비해 용병에게 의존했던 카르타고 시민은 압도적으로 경험이 부족했다. 그것이 병사의 수준 차이로 나타나고 말았던 것이다.

용어 해설

【※1】 카르타고 시민병

전쟁을 용병에게 의지했던 카르타고에서도 유사시에는 귀족이 기병, 시민이 중장보병으로 싸우도록 되어 있었다.

【※2】 사격전

산병전이라고도 한다. 전투 개시 직전에 경장보병끼리 투창 같은 투사 무기를 사용하여 벌이는 것으로, 보병끼리 충돌하기 전에 전력을 깎아 둔다는 목적이 있다.

【※3】 가로로 대피

전투 코끼리는 기병보다 월등한 돌진력이 특징이지만, 갑작스러운 방향 전환은 할 수 없다. 그래서 돌진을 막으려고 하는 상대에게는 효과가 뛰어나지만, 회피를 선택한 순간 무력해지고 만다. 대 스키피오가 각 부대를 직선으로 배치하여 대열을 편성한 것은 전투 코끼리에 대응하는 방책이었다.

【※4】 제 몫을 하지 못했다

시민병에게는 전장에 설 경험이 부족했기 때문에 용병 부대가 밀리기 시작해도 앞으로 나서서 교대하려고 하지 않았다. 그래서 아군과 적 사이에 끼인 용병 중에는 화가 난 나머지 시민병에게 칼을 향하는 사람도 있었다고 한다.

전투 전개

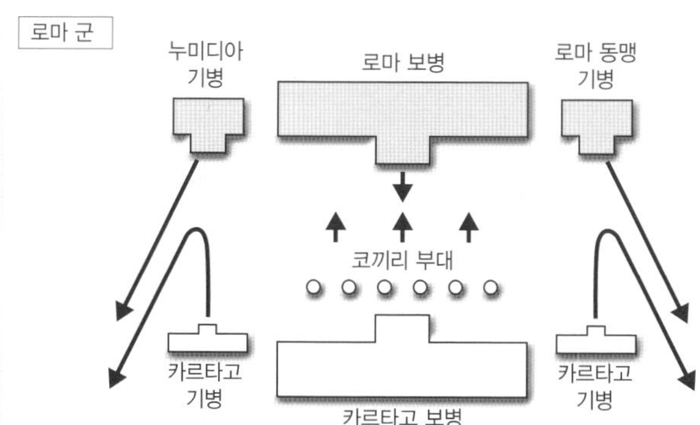

전투가 시작됨과 동시에 로마군 기병이 돌격. 카르타고 군 기병은 적 기병과 싸우다가 후퇴하는 척을 하며 전장 밖으로 끌어내고, 전투 코끼리가 돌격한다.

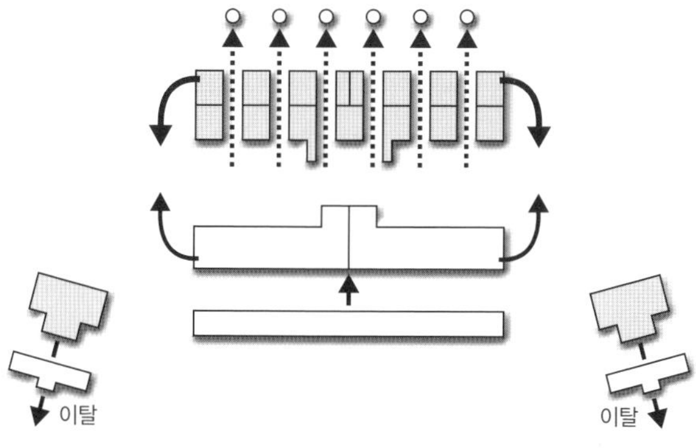

양쪽 기병이 전장을 이탈하고 카르타고의 전투 코끼리는 불발. 보병끼리 싸우기 시작하고 카르타고군은 첫 번째 열이 붕괴되려 할 때 대열을 좌우로 나눠서 제3열을 맨 앞으로.

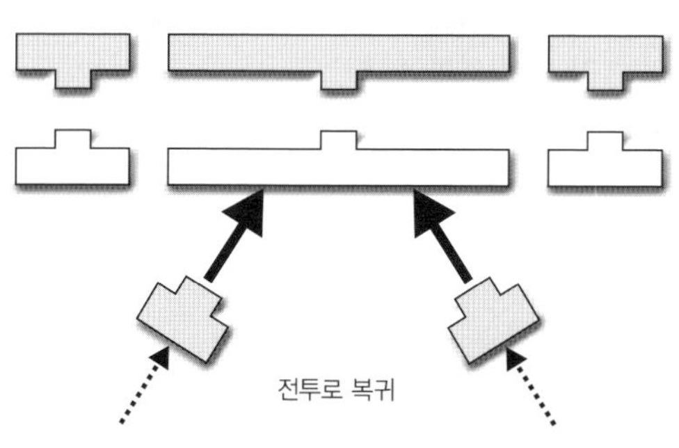

전열이 벌어진 카르타고군을 보며 로마군도 후방의 병사를 좌우로 보내서 대처. 전장으로 돌아온 로마군 기병이 카르타고군의 뒤에서 공격하며 승패가 결정된다.

지중해의 옛 지배자, 불길 속으로 사라지다

카르타고 공방전

기원전 149년

카르타고는 최후의 최후까지 시민을 마음을 하나로 모아 난적 로마에게 대항하였다.
그러나 이미 때는 늦었고, 카르타고는 잿더미로 변해버린다.

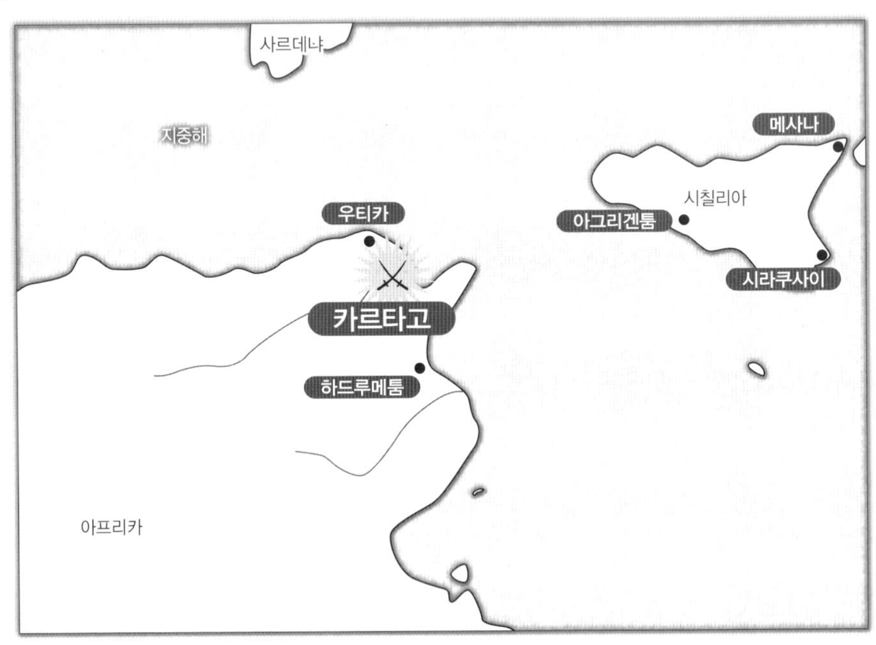

세력 비교

로마군	
지휘관	스키피오 아프리카누스
총병력	40,000

VS

카르타고군	
지휘관	한니발 바르카
총병력	90,000
수비병	90,000
시민	210,000

경이로운 부흥이 도리어 화가 되다

기원전 201년, 제2차 포에니 전쟁이 종결되었다. 패배한 카르타고는 해외 영토를 거의 다 잃고, **배상금【※1】**으로 10,000 탈렌트를 50년에 걸쳐서 지불할 의무를 지게 되었다.

또한 로마는 카르타고의 독립과 자치권을 인정하기로 하면서도, **로마의 허가 없이 전쟁을 하는 것을 금지하였기 때문에 실질적으로는 로마에 종속된 것과 마찬가지였다.**

그 반면, 전쟁의 영향으로 권세를 자랑하던 귀족의 힘이 약해지고, 민중에게서 신망을 얻은 한니발이 이번에는 정치가로 활약. 내정 개혁과 배후지 개척 등을 실행하며 성과를 올렸다.

그렇게 카르타고는 착실하게 부흥하며 마침내 로마가 청구한 배상금을 약정 기간 전에 다 갚을 수 있을 정도로 국력을 회복시켰다. 그러나 이 회복세가 카르타고에게 암운을 드리우게 된다.

이 무렵 로마의 비호를 받은 마시니사의 누미디아가 여러 차례 카르타고 영토를 침범했다. 마시니사가 국력이 쇠한 카르타고를 침략하려고 생각했던 것은 명백한 일이었지만, 카르타고는 자주적인 전쟁을 금지 당했기 때문에 자국 방어도 뜻대로 되지 않았다. 그때마다 로마에게 조정을 요청하고는 있었지만, **로마의 판결은 항상 누미디아에게 유리했고, 그뿐만이 아니라 로마는 마시니사의 침략 의도를 반쯤 묵인해주기까지 했다.**

그 후 누미디아의 행동은 점점 심해졌고, 결국 카르타고의 마을을 습격하게 되었다. 어쩔 수 없이 카르타고는 독자적으로 군을 편성하여 누미디아에 맞서지만, 패배하여 배상금을 지불하게 되고 말았다. 게다가 진작부터 카르타고의 부흥을 위협으로 보고 있던 로마가 이것을 구실로 선전포고를 한다. 카르타고는 저자세로 교섭을 거듭하였으나, 최종적으로는 **로마의 요구【※2】** 거절하며 전쟁이 시작되고 말았다.

용어 해설

【※1】
배상금

카르타고가 로마에게 지불하게 된 배상금은 1년에 200 탈렌트. 이것은 카르타고가 1년 동안에 얻는 농업 생산량보다 적었다. 해양 무역을 주 수입원으로 삼은 카르타고에게는 그다지 부담이 되지 않았을지도 모른다.

【※2】
로마의 요구

처음에 로마는 300명의 인질을 요구. 카르타고가 이것에 응하자 군대를 카르타고 북쪽에 상륙시키고 모든 무기를 넘길 것을 요구했다. 그리고 이에 응한 카르타고에게 로마는 도시를 불태울 것을 통보. 모든 주민에게 10마일(약 16㎞) 내륙으로 이주할 것을 요구하였다. 카르타고는 가까스로 로마가 처음부터 카르타고를 멸망시킬 작정이었음을 깨닫고 전쟁을 결심한 것이었다.

장렬한 최후를 맞이한 카르타고

기원전 149년, 이미 북아프리카 **우티카【※1】**에 상륙해 있던 로마군은 개전과 동시에 카르타고 시를 포위했다. 카르타고가 무기를 모두 넘겨받으며, 로마군은 이미 카르타로를 함락시키려고 생각하고 있었다.

그러나 **카르타고는 3중 방어벽으로 보호되고 있었으며, 평소에 군대는 없었지만 수많은 경비병이 존재하고 있었다.** 철저하게 항쟁의 각오를 다진 카르타고의 시민들은 시내에 있는 물건들로 새롭게 무기를 제작. 상선을 소유한 시민이 로마 해군의 눈을 피해 몰래 물자 보급을 하고 있었다고 한다.

이렇게 해서 카르타고의 시민은 로마군에게 포위된 상태에서 2년 동안이나 버텼다. 그러나 기원전 147년에 집정관이 된 **소(小) 스키피오【※2】**가 파견되면서 결국 명맥이 다하게 된다.

카르타고에 도착한 소 스키피오는 도시를 **포위한 상태를 다시 점검【※3】**하고, 보급을 완전히 끊어서 주민들이 약해지기를 기다린 다음 기원전 146년 봄에 공격을 개시하였다.

카르타고의 수비대와 시민의 방해로 공성 병기가 파괴되는 사고도 있었지만, 항구 근처 방어벽을 부수는 데 성공. 로마군 병사는 카르타고 시내로 밀고 들어갔다.

이때, 카르타고 시내에서는 이미 굶어 죽은 사람이 많이 있었지만, 남은 카르타고 시민은 로마군에게 격렬하게 저항했다. 저항 수단은 급조한 무기와 투석 정도였지만, 시민의 수는 로마군에 비해 압도적으로 많았다. 특히 비르사 언덕에 위치한 신전 부근에서는 100,000명이나 되는 시민이 농성 중이었으며, 로마군도 적지 않은 피해를 입었다.

마침내 소 스키피오는 불을 내서 태우도록 명령을 내리고, 전투가 시작되고 나서 약 일주일 뒤, 50,000명의 시민이 로마군에게 항복. 카르타고 도시는 완전히 불타서 **재가 되었다【※4】**.

용어 해설

【※1】 우티카

현재의 튀니지 북쪽에 위치한 고대 도시. 카르타고 서쪽에 위치했다.

【※2】 소(小) 스키피오

스키피오 아이밀리아누스. 대 스키피오, 스키피오 아프리카누스와는 양 숙부, 조카 사이였다.

【※3】 포위한 상태를 다시 점검

도시 자체가 견고한 성벽으로 둘러싸여 있었다고는 하지만, 보통 포위된 상태로 2년이나 버틸 수 있을 리는 없다. 그 전까지의 포위가 굉장히 엉성했다는 말이 되는데, 군을 이끄는 집정관은 시민의 선거로 당선된 정치가. 군사 전문가가 아니라는 점을 생각해보면 어쩔 수 없는 일이었을지도 모른다.

【※4】 재가 되었다

카르타고 시는 모두 불타 완전히 파괴되었다. 일설에 의하면 작물이 자라지 못하도록 소금이 뿌려져 있었다니, 당시의 로마인 얼마나 카르타고를 두려워했는지 알 수 있다.

전투 전개

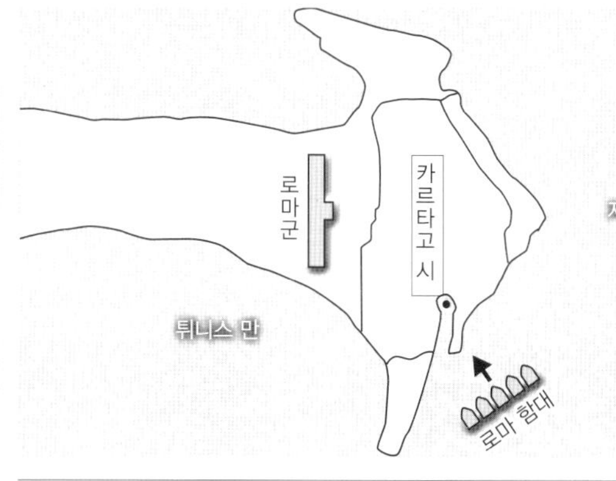

방어벽으로 둘러싼 카르타고에 대해 로마군은 지상의 포위를 다시 점검하면서 해상도 봉쇄. 보급을 끊고 주민들이 약해지기를 기다린 뒤 항구 쪽부터 공격을 개시한다.

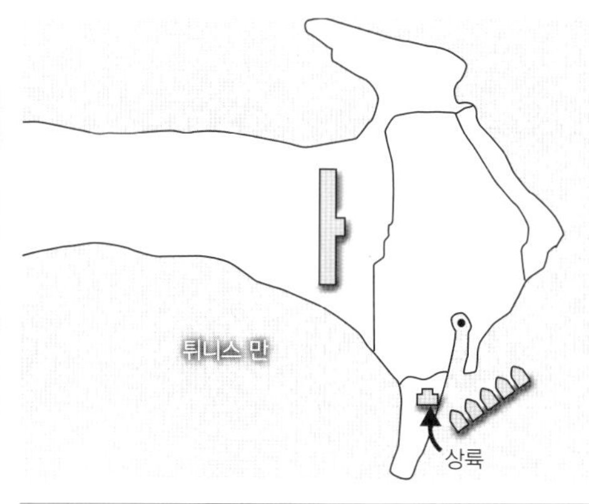

로마군은 도시의 남부로 튀어나온 육지에 병사와 공성 병기를 상륙시키며 도시 공격을 개시. 카르타고 쪽에서 방해도 있었지만, 방어벽 일부를 파괴하는 데 성공한다.

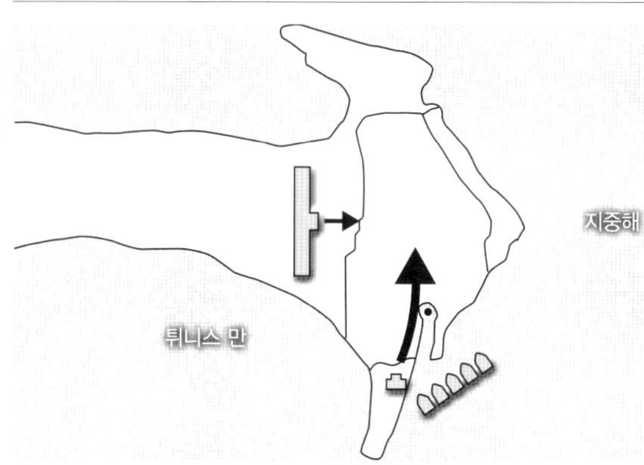

파괴한 방어벽 틈으로 로마군 병사가 도시 안으로 침입하여 육상에 있던 우군을 불러들인다. 카르타고의 수비병과 주민은 격렬하게 저항했지만, 일주일 뒤에 함락되었다.

알렉산드로스 3세를 배출한 대국

마케도니아

MACEDONIA

군사력 3 / 인재 2 / 영토 2 / 경제력 3

마케도니아식 팔랑크스를 고안해내며 지중해에서 압도적으로 강한 힘을 자랑한 강대국. 그러나 알렉산드로스 3세가 사망한 후에는 제국이 분열되는 등 쇠퇴의 길을 걷는다. 세력을 확장한 로마의 속주가 되었다.

거대 제국을 쌓아 올리며 헬레니즘을 탄생시킨 대국

기원전 7세기에 현재의 마케도니아 공화국, 그리스, 불가리아, 알바니아에 걸친 지역에 탄생한 국가. 초대 왕은 **카라노스【※1】**. 기원전 499년에 발발한 페르시아 전쟁에서는 페르시아 쪽에 가담하여 아테나이를 중심으로 한 그리스 연합과 싸운다.

그 후에는 국내에서 왕위 계승 싸움이 발발하거나 타국에서 빈번하게 침공하는 등 고난의 시대가 계속되지만, 기원전 359년에 **필리포스 2세【※2】**가 즉위하면서 가까스로 국내가 안정된다. 필리포스 2세는 **마케도니아식 팔랑크스를 창시하는 등 대담한 군제 개혁을 단행.** 그 결과 마케도니아 국력은 비약적으로 향상되며, 기원전 338년에 일어난 카이로네이아 전투에서는 드디어 그리스 연합군 격파에 성공. 이로써 마케도니아는 그리스 전역의 패자라 할 수 있는 존재로 우뚝 선다.

이렇게 해서 일약 강국이 된 마케도니아지만, 그 위세는 거기에서 그치지 않았다. 이어서 **알렉산드로스 3세【※3】**의 대가 되자, 이번에는 동방으로 판도를 확장. 기원전 333년에 일어난 이수스 전투, 이어진 아르벨라 · 가우가멜라 전투에서 다리우스 3세가 이끄는 페르시아군을 격파하고 그 땅을 정복했을 뿐만 아니라 **최종적으로는 인도 주변까지 다스리는 대제국을 구축하였다.** 그러나 매우 융성했던 마케도니아도 알렉산드로스 3세가 사망한 후에는 권력 투쟁으로 국내가 분열되는 등 쇠퇴의 길을 걷는다. 대국이 된 로마가 침공하게 되고, 제3차 마케도니아 전쟁(기원전 171~168년)의 패배로 로마의 속주에 편입되면서 그 역사의 막을 내리게 되었다.

용어 해설

【※1】
카라노스
마케도니아 왕국의 초대 왕. 재위는 기원전 808년~778년. 아르게아드 왕조의 시조이며, 그리스 신화에도 그 이름이 등장하는 등 전설적인 존재로 유명하다.

【※2】
필리포스 2세
마케도니아 왕국 25대 국왕으로, 유명한 알렉산드로스 3세의 아버지. 왕위에 오른 뒤 많은 개혁을 단행. 약소국가였던 마케도니아를 불과 몇 년 만에 강국으로 탈바꿈시켰다.

【※3】
알렉산드로스 3세
마케도니아 왕국 26대 왕으로 알렉산더 대왕이라는 이름으로도 잘 알려진 영웅. 재위는 기원전 336~323년. 아버지 필리포스 2세가 사망한 후 혼란스러운 국내를 진압. 그 후 동방 원정에 나서며 그리스에서 이집트, 페르시아, 인도에 이르는 대제국을 구축하였다.

마케도니아 세력도 ~전 171년경

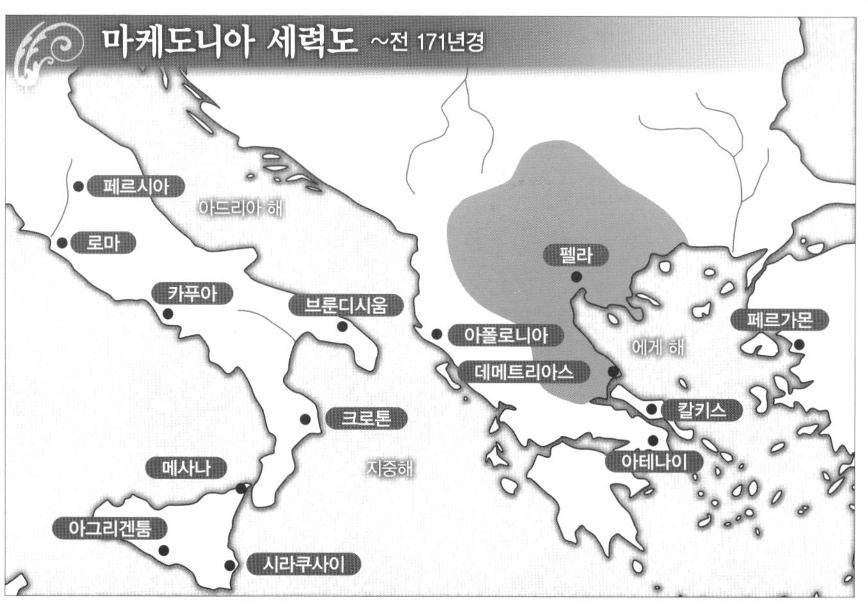

연표 ~마케도니아의 건국부터 멸망까지~

전 808년	마케도니아 왕국 건국
전 499년	페르시아 전쟁 발발. 페르시아 측으로 참전하여 그리스 연합과 싸우다
전 338년	카이로네이아 전투. 그리스 전역의 패자가 되다
전 333년	이수스 전투
전 331년	아르벨라·가우가멜라 전투. 페르시아 제국을 정복
전 323년	알렉산드로스 1세 사망. 후계자에 의한 권력 투쟁이 발발
전 306년	안티고노스 1세 모노프탈모스가 왕을 자처하다
전 301년	후계 전쟁 중 하나인 입소스 전투가 발발. 제국 분열의 결정적 원인이 되다
전 277년	안티고노스 2세 고나타스가 마케도니아 지방 통치에 성공. 사실상 안티고노스 왕조의 성립
전 221년	안티고노스 왕조 최후의 왕이 되는 필리포스 5세가 즉위
전 214년	제1차 마케도니아 전쟁 발발
전 200년	제2차 마케도니아 전쟁 발발
전 171년	제3차 마케도니아 전쟁 발발
전 168년	피드나 전투 ➡P.152
	안티고노스 왕조 마케도니아 멸망

마케도니아군의 특징

그리스, 페르시아를 차례로 제압하며 무적을 자랑하던 마케도니아군. 그 원동력이 되는 것은 중장보병에 의한 밀집진형 팔랑크스이다.

마케도니아군의 강함의 상징이 된 진형

마케도니아군의 주력이 되었던 것이 팔랑크스이다. 팔랑크스란 **중장보병에 의한 밀집대형**으로, 길이 5m 정도 되는 장창(사리사)를 주요 무기로 하고, 비교적 가벼운 갑옷과 둥근 소형 방패, 보조 무기로 검을 장비했다. 팔랑크스는 256명 16열의 중대로 편성되어 전략적으로는 6개 중대로 이루어진 대대에 의해 운용되었다.

그 기본적인 전술은 **철벽 방어력을 자랑하는 팔랑크스로 적군의 움직임을 막고, 그 틈에 헤타이로이라고 불리는 중장기병이 적군의 측면을 돌파하여 뒤에서 협공해서 적을 섬멸**하는 것이었다. 당시 긴 범위와 틈이 없는 진형을 자랑하는 팔랑크스를 정면에서 섬멸할 수 있는 병종은 존재하지 않았고, 그 존재는 알렉산드로스 3세에 의한 **동방 원정【※1】**의 원동력이 되는 등 오랫동안 마케도니아군의 강함의 상징으로서 주변 국가들을 공포에 떨게 만들었다.

용어 해설

【※1】
동방 원정

알렉산드로스 3세에 의한 동방 원정. 이 원정으로 인해 마케도니아는 소아시아(현재 터키 서부에서 중부), 이집트, 페르시아 제국, 소그디아나(중앙 아시아 방면), 인도 등을 지배 하에 두고 다스리는 대제국이 되었다.

마케도니아 이모저모 팔랑크스를 지원한 병종

마케도니아군에게는 위에서 언급한 병종 외에 경장보병과 경장기병, 근위보병(장창 중보병의 무게를 줄여 기동력을 향상시킨 부대), 테살로이 중장기병과 같은 병종이 존재했다. 이것들은 팔랑크스를 지원하는 병종으로, 경장보병과 경장기병은 투창과 활로 선제공격을 하거나 근위보병과 헤타이로이 중장기병과 연계하여 적 주력을 혼란스럽게 만드는 역할을 담당했다. 또 테살로이 중장기병은 수비에 특화된 기병으로, 주로 팔랑크스의 경호를 담당했다.

마케도니아군의 주요 병종

중장기병(헤타이로이)

약 500명으로 구성된 기병대. 무기로 검과 약 3m 정도 되는 창을 소지하였으며, 투구와 갑옷을 장비하였다. 뛰어난 기동력과 공격력을 겸비했으며, 팔랑크스로 적군을 제압하고 있을 때 투입되어 뒤에서 적을 섬멸하는 역할을 담당했다.

중장보병(팔랑크스)

5m 길이의 장창을 무기로 하며, 팔랑크스에 의해 전략적으로 운용되었다. 1개 중대는 16열로 이루어졌으며, 앞에 5열은 창 끝을 앞으로 내민 상태에서 적을 공격, 뒤쪽 열은 창을 위로 들어서 적의 활이나 투석을 방어하는 역할을 했다.

일러스트 : 츠키오카 케루

팔랑크스 전술의 뜻밖의 대패!

피드나 전투

기원전 168년 6월 22일

아무도 막을 수 없는 강함을 자랑하던 마케도니아군의 팔랑크스. 그러나 로마군의 뛰어난 전술로 그 신화는 맥없이 무너졌다.

세력 비교

로마군		VS	마케도니아군	
지휘관	루키우스 아이밀리우스·파울루스		지휘관	페르세우스
총병력	40,022		총병력	44,000
보병	35,000		장창밀집 중장보병	21,000
기병	5,000		보병	19,000
전투 코끼리	22		기병	4,000

로마vs마케도니아 운명의 제3라운드

피드나 전투는 기원전 171년에 공화정 로마와 마케도니아 왕국(**안티고노스 왕조【※1】**) 사이에 발발한 제3차 마케도니아 전쟁 때 벌어진 전투 중 하나이다. 이 전투는 양국의 승패를 결정지은 전투이며, **역사적으로는 마케도니아의 팔랑크스가 유연한 로마군에게 완패한 전투로도 알려졌다.**

로마와 마케도니아는 과거에 두 번 전쟁을 치렀는데, 첫 번째 전투가 된 것이 기원전 215년에 발발한 제1차 마케도니아 전쟁이다. **당시 아드리아 해나 그리스에 영향력을 키워 가고 있던 로마에게 강한 위기감을 느낀 마케도니아 왕 필리포스 5세**는 로마와 카르타고가 싸운 **제2차 포에니 전쟁【※2】** 시기를 이용해서 로마의 영향력을 없애고자 획책을 꾸몄고, 카르타고의 한니발과 동맹을 맺으며 로마와 대결했다. 이 계획은 일정한 성과를 남기지만 기원전 211년에 로마가 아이톨리아 동맹과 동맹 관계가 되면서 마케도니아는 조금씩 열세를 면치 못하게 되고, 또 한니발이 자마 전투(140페이지)에서 로마에게 패배함으로써 계획은 실패로 끝난다.

그럼에도 집념으로 똘똘 뭉친 필리포스 5세는 제2차 마케도니아 전쟁을 일으켜 다시 로마에게 맞서지만, **키노스케팔라이 전투【※3】**에서 대패를 당함으로써 그 계획은 완전히 무너진다. 그 결과 마케도니아는 그리스 전역에서 군대 철수, 1,000탈란톤의 배상금과 함대 양도, 왕자를 인질로 로마에 보내는 등 **굴욕적인 조건에서의 화친을 받아들이게 되었다.** 이렇게 해서 한 번은 철저하게 완패를 당한 마케도니아지만, 기원전 179년에 필리포스가 죽고 뒤를 이어 페르세우스가 즉위하면서 다시 한 번 군비 확장 노선을 걷게 되고, 페르가몬 왕국에 침공을 개시한다. 이런 상황에 로마는 페르가몬을 구하고자 그리스로 군대를 보낸다. 이렇게 해서 로마와 마케도니아의 제3차 마케도니아 전쟁이 시작된 것이다.

용어 해설

【※1】 안티고노스 왕조

알렉산드로스 3세가 사망한 후 그가 이룬 대제국이 분열되어 생긴 왕국. 셀레우코스 왕조, 프톨레마이오스 왕조와 나란히 주요 3왕국 중 하나로, 알렉산드로스 3세의 후계자 중 한 명인 안티고노스 1세 모노프탈모스의 손자 안티노고스 2세에 의해 기원전 271년에 마케도니아 지방에 세워졌다.

【※2】 제2차 포에니 전쟁

기원전 219년부터 기원전 201년까지 공화정 로마와 카르타고 사이에서 일어난 전쟁. 카르타고의 장군 한니발로 인해 로마군이 궤멸에 가까운 피해를 입은 칸나에 전투가 유명하다.

【※3】 키노스케팔라이 전투

기원전 197년에 테살리아의 키노스케팔라이에서 티투스 퀸크티우스 플라미니우스가 이끄는 로마군과 필리포스 5세가 이끄는 마케도니아군 사이에서 일어난 전쟁. 로마군의 사망자는 700명인 것에 비해, 마케도니아군은 사망자 8,000명, 포로 5,000명이라는 막대한 손해를 입었다.

무적의 마케도니아 밀집진형, 로마군에게 대패를 당하다

제3차 마케도니아 전쟁이 발발하고 나서 3년 후인 기원전 168년, 로마군과 마케도니아 군은 **피드나 땅【※1】**에서 마주친다. 이때 양쪽 군의 병력은 로마군이 약 29,000(보병 24,500, 기병 4,500)이었던 것에 비해 마케도니아군은 약 44,000(그 중 팔랑크스 21,000)으로 큰 차이를 보였다. 그래서 **정면으로 싸우면 마케도니아의 승리는 틀림없는 것처럼 보였다.** 특히 팔랑크스는 마케도니아의 핵심이었고, 로마군이 승리하기 위해서는 어떻게든 팔랑크스를 뚫어야만 했다.

이러한 상황 속에서 먼저 움직인 것은 마케도니아군이었다. 팔랑크스로 인해 정면 대결에서는 최강을 자랑하는 마케도니아군은 로마군 진지를 향해 전진을 개시. 이에 반대로 로마군은 슬금슬금 후퇴하다가 결국 진지가 있는 **오로크론 산【※2】**까지 밀리게 된다. 이렇게 **처음에는 마케도니아군이 우위에 서서 전투를 이끌고 있는 것처럼 보였다. 그러나 실제로는 그렇지 않았다.** 왜냐하면 여세를 몰아 로마군을 추격하는 사이에 마케도니아군의 밀집진형은 완전히 무너진 상태가 돼버렸기 때문이다. 이래서는 팔랑크스 본래의 강한 위력을 발휘할 수 없었다. 그리고 로마군 역시 이 승기를 놓치지 않았다. 로마군은 바로 돌아서더니, 진형이 흐트러져 허점투성이가 된 마케도니아군 쪽으로 돌격하기 시작했다. **진형 사이로 들어가 난전으로 만들자 상황에 빠르게 대처하지 못하는 마케도니아의 팔랑크스는 장검을 가진 로마군의 좋은 먹잇감이 되며 궤멸에 가까운 피해를 입었다.** **플루타르코스【※3】**에 의하면 이 전투에서 로마군 사망자는 80~100명이었던 것에 비해, 마케도니아군의 사망자는 25,000명에 이르렀다고 한다. 역사적으로 완벽한 참패였고, 이로 인해 마케도니아는 지중해에서의 지배력을 잃었다. 얼마 뒤 마케도니아는 로마에 의해 분할 통치되면서 멸망하게 되었다.

용어 해설

【※1】 피드나 땅
발칸 반도 동부에 있는 올림포스 산 북동쪽, 현재의 카테리니 남서쪽 부근에 위치한 평원.

【※2】 오로크론 산
피드나 근처에 있는 산. 초반에 로마군이 이 산허리까지 후퇴한 것은 마케도니아의 밀집대형을 무너뜨리기 위해 일부러 울퉁불퉁한 산허리까지 도망치는 유인 작전을 쓴 것이었다고도 전해진다.

【※3】 플루타르코스
46년 또는 48년경~127년경까지 살았던 제정 로마 시대의 그리스인 저술가. 플루타크라고도 불린다. 고대 그리스 최대의 저술가로서 유명하며, 3세기경에 편찬된 목록에 따르면 『플루타크 영웅전』을 비롯하여 227권이나 되는 책이 그의 작품이라 한다.

전 투 전 개

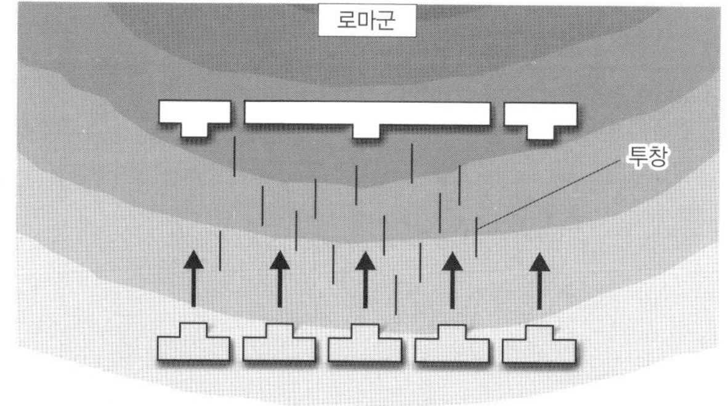

정면 돌격에 압도적으로 자신감을 가지고 있는 마케도니아는 로마군을 잡기 위해 팔랑크스를 전진시킨다. 이에 로마군은 투창 등으로 응전하지만, 양쪽 군대의 거리는 서서히 좁혀진다.

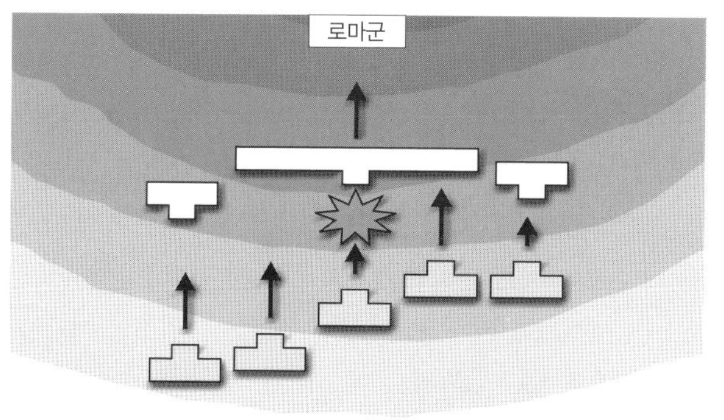

무수히 많은 창으로 압박하는 팔랑크스의 압력을 견디지 못하고 로마군은 잇달아 후퇴. 어쩔 수 없이 본진이 있는 오로크론 산의 산허리까지 철수를 한다. 한편 마케도니아군은 여세를 몰아 그 뒤를 쫓는다.

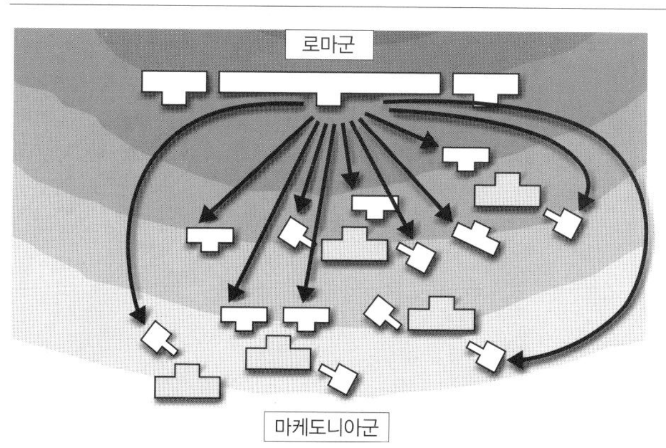

울퉁불퉁한 산허리가 전장이 되면서 마케도니아의 팔랑크스 진형이 흐트러진다. 이 모습을 본 로마군은 부대를 작게 나누며 진형이 흐트러진 틈을 타 난전을 만드는 데 성공. 장창으로 신속하게 대처할 수 없는 팔랑크스는 장검을 가진 로마군에게 허무하게 패하였다.

로마를 괴롭힌 용감한 민족

갈리아

GALLIA

군사력 2 / 인재 3 / 영토 3 / 경제력 2

여러 부족이 독립된 사회를 이룬 갈리아. 그러나 기원전 58년에 총독이 된 카이사르의 침략에, 거의 모든 지역이 로마의 지배 하에 놓이게 되었다.

갈리아 전쟁에서 카이사르에게 패하고 로마 문화권의 일원이 되다

갈리아란 고대 로마인들이 「갈리아인」이라고 부른 **켈트계 민족【※1】**이 사는 지역을 가리킨다. 지리적으로는 주로 현재의 북이탈리아부터 프랑스, 벨기에, 스위스 및 네덜란드와 독일에 해당하며, **여러 부족이 각각 영역을 가지고 생활하는 부족 사회로 이루어졌다.**

갈리아는 예전부터 로마의 침략을 받았는데, 처음으로 속주가 된 것은 이탈리아 반도 북부에 위치한 갈리아 키살피나(갈리아 키테리오르)라고 불리는 지역으로, 로마화가 진행된 후에는 갈리아 토가타라고도 불렸다. 다음으로 로마의 속주가 된 것은 알프스 서쪽, 현재의 남프랑스에 해당하는 지역에 위치한 갈리아 트란살피나로, **아우구스투스【※2】** 시대가 되면서 이 속주는 갈리아 나르보넨시스라고 개명되었다. 이에 대해 **알프스 서쪽과 북쪽 갈리아는 갈리아 트란살피나(갈리아 울테리오르)라고 불리며, 현재 「갈리아」로 쓰는 경우는 이 경우를 가리키는 경우가 많다.**

이 지역들은 오랫동안 자유 독립을 유지하고 있었지만, 기원전 58년에 이미 로마령이 된 갈리아 키살피나와 갈리아 트란살피나의 속주 총독으로 가이우스 율리우스 카이사르가 임명되면서 본격적으로 로마의 침공을 받게 된다. 갈리아 전역을 정복하고자 계획한 카이사르는 기원전 58년부터 프랑스 중·북부와 벨기에 쪽으로 원정을 개시. 이것을 갈리아 전쟁이라 부르며, 9년에 걸친 싸움 끝에 갈리아군은 제압당하고 거의 전역이 로마의 지배 하에 놓이게 되었다.

용어 해설

【※1】 켈트계 민족

인도유럽어족 켈트어파 민족. 중앙아시아 초원에서 전차, 마차를 이끌고 유럽으로 건너온 것으로 추측되며, 브리튼 제도의 아일랜드, 스코틀랜드, 웨일스, 콘월에서 이주한 브르타뉴의 브리튼인 등에게 그 민족과 언어가 남아 있다.

【※2】 아우구스투스

기원전 63~14년. 카이사르의 양자로 로마 제국의 초대 황제. 기원전 27년부터 41년 동안이나 황제로 재위하였으며, 지중해 세계를 통일하고 원수정이라 불리는 통치 체재를 수립. 팍스 로마나(로마의 평화)를 실현했다. 또 로마를 예술의 도시로 만들고자 시인과 역사가 등을 비호하며 라틴 문학의 황금시대를 이루었다.

갈리아 세력도 ~전 264년경

연표 ~갈리아와 로마의 갈등의 역사~

전 390년경	공화제 로마에 침공하여 로마 시 근교에서 벌인 알리아 전투에 승리. 로마 시내를 유린하다	
전 58년	로마의 카이사르가 갈리아에 침공(갈리아 전쟁 개시)	
전 54년	에부로네스족 족장 암비오릭스가 반란. 로마군 1개 군단을 궤멸시키다	
전 53년	카이사르가 에부로네스족에게 보복 공격을 개시. 에부로네스족을 섬멸하다	
전 52년	아르베르니족 베르킨게토릭스가 항복하며 갈리아는 로마군의 속주가 되다	
	아바리쿰 포위전. 로마군에게 함당당하다	➡P.160
	알레시아 포위전. 베르킨게토릭스가 항복하며 갈리아는 로마군의 속주가 되다	➡P.164

갈리아군의 특징

통솔이나 전술 면에서는 로마군보다 뒤처지는 갈리아군이지만, 뛰어난 기동력과 지형 파악 능력을 살린 신출귀몰한 게릴라전으로 노련한 로마군을 몹시 힘들게 하였다.

게릴라 전술로 로마군을 괴롭히다

갈리아 군대에 대한 기록이 적어서 자세한 것을 알 수 없다. 하지만 전해지는 이야기에 따르면 보병은 장창, 투창, 투석기, 몽둥이, 검으로 무장하였고, 기본적으로 방패 이외에 무거운 방어구는 착용하지 않았다. 또 기병은 기창으로 무장하였으며, 간혹 중장기병으로서 돌격하는 경우도 있지만, **대부분은 기동력을 중시한 경장이었다고 한다.** 갈리아인은 용감한 민족이었지만, 군으로서 봤을 때는 원래 **다른 부족【※1】**의 연합체라는 점도 있어서, 지휘 제도나 운용 능력은 매우 변변치 못했다. 그렇기 때문에 로마군과 정면에서 정정당당하게 대치해도 도저히 대등하게 겨룰 수 있는 수준이 아니었다고 할 수 있다. 그렇지만 갈리아군의 진면목은 군으로서 통제보다 오히려 **경장으로 인한 뛰어난 기동력과 타고난 지형 파악 능력을 살린 게릴라 전술**에 있으며, 특히 경장기병은 여러 차례 로마군에게 피해를 주는 등 갈리아군의 핵심으로서 크게 활약했다.

용어 해설

【※1】
다른 부족

『갈리아 전기』에 의하면, 갈리아 부족은 크게 아키타니아인, 벨가이인, 켈타이인, 이렇게 세 계통으로 나눌 수 있으며, 아키타니아인은 아르베르니족 등 23부족, 벨가이인은 네르비족 등 19부족, 켈타이인은 하이두이족 등 26부족이 존재하고 있었다고 한다.

갈리아 이모저모 — 갈리아 전쟁에서 사용한 전술

로마군과 맞서 싸우면서 갈리아군이 사용한 전술은 크게 게릴라전, 병참 분석, 초토 작전, 이렇게 세 가지였다. 이 중 초토 작전이란 이용 가치가 있는 자국의 시설이나 식자재를 모두 태워 없애서 침공한 적군이 영토 내에서 식량이나 연료를 조달하거나 시설에서 쉬는 것을 못 하게 하는 전술을 가리킨다. 여기에 게릴라전과 병참 분석을 더한 갈리아군의 공격은 이국땅에서 장기간에 걸쳐 가혹한 원정을 계속하는 로마군을 몹시 괴롭혔다.

갈리아군의 주요 병종

갈리아 보병

무기는 장창, 투창, 투석기, 몽둥이, 검 등. 방어구는 방패를 장비했지만, 기본적으로는 경장이었으며, 맨몸으로 싸우는 사람도 적지 않았다고 한다. 군대로서의 숙련도는 낮아서 유연하고 통일된 지휘 계통을 가진 로마군과는 격차가 매우 컸다.

일러스트 : 츠키오카 케루

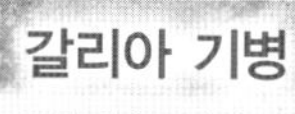

갈리아 기병

중장기병도 있었으나 대부분 경장기병이며, 뛰어난 기동력을 활용한 신출귀몰한 작전에 강했다. 이러한 기병은 부족 중 귀족 신분에 해당하는 자들로 구성되었으며, 병사로서의 숙련도나 사기, 전술은 일반 보병보다 월등하였다.

일러스트 : aohato

천연 요새 아바리쿰을 둘러싼 공방

아바리쿰 포위전

기원전 52년

3면이 강과 습지대로 둘러싸인 천연 요새 아바리쿰. 난공불락인 이 요새를 함락시키기 위해 카이사르는 놀라운 전술을 펼쳐 보인다.

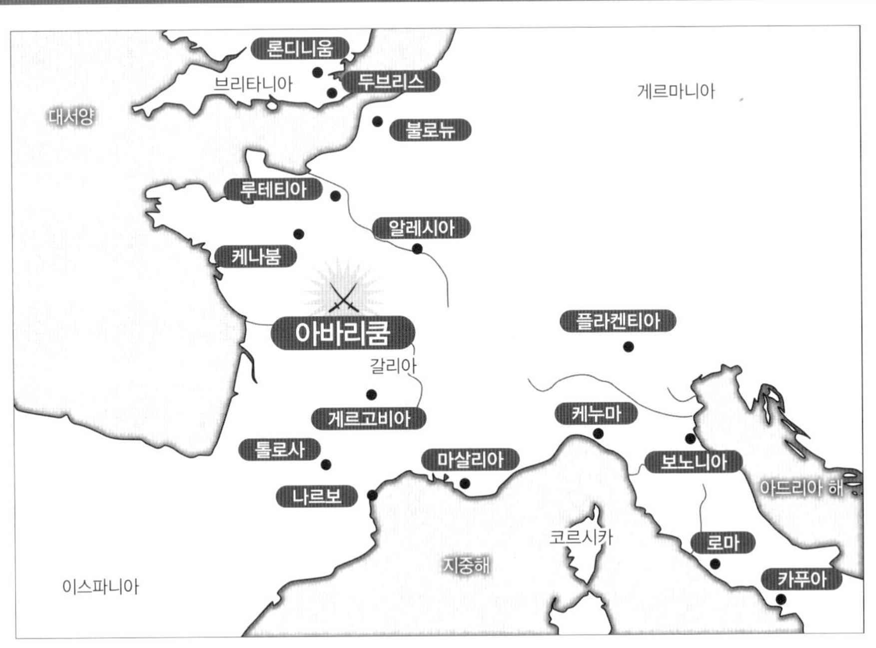

세력 비교

로마군		VS	갈리아군	
지휘관	율리우스 카이사르		지휘관	베르킨게토릭스
총병력	35,000~40,000		총병력	10,000
8개 군단	35,000~40,000		갈리아군	10,000
			(시민)	40,000

거듭되는 로마의 침략에 갈리아 연합군, 봉기하다!

카이사르가 실행한 갈리아 정복은 카이사르가 직접 쓴 기록서 『갈리아 전기』에 자세히 나와 있다. 이 책에 의하면 갈리아 정복을 계획한 카이사르는 기원전 58년에 현재의 스위스에서 갈리아로 이주를 시도한 헬베티족과 갈리아로 세력을 확장한 게르만인 왕 아리오비스투스를 각각 격퇴. 기원전 57년에는 벨기에 쪽으로 원정에 나서서 이 지역에 거주하던 부족을 제압하였다. 또 기원전 55년에는 자주 갈리아로 침공하는 게르만인을 쫓아내기 위해 지원 거점이었던 브리튼 섬으로도 원정을 나섰다.

이처럼 카이사르는 여러 차례 갈리아에 군사 개입과 원정을 반복했는데, 이에 갈리아 부족 중 하나인 에부로네스족이 저항을 하기 시작했다. 기원전 54년, 에부로네스족의 새로운 족장이 된 **암비오릭스【※1】**는 다른 부족과 협력해서 로마군의 동계 야영지를 급습. 로마군 1개 군단을 궤멸시키는 등 큰 타격을 주는 것에 성공한다. 이에 격분한 카이사르는 이듬해 에부로네스족에게 대규모 보복 공격을 개시. 에부로네스족은 강인한 로마군 앞에 힘없이 무릎을 꿇었고, 일족은 완전히 멸망하게 되고 말았다.

그러나 그 후에도 반(反)로마의 불씨는 갈리아에서 사그라지지 않았고, 기원전 52년에는 결국 **베르킨게토릭스【※2】**를 지도자로 내세우며 갈리아 전역의 반란이 발발한다. 베르킨게토릭스는 갈리아 각 부족을 하나로 모아서 로마와 대적할 통일 부대를 조직한 뒤, 각지에서 게릴라전과 로마군의 보급로 차단 작전 등을 전개. 이미 로마의 속주가 된 부족까지도 반기를 드는 사태에 강한 위기감을 느낀 카이사르는 직접 대군을 이끌고 갈리아군을 진압하기 위해 길을 나선다. 놀라울 정도로 신속하게 베르킨게토릭스 측 거점을 차례로 함락시키더니, 마침내 갈리아의 요새 아바리쿰에서 베르킨게토릭스와 대치하게 된다.

용어 해설

【※1】
암비오릭스

생몰년 미상. 갈리아 부족 중 하나인 에부로네스족의 족장. 처음에는 카이사르와 좋은 관계를 쌓았지만, 기원전 54년에 반란을 실행. 가짜 정보로 로마군을 유인해 낸 뒤 격파한다. 그 후 다른 부족과도 연계하여 반로마의 의지를 표명하지만, 이듬해 카이사르에 의해 허무하게 진압되고 말았다. 또한 이 전투에서 정작 암비오릭스는 달아났다고 전해지지만, 그 후의 기록이 없어서 자세한 것은 확실하지 않다.

【※2】
베르킨게토릭스

기원전 72~46년. 갈리아 부족 중 하나인 아르베르니족 출신. 젊은 나이로 족장이 된 뒤 갈리아 여러 부족을 모아 연합군을 조직하고 카이사르의 갈리아 침략에 격렬하게 저항하였다. 군인으로서 평가가 높으며, 최후에는 패하였지만 통일 조직이 아닌 갈리아를 결속시키고 몇 번이나 로마군을 괴롭혔기 때문에 「프랑스 최초의 영웅」이라고도 칭송받고 있다.

불과 25일 만에 성과 연결된 거대한 둑을 완성시키다

반란군 제압을 위해 갈리아에 침공한 로마군은 **비투리게스족【※1】** 약 40,000명이 농성 중인 아바리쿰으로 진군한다. 갈리아군의 베르킨게토릭스는 처음에 초토 작전을 제안했지만, 이 성새를 거점으로 삼은 비투리게스족은 이에 반대. **천연 요새인 이 성새를 로마군이 함락시키는 것은 불가능하다고 주장했고, 베르킨게토릭스도 이에 납득했다.**

비투리게스족의 주장한 대로 아바리쿰은 공격하는 측 입장에서는 매우 공격하기 어려운 도시였다. 왜냐하면 **아바리쿰은 삼면이 강과 습지대로 둘러싸인 곳이라 공격할 수 있는 곳은 한 방향뿐이었기 때문이다.** 그래서 힘으로 이곳을 함락시키는 것은 매우 어려운 일이며, 만약 할 수 있다 해도 막대한 피해가 나오는 것은 피할 수 없는 일임에 틀림없었다. 그래서 **카이사르【※2】**는 목재를 쌓아 **성과 연결하는 거대한 둑【※3】**과 공성탑 두 개를 만들고, 이를 이용하여 단숨에 아바리쿰으로 침입하는 작전을 쓴다. 한편 아바리쿰 측도 성벽을 보강하거나 성벽에 망루를 세워서 카이사르의 둑 높이에 대항하는 것과 동시에 자주 성 밖으로 나와서는 로마군의 공사를 방해하였다. 또 성 안에서 갱도를 판 뒤 땅 밑에서 불을 붙여 둑을 무너뜨리려고도 했다. 로마군은 이러한 아바리쿰 측의 저항이나 초토 작전으로 인한 **식량난【※4】** 등으로 괴로워하면서도 착공한 지 25일 만에 폭 100m, 높이 24m의 둑을 완성시킨다. 이것을 본 아바리쿰 측은 앞뒤 재지 않고 총공격에 나서지만, 허무하게 격퇴당하고 만다. 그리고 그 다음 날, 비가 세차게 오는 가운데 카이사르는 완성한 둑을 이용하여 요새 공략을 개시한다. **비 때문에 시야가 좋지 않아서 아바리쿰 측 성세는 방심하고 있었기도 해서 성새는 쉽게 함락.** 성 안에 있던 시민은 허겁지겁 도망치지만, 로마군 이런 시민들은 가차 없이 학살. 결국 약 40,000명에 달하던 시민 중 살아남은 사람은 불과 800명이었다는 기록이 전해지고 있다.

용어 해설

【※1】 비투리게스족
르와르 강 유역에 살고 있던 갈리아인 유력 부족.

【※2】 카이사르
카이우스 율리우스 카이사르. 공화제 로마의 정치가로, 영어 발음인 줄리어스 시저로 더 잘 알려져 있다. 뛰어난 군사적 재능을 가지고 있으며, 갈리아를 평정하면서 이름을 떨쳤다.

【※3】 성과 연결하는 거대한 둑
번갈아 쌓아 올린 목재 사이를 흙과 돌로 메워 축조한 담. 이것을 높이 쌓아 길을 만듦으로써 수비 측 성벽을 무력하게 만들었다.

【※4】 로마군의 식량난
당시 로마군은 베르킨게토릭스의 초토 작전으로 현지에서의 물자 조달이 생각한 것처럼 되지 않아서 심각한 식량난 상태였다. 그러나 아바리쿰을 점령하면서 간신히 충분한 식량 조달에 성공. 한숨을 돌린 로마군은 이 후 아르베르니족의 수도 게르고비아로 향하게 된다.

전투 전개

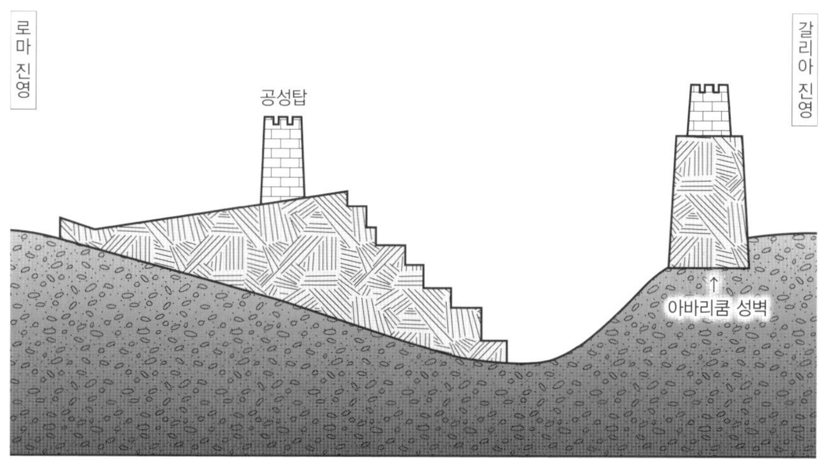

3면이 강과 습지대로 둘러싸인 천연 요새 아바리쿰을 공략하기 위해, 카이사르는 성과 연결하는 둑과 공성탑을 만들게 한다. 한편 아바리쿰 측도 성벽을 보강하거나 성벽 쪽에 망루를 세우면서 이에 대항한다.

아바리쿰 측은 땅 밑으로 갱도를 파서 안쪽에서 둑을 태우려고 하지만 실패. 결국 건설한 지 25일 만에 둑이 거의 완성되고, 그 다음 날 아바리쿰은 함락되었다.

갈리아군의 맹공을 견딘 완벽한 봉쇄선

알레시아 포위전

기원전 52년 8월~10월

아바리쿰이 함락된 후 궁지에 몰린 갈리아군은 마지막 요새인 알레시아로 철수. 일족의 존망을 걸고 카이사르와 대결을 벌인다.

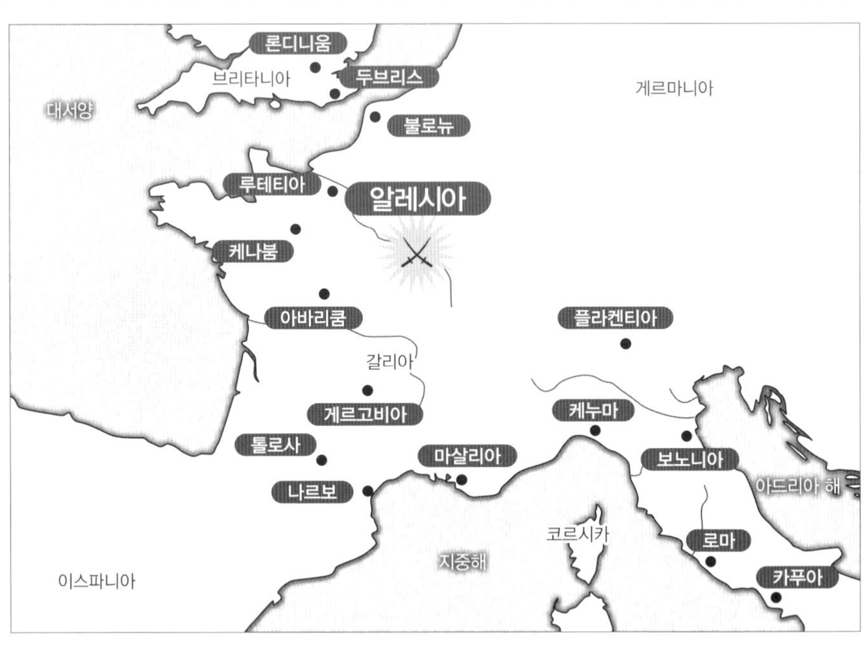

세력 비교

로마군	
지휘관	율리우스 카이사르
총병력	30,000~60,000
12개 군단	30,000~60,000

VS

갈리아군	
지휘관	베르킨게토릭스 크리토그나투스
총병력	338,000
알레시아군	80,000
구원군 보병	250,000
구원군 기병	8,000

게르고비아 전투

아바리쿰을 함락시킨 후 카이사르는 다음 목표로 아르베르니족의 도시 게르고비아를 침공하기 시작한다. **게르고니아【※1】**에 도착한 카이사르는 이 도시가 조금 높은 언덕 위에 있으며, 정면에서 공략하는 것은 힘들다고 판단한 뒤, 포위 전술로 갈리아군의 보급을 차단하고 전투력을 약화시키는 작전을 채용한다. 이에 베르킨게토릭스는 그때까지 친로마파 부족이었던 **하이두이족【※2】**를 불러서 로마에게 반기를 들고 갈리아 연합으로 들어오도록 만든다. 그리고 이러한 반로마의 움직임은 다른 지역에도 확산되었고, 이렇게 친로마파 부족이 등을 돌렸을 경우 로마군은 보급이 끊겨서 고립될 가능성이 있었다.

이 점을 염려한 카이사르는 게르고비아에서 베르킨게토릭스를 불러내어 단판에 승부를 내려고 하지만 베르킨게토릭스는 의도대로 움직여주지 않았고, 작전은 실패로 돌아간다. 결국 이 전투에서 로마군은 700명 이상의 전사자와 6,000명 이상의 부상자를 내며 큰 피해를 입게 되고, 더는 포위가 불가능하다고 판단한 카이사르는 군을 재편하기 위해 친로마인 **세콰니족【※3】**의 영토로 철수하기로 결정. 그러던 중 카이사르는 성가신 갈리아 기병에게 대항하기 위해 새로 게르만인 기병을 고용하였다.

한편, 게르고니아의 승리로 기세등등해진 베르킨게토릭스는 몰래 로마군의 뒤를 쫓고, 타격을 더 주기 위해 디종 근교에서 싸움을 걸었다. 그러나 로마군에 새로 가입한 게르만 기병들의 활약에 갈리군은 이 전투에서 예상치 못하게 패배하고 만다. 이번에는 갈리아 측이 달아날 차례였고 베르킨게토릭스는 만두비족의 도시 알레시아로 숨어들었다. 이것을 승기라 여긴 카이사르는 철수를 중지한 뒤 이 도시를 포위하였고, 얼마 뒤 우군인 라비에누스의 군단이 합류함으로써 전력도 60,000명으로 회복. 이렇게 해서 갈리아 전기 최후의 결전인 알레시아 포위전이 시작되었다.

용어 해설

【※1】
게르고니아

베르킨게토릭스의 출신 부족인 아르베르니족의 주요 도시. 현재의 프랑스 클레르몽페랑 근교에 위치하였으며, 지금도 그 유적을 볼 수 있다.

【※2】
하이두이족

갈리아인 부족 중 하나. 오래 전부터 로마의 지원을 받은 부족으로, 기원전 123년에는 로마에게서 「로마 국민과 피로 이어진 형제」라는 칭호를 받는다. 갈리아 전쟁에서는 베르킨게토릭스의 제안에 따라 갈리아 연합군으로 참가하지만, 패배 후에는 로마에게 항복하였다.

【※3】
세콰니족

갈리아인 부족 중 하나. 오래 전부터 로마의 지원을 받은 부족으로, 기원전 123년에는 로마에게서 「로마 국민과 피로 이어진 형제」라는 칭호를 받는다. 갈리아 전쟁에서는 베르킨게토릭스의 제안에 따라 갈리아 연합군으로 참가하지만, 패배 후에는 로마에게 항복하였다.

로마군vs갈리아군의 최종 결전

알레시아【※1】로 진군한 카이사르는 **전체 길이 15㎞에 달하는 봉쇄 시설을 구축.** 알레시아 전체를 포위하는 봉쇄 시설은 상당히 치밀하게 설계된 것으로, 먼저 알레시아 앞쪽에 폭 6m의 참호가, 그곳에서 120m 뒤쪽으로 폭 4.5m의 제2, 제3참호가 만들어졌다. 또 제3참호 뒤로는 높이 3.6m나 되는 흙성과 나무 방책이 설치되었고, 그 위에는 24m 간격으로 망루가 건조되었다. 여기에 제1과 제2 참호 사이에는「경계 말뚝」이라는 끝이 뾰족한 나무 말뚝이 박힌, 깊이 1.5m의 참호가 파여 있었다. 그리고 경계 말뚝 앞에는 경계 말뚝과 마찬가지로 끝이 뾰족한「리리움」이라는 말뚝을 박아 놓은 함정이 1m 간격으로 여덟 줄 파여 있었고, 그 밖에 갈고리형 칼날이 붙어 있는「스티머러스」라는 말뚝을 지면에 박은 시설까지 설치되었다.

이에 베르킨게토릭스는 갈리아 여러 부족에게 구원 부대 파병을 요청. 이 요청을 받고 **250,000명이 넘는 대규모 군대**【※2】가 알레시아에 도착하게 된다. 갈리아의 구원군은 알레시아 서쪽에 진을 친 뒤 봉쇄선을 돌파하기 위해 로마군과 전투를 벌인다. 기병전이 중심이 된 첫 전투에서 로마군은 처음에 고전했지만, 게르만인 기병들이 분투하면서 가까스로 승리하였다. 그리고 이틀 후, 구원군은 로마군을 야습하지만, 또다시 봉쇄선 돌파에 실패. 그래서 **구원군은 북서쪽에 있는 레아 산에서 급습하는 작전을 세우고, 이 작전을 전달받은 알레시아의 갈리아군도 마지막 총공세에 나선다.** 이 전투는 굉장히 치열했지만 카이사르는 은밀히 봉쇄선을 우회하여 구원군 뒤를 칠 부대를 보냈고, 이 부대가 등장으로 구원군 전선은 순식간에 붕괴되며 도망칠 수밖에 없었다. 그렇게 승리의 희망을 잃은 베르킨게토릭스는 결국 항복을 결심. 갈리아군의 저항은 끝이 나고 이후 5세기가 넘는 세월 동안 로마에게 지배를 당하게 되었다.

용어 해설

【※1】 알레시아

로마군과 갈리아군의 최후 결전지가 된 알레시아이지만, 그 위치는 오랫동안 수수께끼에 싸여 있었다. 후보지로는 알레스와 알리즈 생트 렌, 이렇게 두 곳을 들 수 있는데, 2004년에 실시한 조사에서 알리즈 생트 렌에 포위선의 흔적으로 보이는 것이 발견되자 이곳이 알레시아라는 결론이 내려졌다. 하지만 주변 지형이『알레시아 전기』의 기술과 다른 점 때문에 다른 곳이라는 반론도 있으며, 현재도 논의의 대상이 되고 있다.

【※2】 250,000명이 넘는 대규모 군대

이 숫자는『알레시아 전기』에 기록된 것이지만, 현대의 역사가들은 이 갈리아 측 병력은 명백하게 과장이 섞여 있으며, 실제로는 50,000~70,000명 정도일 것이라고 말하고 있다.

전투 전개

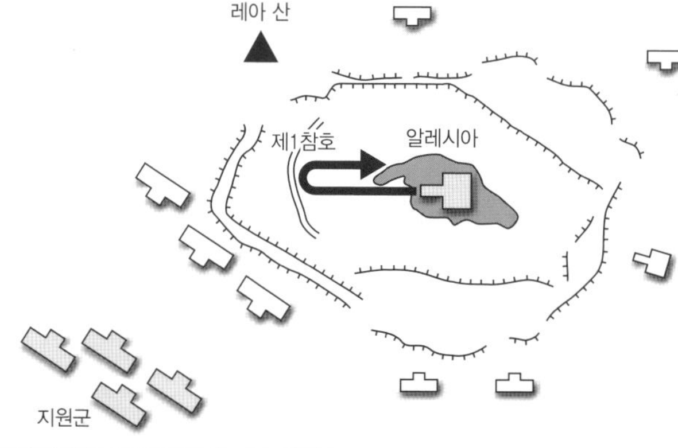

알레시아 서쪽, 봉쇄선에서 1,5㎞ 떨어진 위치에 진을 친 갈리아 구원군은 봉쇄선을 돌파하기 위해 로마군을 공격하지만, 격퇴당하고 만다. 출격을 시도한 알레시아의 갈리아군은 구원군이 후퇴하자 어쩔 수 없이 되돌아갈 수밖에 없었다.

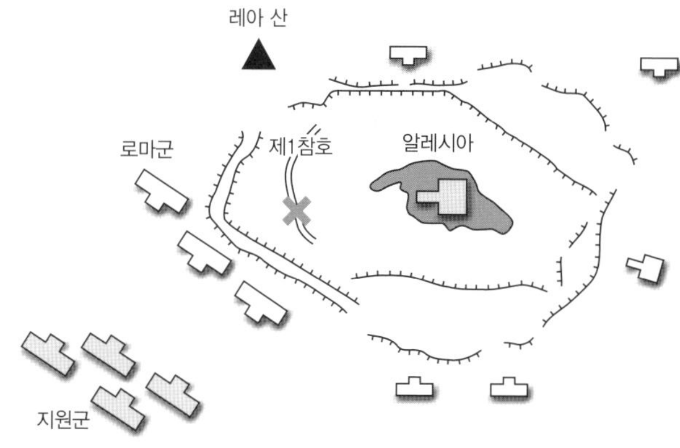

이어서 갈리아군은 로마군을 야습하고 봉쇄선을 돌파하기로 계획한다. 하지만 어두운 것이 화가 되어 오히려 로마군이 설치한 「리리움」과 「스티머러스」의 먹이가 되면서 큰 피해를 입는다. 한편 동시에 출격한 알레시아의 갈리아군은 제1참호를 메우는 데 시간이 걸려서 협공에 실패한다.

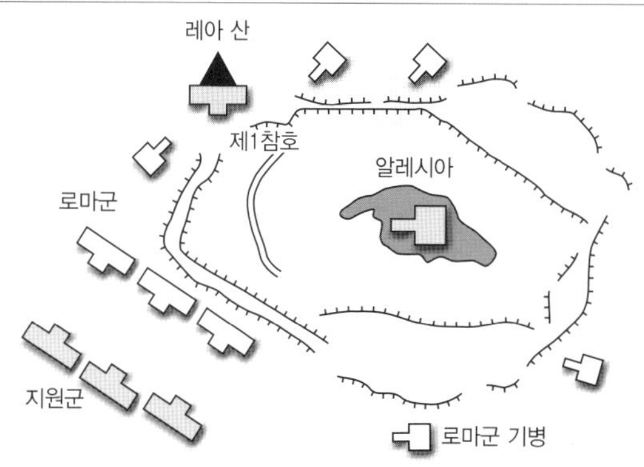

갈리아 구원군은 서쪽에 있는 레아 산으로 크게 우회한 뒤 여기서 급습할 작전을 세운다. 높은 곳에서의 공격에 로마군은 애를 먹지만, 별동대가 구원군 뒤를 공격하면서 형세가 역전된다. 구원군은 완전히 패배하며 도망쳤고, 패배를 깨달은 알레시아의 갈리아군은 이후 항복하였다.

로마와 몇 번이나 싸운 라이벌

파르티아

PARTHIA

군사력 4
인재 4
영토 3
경제력 3

유목민으로 구성된 파르티아 왕국은 지방의 작은 세력에서 메소포타미아부터 인더스 강까지 지배하는 대국으로 비약하지만, 로마와의 계속된 전쟁 후 마지막에는 내란으로 인해 멸망하였다.

오랫동안 로마와 호각으로 싸우지만 내분으로 멸망

파르티아는 기원전 247년경에 파르니 씨족의 장 **아르사케스【※1】**가 카스피 해 남동부부터 이란 고원 동북부에 건국한 왕국이다. **파르니 씨족은 원래 중앙아시아 유목민이었으나, 파르티아 지방에 정착하면서 이후에는 「파르티아인」으로 불리게 된다.**

처음에는 단순히 중앙아시아 근처 지역을 다스리는 지방 세력 중 하나에 지나지 않았지만, 미트라다테스 1세(재위 : 기원전 171~138년)의 치세가 되자 박트리아와 바빌로니아 원정을 반복하고 이 도시들은 지배 하에 두는 등 그 영토를 비약적으로 확대해 나갔다.

또 미트라다테스 2세(재위 : 기원전 123~87년경)의 시대에는 메소포타미아 북부와 카라케네 왕국, 소아시아의 아르메니아 왕국을 복속시키는 것에 성공. **메소포타미아에서 인더스 강까지를 지배하는 대국이 되며,** 미트라다테스 2세는 이란 지방의 패자라는 뜻을 지닌 「바실레우스 바실레이온」(왕 중의 왕)이라는 칭호를 쓰는 등 파르티아는 전성기를 맞이하게 되었다.

그 후 기원전 50년대가 되자 영토를 둘러싸고 로마와 여러 차례 싸우게 된다. 이 로마와의 싸움을 「파르티아 전쟁」이라고 하며, 기원전 53년에 제1차를 시작으로 약 250년 동안 총 여덟 번에 걸쳐 싸웠다. 또 200년대에는 내란도 자주 발생하게 되고, 220년에는 내란을 틈타 침략한 페르시아 왕 **아르다시르 1세【※2】**의 공격을 받았으며, 더 나가아 전역에 반란이 확산되면서 226년에 왕국은 멸망했다.

용어 해설

【※1】
아르사케스

파르티아의 초대 왕. 재위는 기원전 247~211년경. 아르사케스는 고대 그리스어 발음으로, 현지어로는 「아르샤크」라고 부른 것으로 추측된다. 기원전 211년경에 사망하였으며 아들 아르사케스 2세가 뒤를 이었는데, 그 이후 파르티아에서는 모든 왕이 아르사케스의 이름을 칭호로 삼으면서 파르티아는 「아르케사스 왕조」라고도 불렸다.

【※2】
아르다시르 1세

약 400년 동안 이어진 아르케사스 왕조 페르시아를 무너뜨리고 새로 사산 왕조 페르시아 제국을 세운 초대 군주. 재위는 226~240년. 파르티아나 로마 제국과 싸우며 이란 고원에서 서아시아에 이르는 대국을 평생에 걸쳐 만들었다.

파르티아 세력도 ~전 53년경

연표 ~파르티아의 건국부터 멸망까지~

전 247년경	아르사케스가 파르티아를 건국하며 초대왕이 되다	
전 164년경	박트리아에 침공하며 두 개 주를 정복	
전 148~147년	메디아의 수도였던 엑바타나를 함락시키다	
전 141년	바빌로니아의 중심 도시 셀레우키아를 함락시키다	
전 123~95년경	카라케네를 종속시키다	
	아르메니아를 종속시키다	
전 53년	제1차 파르티아 전쟁(카레 전투)	➡P.172
전 39년	제2차 파르티아 전쟁	
2년	제3차 파르티아 전쟁	
58년	제4차 파르티아 전쟁	
113년	제5차 파르티아 전쟁	
161년	제6차 파르티아 전쟁	
194년	제7차 파르티아 전쟁	
217년	제8차 파르티아 전쟁	
226년	페르시아의 침략 등으로 파르티아 멸망	

파르티아군의 특징

원래 유목민이었던 파르티아인들은 뛰어난 기동력을 구사한 기병 중심의 전술을 활용하며 강한 로마군과도 호각으로 승부를 펼쳤다.

기병 중심의 신출귀몰한 전투가 주요 전술

파르티아군의 최대 특징은 무조건 기병을 중시했다는 부분이다. 파르티아인은 기병만으로 구성된 군대를 발달시켰으며, 전쟁에는 갈아타기 위한 말을 몇 마리나 끌고 오는 등 늘 뛰어난 기동력을 유지할 수 있도록 했다. 이것은 **스텝 유목민【※1】**의 관습을 받아들인 것으로, 이 덕분에 파르티아는 전략적으로 우수한 기동력을 발휘할 수 있었다. 파르티아군 기병은 크게 중장기병과 궁기병으로 나뉘며 귀족은 전자로, 가신은 후자로 활동하였다.

파르티아 전쟁에서 로마군은 뛰어난 기동력을 지닌 파르티아군을 상대로 제대로 된 전투로 끌고 가지 못한 채 오히려 보급 차단과 같은 게릴라 공격에 애를 먹었다. 파르티아군 역시 자신들보다 더 숙련도가 높고 뛰어난 장비를 보유한 로마군의 진군을 막지 못하고 여러 차례 도시나 성새가 함락되었다.

용어 해설

【※1】
스텝 유목민
중앙아시아 스텝(초원)에서 말이나 양을 주로 키우는 유목민. 대표적으로 몽골 유목민이나 키르기스 유목민 등이 있다. 스텝 유목민은 말과 양이 움직이는 대로 광활한 스텝을 여기저기 이동하면서 생활했으며, 의식주의 거의 대부분을 목축하면서 나오는 생활품으로 꾸렸다.

파르티아 이모저모 — 파르티아의 말

파르티아군의 중심을 담당하던 기병이지만 그 강함의 비밀은 말에도 있었다. 파르티아산 말은 머리가 작고 가늘며, 겁이 없고 다리가 빠른 것으로 알려졌다. 파르티아인은 평소부터 밭이랑처럼 일정한 간격으로 울퉁불퉁하게 만든 땅에서 말 훈련을 하며, 작은 보폭으로 빨리 걸을 수 있도록 만들었다(트롯). 이러한 훈련으로 인해 파르티아의 말은 놀랄 정도로 거침없이 달릴 수 있었으며, 전투 중에 이동이나 공격을 할 때에 빛을 발했다고 한다.

파르티아군의 주요 병종

궁기병

합성궁을 무기로 한 기병이며 파르티아군의 주력 병종으로서 활약. 경장비 방어구를 장착하고 높은 기동력을 발휘하여 적의 측면이나 배후를 치거나 추격하던 적을 앞지른 뒤 공격하는 전법을 주로 사용하였다.

중장기병

장창과 금속 조각을 비늘 모양으로 이어 붙인 갑옷으로 무장한 기병. 주로 귀족처럼 신분이 높은 사람이 속했다. 기본적으로는 궁기병이 적군을 지치게 만들어 놓으면 돌격해서 적들을 궤멸시키는 역할을 담당했던 것으로 보인다.

일러스트 : aohato

잘못된 판단으로 인해 로마군이 대패하다!

카레(카르헤) 전투

기원전 53년

자신들의 명예를 위해 파르티아에 침공한 크라수스. 그러나 익숙지 않은 사막 전투에서 파르티아군에게 대패를 당하고 만다.

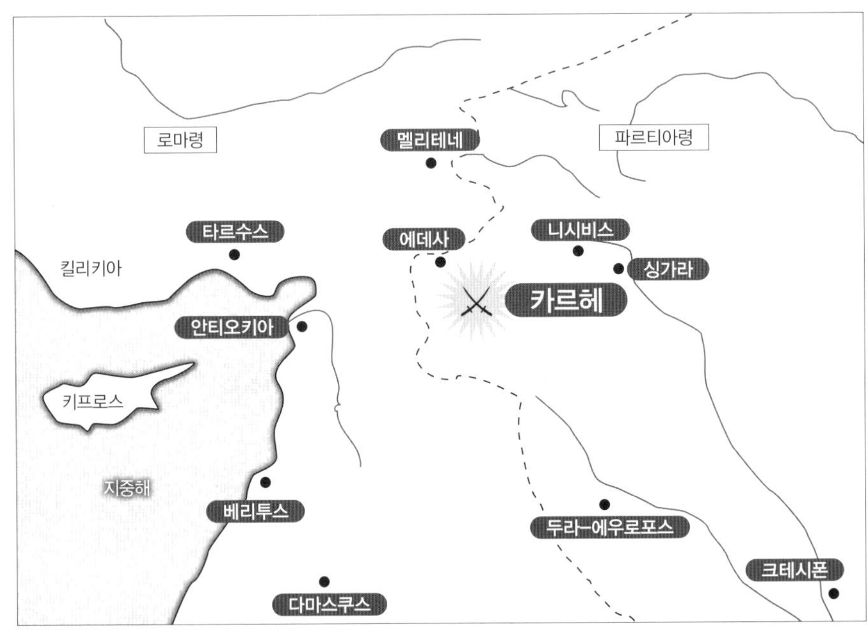

세력 비교

로마군		VS	파르티아군	
지휘관	마르쿠스 크라수스		지휘관	수레나스
총병력	44,000~52,000		총병력	11,000~11,500
중장기병	37,000~45,000		중장기병	1,000~1,500
승마궁병	7,000		승마궁병	10,000

크라수스가 이끈 로마군이 파르티아에 침공

로마와 파르티아가 처음 접촉한 것은 기원전 92년에 로마가 아나톨리아와 아르메니아를 정복하고, 로마의 군인이자 정치가인 술라【※1】가 파르티아의 사자와 유프라테스 강 근처에서 회담을 했을 때이다. 처음에 **양국은 좋은 관계였지만, 로마의 횡포에 그 관계는 금방 악화되었다.**

기원전 55년에 로마의 크라수스는 자신의 군사적 명예를 위해 파르티아 원정을 계획하였다. 로마 원로원은 이에 반대했지만 카이사르와 폼페이우스가 찬성하면서 이 원정은 실행에 옮겨졌다.

기원전 54년, 크라수스가 이끄는 로마군은 시리아의 안티오키아에 거점을 두고 파르티아령에 침공하여 카레, 제노도티아, 니케포리온, 이크나이와 같은 메소포타미아 북서부 도시를 제압했다. **당시 파르티아는 내전으로 혼란 상태였기 때문에 로마군은 쉽게 이 도시들은 손에 넣을 수 있었다.** 그 후 크라수스【※2】는 보병 7,000명과 기병 1,000명을 도시에 주둔시킨 뒤 자신은 안티오키아로 돌아와 겨울을 보냈다. 겨울 동안 파르티아군은 이 도시들은 되찾기 위해 공격했지만, 로마의 주둔군에게 격퇴를 당하며 결국 한 곳도 탈환하지 못했다.

이듬해 크라수스는 파르티아를 향해 다시 군사 행동을 개시한다. 이때 협력을 자청하던 아르메니아 왕 아르타바스데스 2세【※3】는 산악 지대에서 몸을 숨기기 쉬운 점, 보급로가 용이한 점 등을 들어 아르메니아 영내를 지나 파르티아에 침공할 것을 조언한다. 그러나 크라수스는 이 제안을 거절하고 시리아에서 동쪽으로 이동하여 유프라테스 강을 건너 남동쪽에 위치한 사막 지대를 통과하여 파르티아로 향하는 경로를 선택한다. 처음에 아르메키아는 원군을 파병하겠다고 나섰지만, 이러한 이유로 결국 파병을 철회하게 되었다.

용어 해설

【※1】
술라

정식 이름은 루키우스 코르넬리우스 술라 펠릭스(기원전 138~78년). 공화정 로마 시대의 군인이자 정치가로, 귀족 계급 출신자로 벌족파의 지도자가 되었으며, 민중파와 대립. 이 투쟁에서 승리하며 강력한 벌족파 정권을 만들었다.

【※2】
크라수스

마르쿠스 리키니우스 크라수스(기원전 115~53년). 공화정 로마 시대의 정치가이자 군인. 제3차 노예 전쟁에서 스파르타쿠스를 물리치며 카이사르, 폼페이우스와 함께 삼두정치를 실시하였다. 카레(카르헤) 전투에서 패배한 뒤 철수하다가 파르티아군에게 잡혀 처형당했다.

【※3】
아르타바스데스 2세

아르메니아 왕국 아르탁시아스 왕조의 국왕. 재위는 기원전 53~34년. 처음에는 로마와 동맹을 맺고 있었는데, 기원전 53년에 카레 전투에서 로마가 패배하자 오로데스 2세가 여세를 몰아 아르메니아에 침입하였다. 그로 인해 로마와 관계를 끊고 파르티아와 동맹 관계를 체결하였다.

용어 해설

【※1】
오로데스 2세

아르사케스 왕조 파르티아의 왕. 재위는 기원전 57~38년. 기원전 54년부터 시작된 로마군의 침공에 메소포타미아 영토를 잃지만, 카레 전투에 승리하면서 그 위협을 제거하는 데 성공한다. 또 로마령 일부를 공격하여 승리를 거두었다. 그러나 그 이후로도 로마와의 영토 전쟁은 끊이지 않고, 왕위가 여러 번 바뀌는 동안에 총 여덟 번의 전쟁(파르티아 전쟁)을 반복하게 된다.

【※2】
푸블리우스

크라수스의 아들. 정식 이름은 푸블리우스 리키니우스 크라수스(?~기원전 53년). 갈리아 전쟁에서는 카이사르의 밑에서 기병 대장으로 종군. 아리오비스투스가 이끄는 게르만인과의 보세구스 전투에서 중요한 역할을 한다. 기원전 57년부터는 총독 부관(레가투스)으로서 로마 군단을 지휘. 대서양 연안 지역(아르모리카)의 갈리아인 부족들을 복종시키는 등 여러 성과를 남겼다.

기동력을 살린 파르티아군의 공격에 로마군이 대패

로마군의 침공을 안 파르티아 왕 **오로데스 2세【※1】**는 부하 수레나스에게 로마군을 물리치라는 명령을 내린다. 수레나스는 자신의 사병을 이끌고 출격하고, 카레 근교에 위치한 사막 지대에서 로마군과 대치한다. 이 사병은 대부분이 활을 장비한 경장 기병으로, 총병력은 11,000명 정도였다. 이와 반대로 로마군은 44,000~52,000명의 대군이어서 **정면에서 부딪치면 파르티아군에게 승산은 없을 것처럼 보였다.** 그러나 작열하는 사막을 장시간 행군한 로마병 대부분은 탈수 증세와 열사병으로 쇠약해져 있었다. 게다가 사막의 심한 흙먼지로 인해 시야가 많이 차단되었다. 이런 가운데 수레나스는 자신의 군 병력을 적게 보여서 상대를 방심시키기 위해 일부러 군을 세로로 길게 세운 뒤 그대로 정면을 향해 진군했다. 예상보다 더 적은 파르티아군이 정면에서 돌격해 온다고 생각한 크라수스는 쉽게 이길 수 있으리라 생각했다. 그러나 **정면에서 돌격하는 것은 그저 눈속임이었고, 실제로 파르티아 기병들이 한 것은 정사각형으로 진형을 만드는 로마군을 포위하는 것이었다.**

크라수스는 곧장 반격을 명했지만, 기동력이 뛰어난 파르티아군은 로마군과의 접근전을 피하면서 능란하게 말을 몰며 화살을 쐈다. 이대로라면 방어만 하다 끝이 날 것이라고 판단한 크라수스는 분대를 이끌고 가서 이들을 몰아내라고 아들인 **푸블리우스【※2】**에게 명령한다. 하지만 푸블리우스가 공격하자마자 파르티아병은 바로 방향을 틀어 달아나버린다. 푸블리우스는 그 뒤를 추격하지만 그 앞에는 더 많은 파르티아병이 기다리고 있었다. 파르티아군에게 포위당해 고립된 푸블리우스 분대는 각개 돌파의 희생물이 되었고, 푸블리우스는 그 자리에서 자결. 이 전투는 해가 질 때까지 계속되었는데, 결국 로마군은 변변한 반격을 하지 못한 채 도망칠 수밖에 없었고, 그 후 크라수스도 파르티아군에게 잡혀 처형당했다.

전 투 전 개

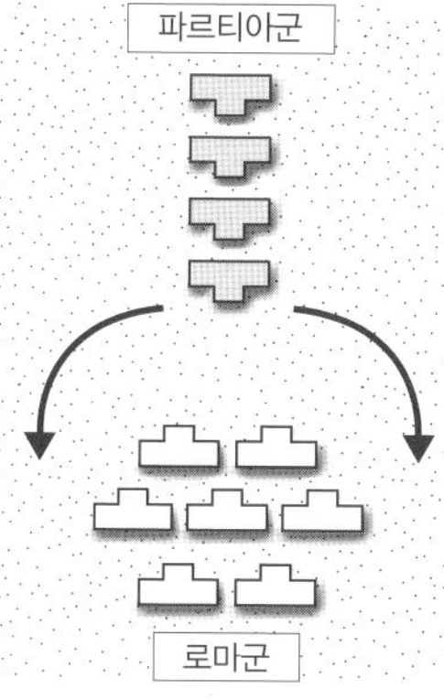

파르티아군의 장군 수레나스는 병력을 적게 보여 상대의 방심시키기 위해 군을 세로로 길게 세운 뒤 정사각형의 진형을 만드는 로마군을 포위한다.

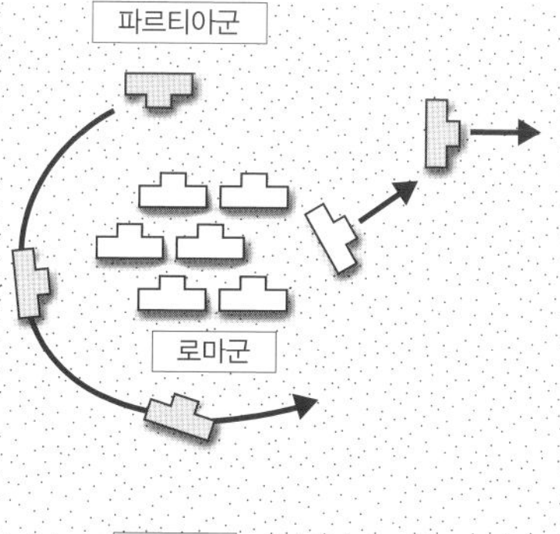

기동력이 뛰어난 궁기병의 공격에 방어만 하게 된 로마군의 크라수스는 아들인 푸블리우스에게 파르티아군을 추격하라고 명령을 내린다. 이에 파르티아군은 일부러 도망치며 푸블리우스를 유인한다.

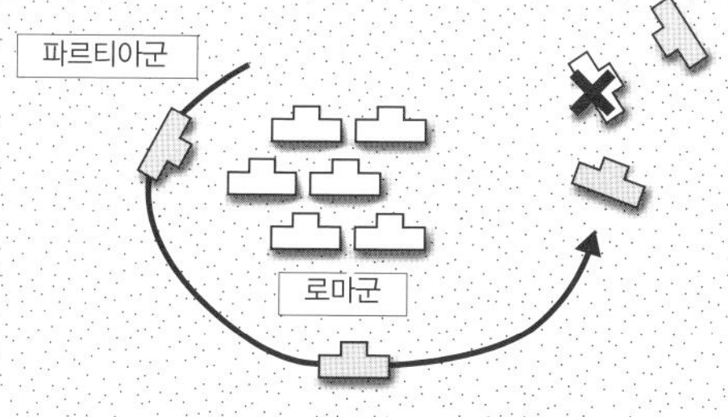

본대에서 떨어져 고립된 푸블리우스는 파르티아군에게 포위를 당하게 되고, 허무하게 궤멸한다. 보병이 중심이 로마군은 이러한 파르티아군의 공격에 변변한 반격을 할 수 없었고, 막대한 피해를 입고 어쩔 수 없이 도망쳤다.

여러 차례 분쟁을 치룬 동쪽의 강적

사산 왕조 페르시아

SASSANID

군사력 5 / 경제력 4 / 인재 3 / 영토 4

종주국 파르티아를 멸망시키고 건설된 사산 왕조 페르시아는 과거의 영광을 찾아 로마와 전투를 벌였다. 역대 로마 황제 중에는 패배하여 죽거나 포로가 된 사람도 있었다.

파르티아의 내란에서 탄생한 국가

사산 왕조 페르시아는 226년에 아르다시르 1세가 세운 왕조이다. 사산 왕조가 건국됐을 당시, **파르티아(168페이지) 국내는 로마와의 전쟁과 왕위를 둘러싼 내분이 계속되어서 혼란스러운 상태였다.** 이 틈을 노려 파르티아 전역에서 반란이 일어나는 가운데, 국내에서도 가장 큰 속주였던 **페르시스【※1】**의 왕 아르다시르 1세도 궐기. 224년에 파르티아 왕 아르타바노스 5세를 격파함으로써 귀족들에게 인정을 받고 새롭게 사산 왕조를 열었다.

그 후 아르다시르 1세는 옛 파르티아령 거의 전역을 평정. 다음 왕인 샤푸르 1세의 시대에는 영토를 더 확장하여 대제국으로서의 기초를 닦았다.

샤푸르 1세가 사망한 후 왕위 계승 문제 등으로 국내가 흔들렸던 시기도 있었지만, 제9대 황제 샤푸르 2세 시대에 치세가 안정. **훈족【※2】**이나 **에프탈【※3】** 등 유목민족의 침입도 있었지만, 6세기에 전성기를 맞이했다.

그러나 100년 이상에 걸친 동로마 제국와의 전쟁과 환경의 변화로 인해 사상 왕조의 국력은 서서히 쇠퇴. **아라비아 반도에서 번영한 이슬람 세력의 침략을 받고 7세기 중기에 멸망했다.**

사산 왕조는 **아케메네스 왕조【※4】**의 부흥을 목표로 내세우며 **아르메니아【※5】**와 메소포타미아를 둘러싸고 제정 로마와 여러 번 싸웠다. 그러나 양쪽 다 상대를 압도할 만큼의 국력은 없어서 국경 지대에 있는 요새 공방전만 되풀이했다. 사산 왕조에게 전쟁은 유리한 조건을 얻어내기 위한 외교 수단이었다.

용어 해설

【※1】
페르시스
현재 이란 남부에 위치한 파르스 주 부근에 있던 왕국을 가리킨다.

【※2】
훈족
중앙아시아 유목민족. 자세한 것은 184페이지 참조.

【※3】
에프탈
5세기 초부터 6세기 중반 무렵까지 중앙아시아에 있던 유목 국가. 현재의 파키스탄과 아프가니스탄 주변이 에프탈의 영토였다.

【※4】
아케메네스 왕조
아케메네스 왕조 페르시아. 기원전 5세기 중반부터 3세기 초에 걸쳐서 번영한 왕조.

【※5】
아르메니아
현재의 아르메니아와 아제르바이잔 두 공화국 부근에 있던 왕국. 로마의 영향력 아래에 놓인 뒤 여러 차례 파르티아와 페르시아 등이 노리는 쟁탈의 대상이 되었다.

사산 왕조 페르시아 세력도 ~240년경

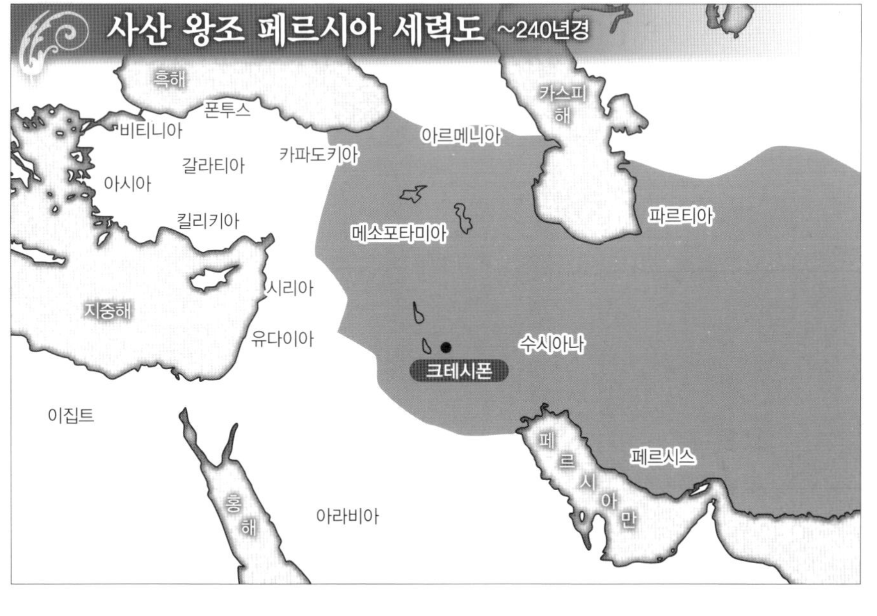

연표 ~사산 왕조의 시작부터 멸망까지~

226년	아르다시르 1세가 사산 왕조를 열다
236년	아르다시르 1세, 니시비스와 카레를 점령
241년	샤푸르 1세, 시리아 대부분을 점령
244년	로마 황제 고르디아누스를 격파하다
251년	샤푸르 1세, 아르메니아를 정복
260년	샤푸르 1세, 로마 황제 발레리아누스를 붙잡다
363년	샤푸르 2세, 로마 황제 전투에서 패한 율리아누스를 죽이다
428년	아르메디아 왕국을 합병
441년	동로마와 불가침 조약을 체결
567년	호스로우 1세, 에프탈을 멸망시키다
575년	호스로우 1세, 안티오키아를 점령
626년	동로마 황제 헤라클리우스에게 크테시폰를 점령당하다
637년	이슬람 세력에 크테시폰을 점령당하다
642년	니하반드 전투에서 패배
651년	야즈다기르드 3세가 암살당하며 멸망

페르시아군의 특징

사산 왕조의 군대는 직업 군인에 가까운 기병을 주력으로 하고 있었다. 사상률이 높은 전투에서도 두려워하지 않고 달려드는 그들은 로마에게 상당히 버거운 적이었다.

우수한 기병이 군의 주력

사산 왕조는 왕을 정점으로 하는 봉건적 체재였다. 왕의 직할지를 비롯하여 각 귀족의 영지와 도시국가, 종속된 왕국이 각각 군사력을 보유하고 있었으며, 전시에는 이 부대들에서 징발된 병사들에 용병을 더하여 군대를 만들었다.

사산 왕조는 대량의 기병을 소유하고 있었으며, 중장기병과 경기병, 기마궁병 등이 주력을 담당했다. **창을 든 중장기병의 집단 돌격부터 기마궁병이 대량의 화살을 퍼붓는 사격전까지, 상황에 따라 다양한 전법을 사용할 수 있었다.** 기병 부대에는 인도코끼리를 이용한 전투 코끼리도 포함되어 있었으며, 적 기병을 무력하게 만들거나 전열을 돌파할 때에 사용되었다.

훈련 방법은 로마처럼 체계적이고 통일된 것이 아니라 부대에 따라 각양각색이었다고 한다. 하지만 기량 수준은 높고 전의도 왕성해서 매우 우수한 병사였다.

물론 사산 왕조도 보병을 보유하고 있었으며, 창병과 궁병이 존재했다. 그러나 **기병이 평소에 충분히 훈련을 받은 직업 군인에 가까웠다면, 이 보병들은 징발된 가난한 농민들로 구성되어 있었다.** 기병의 보조적인 역할을 수행하는 것이 고작이었으며, 빈말로도 충분한 전력이라고는 할 수 없었다.

이 기병을 중심으로 한 군대는 파르티아와 공통된 것이다. 그러나 사산 왕조는 보급을 비롯한 **병참【※1】** 체계를 개선함으로써 장기 공성전이 가능했으며, 이에 따라 **공성탑【※2】**과 **공성추【※3】**, **사출기【※4】**와 같은 수많은 병기도 만들어졌다. 병기를 움직일 공병도 동시에 육성되었는데, 그들의 사기가 매우 높았다는 점도 특징 중 하나이다.

용어 해설

【※1】
병참
전투 지역보다 뒤에서 물자 조달을 하거나 무기 정비를 하거나 위생 관리를 하는 것과 같은 지원 활동이나 또는 그런 활동을 하는 시설을 가리킨다. 당시에는 주로 식량이나 무기를 보급하거나 병사를 보충하였다.

【※2】
공성탑
방어벽 위로 직접 병사를 들여보내기 위해 만들어진 탑. 내부에는 병사가 타고 있으며, 방어벽에 접근하여 발판을 내린 뒤 직접 병사를 방어벽에 보낸다.

【※3】
공성추
문이나 벽을 파괴하기 위한 병기. 절에서 종을 치는 당목과 같은 구조이며, 이 당목을 크게 만든 것에 지붕과 이동용 수레바퀴를 단 것을 상상하면 이해하기 쉽다.

【※4】
사출기
발리스타나 투석기 등 기계적인 장치로 돌이나 굵은 화살을 발사하는 병기.

페르시아군의 주요 병종

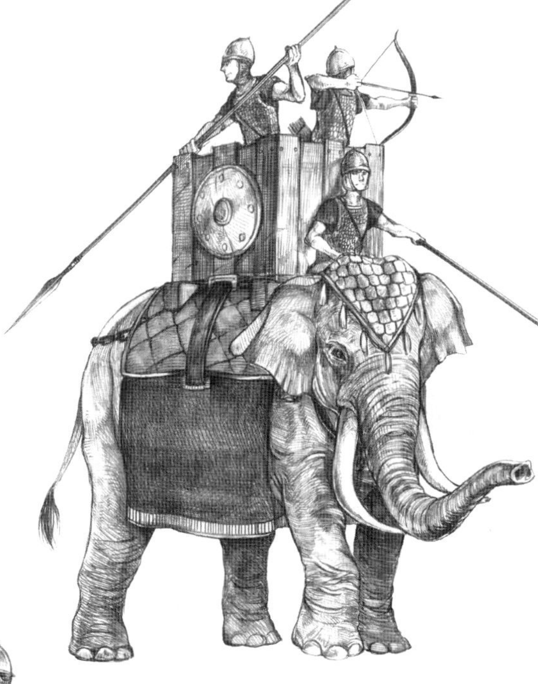

전투 코끼리

사산 왕조의 전투 코끼리는 인도에서 전해진 것. 인도코끼리의 등에 울타리를 설치하고 그곳에 궁병 몇 명이 함께 탔다. 투창이나 활 같은 투척 무기에 약하며, 코끼리를 봐도 두려워하지 않는 규율이 있는 적에게는 효과가 적었다.

중장기병

사산 왕조의 중장기병은 사람과 말이 모두 금속 조각을 비늘 모양으로 엮은 갑옷을 입었다. 한 명당 드는 비용은 상당히 고가이지만, 사산 왕조가 풍족한 국가였기 때문에 수대로 준비할 수 있었던 병종이라 할 수 있다.

일러스트 : aohato

페르시아군의 자존심을 건 일전

아미다 공성전

기원후 359년

전투 개시 전에 일어난 사건으로 명예를 걸고 싸우게 된 페르시아군. 생각지도 못한 곳에서 「굴러 온 호박」 같은 승리를 얻었다.

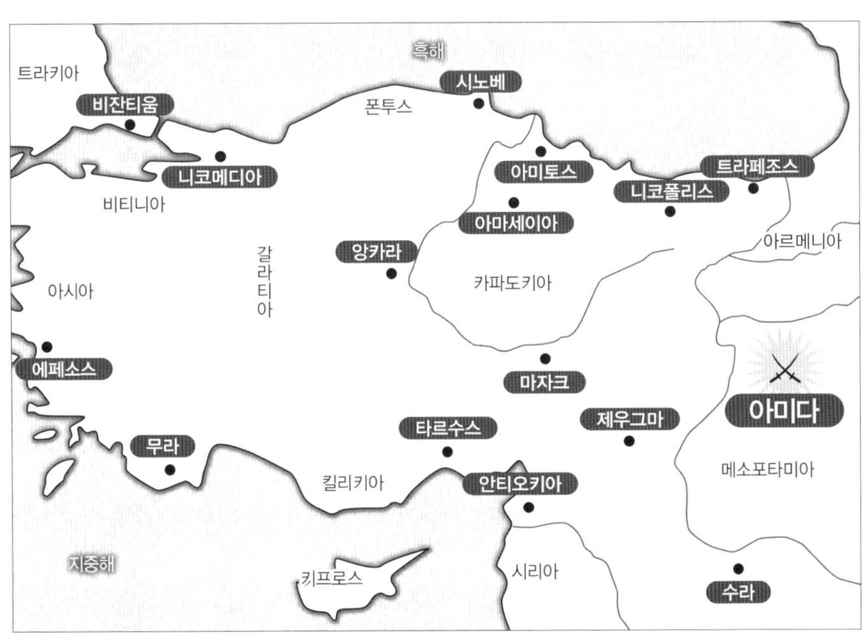

세력 비교

로마군		VS	페르시아군	
지휘관	불명		지휘관	샤푸르 2세
총병력	불명		총병력	불명
기병	불명		기병	불명
보병	불명		보병	불명

사산 왕조의 비원 달성을 위해 메소포타미아로

309년, 사산 왕조에 새로운 왕이 탄생했다. 사산 왕조 중시조(쇠퇴한 가문을 다시 일으킨 사람이나 조상-옮긴이)라 불린 샤푸르 2세이다. **그가 즉위한 당시, 사산 왕조는 그 이전에 일어난 왕위 계승 문제의 혼란으로 다소 약해져 있었다.** 샤푸르 2세는 우선 세력을 회복 중이었던 동방의 **쿠샨족【※1】**을 토벌하고 무역로를 확보. 그리고 남서쪽 아라비아에 쳐들어가 안정화를 꾀함과 동시에 이 땅에서 암살당한 선대 왕 **호르미즈드 2세【※2】**의 원통함을 되갚았다.

이렇게 해서 국내를 안정시킨 샤푸르 2세는 드디어 서방의 라이벌 제정 로마와의 싸움을 결심한다.

이 무렵 로마와 사산 왕조는 강화 조약을 맺고 있어서 수십 년 동안 평화가 계속되고 있었다. 그러나 이것은 조부 나르세 1세가 아르메니아와 메소포타미아를 탈환하려다가 로마에게 패한 결과이다. 두 지역의 탈환은 아케메네스 왕조의 부흥을 목표로 하는 사산 왕조에게 비원이자 무시할 수 없는 일이었다.

군사를 일으킨 샤푸르 2세는 **메소포타미아 동부에 있는 싱가라나 니시비스 같은 요지를 공략했다. 이곳들은 수중에 넣어야 주변 지역도 지배할 수 있기 때문이다.** 그러나 여러 차례 쟁탈전이 벌어졌던 이 지역들은 요새로 변하고 있었고, 샤푸르 2세가 몇 번이나 가서 포위전을 펼쳐도 함락시킬 수 없었다.

또 동방에서 이민족의 유입이 있었기 때문에 샤푸르 2세는 로마와의 싸움을 중단. 이 이민족들과 몇 년 동안 싸운 끝에 동맹자로 만들고 다시 한 번 메소포타미아 침공을 개시하였다.

아미다【※3】로 향한 샤푸르 2세는 요새를 포위하고 새로운 동맹자인 **그룸바테【※4】**에게 항복 권고를 시켰다. 그런데 로마군이 사출기로 쏜 화살에 그룸바테의 왕자가 절명하고 만다. 이 일전은 사산 왕조에게 **명예를 건 싸움【※5】**이 되었다.

용어 해설

【※1】쿠샨족
인도 북서쪽에서 북쪽으로 이르는 지역에 왕조를 세운 이란계 민족. 샤푸르 1세에게 정복당한 뒤부터 사산 왕조의 지배를 받게 되었다.

【※2】호르미즈드 2세
샤푸르 2세의 아버지. 시리아 원정을 마치고 돌아오는 길에 암살을 당했다. 이때 호르미즈드 2세가 「임신 중인 비가 왕자를 낳으면 샤푸르라 이름을 지어주고 왕으로 만들라」라고 유언을 남겼기 때문에 샤푸르 2세는 태어나기 전부터 왕관을 쓴 이례적인 왕이 되었다.

【※3】아미다
현재의 디야르바키르. 고대 아르메니아 왕국의 수도였다.

【※4】그룸바테
동방에서 침입한 이민족, 키오니아에의 왕.

【※5】명예를 건 싸움
복속시킨 왕이라고는 하지만, 그 왕자가 죽게 된 것은 사산 왕조의 실수라고도 할 수 있다. 왕자의 죽음에 어울리는 성과를 얻지 못하면 사산 왕조는 그룸바테에게 체면이 서지 않게 된다.

2개월 반 동안 벌어진 공방전

포위된 로마군은 페르시아군을 맹렬하게 공격했다. 거점을 둘러싼 싸움은 장기전이 되는 경우도 많고, 포위당한 쪽은 머지않아 병이나 식량난 같은 문제가 발생한다. 로마군은 여력이 있을 때 포위를 뚫고 싶었을 것이다.

그러나 단기간 결전을 할 생각이 없었던 페르시아군의 포위는 뚫리지 않았고, 얼마 지나지 않아 요새 내부에서 병이 퍼지기 시작했다. 그리고 결국 **배신자【※1】**가 나타나 페르시아군을 안내했다.

페르시아군은 70명의 병사를 보내 탑을 점거. 다음 날 공격을 감행하여 성벽에 있는 로마병을 제거하려고 했다. 그러나 로마군은 이를 저지하며 사출기를 옮겨 와 탑을 감시하게 된다.

그 후 로마군은 요새 북쪽으로 갈리아병을 내보내며 돌파를 시도했다. 페르시아군은 잠시 혼란스러웠지만, 태세를 가다듬고 격퇴. 이에 상대가 초조하다는 것을 알아챈 페르시아군은 이곳저곳에서 공성 병기를 이용해 공격을 개시하였다.

로마군은 방어벽 안쪽에 **산【※2】**를 쌓고 응전했지만, 남쪽 산이 무너지면서 벽 앞쪽으로 경사로를 형성. 페르시아군은 서둘러 그곳을 통해 내부로 들어갔고, 요새를 함락하게 되었다.

용어 해설

【※1】
배신자

공성전 기술은 어느 정도 발전했지만, 성새 도시나 요새를 둘러싼 싸움은 장기전이 되는 것이 보통이었다. 특히 공격하는 측이 철저한 병참 체계를 갖추고 있을 경우, 밀어붙이기식으로 무리하게 공격하는 것보다 피해를 훨씬 더 적게 줄일 수 있다는 이점이 있다. 장기간에 걸쳐 포위된 방어 측에게서는 굶주림 같은 것에 버티지 못하고 배신을 하는 사람이 나타나는 경우도 적지 않았다.

【※2】
산

인공적으로 만들어진 산. 대형 병기를 옮겨 페르시아군의 공성 병기를 파괴하려고 했던 것으로 추측된다.

페르시아 이모저모 당시 공성전의 모습은?

요새나 성새 도시를 공략하는 경우, 피할 수 없는 것이 공성전이다. 수단은 다음과 같이 다양하게 있다. 1, 교섭으로 성을 넘기게 만든다. 2외부와의 연락 수단을 완전히 끊고 굶긴다. 3. 성벽에 타고 올라가 내부로 침입한다. 4. 방어벽이나 성문 등 시설 그 자체를 파괴한다.

1번이 가장 현명한 방법이지만, 그렇게 순조롭게 될 리가 없다. 대부분의 경우에는 2번을 실행하여 수비대를 약화시킨 뒤 다른 수단을 쓰는 경우가 많았다.

전투 전개

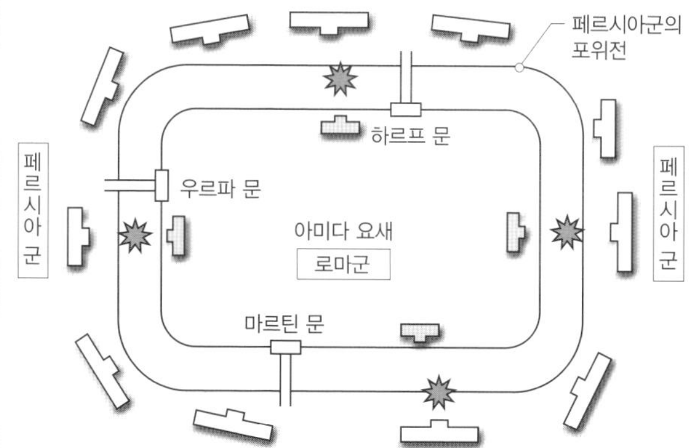

아미다를 포위한 페르시아군에게 로마군은 투사병기를 이용해 공격을 개시. 군을 철수시키거나 돌파구를 찾아낼 셈이었지만, 불발로 끝났다.

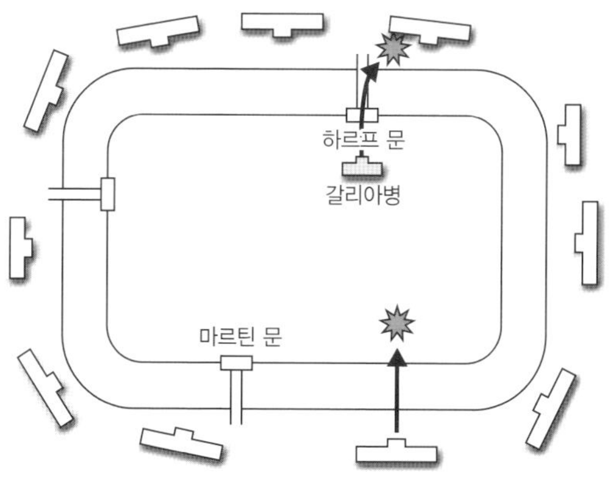

배신자의 안내로 페르시아군이 탑을 점거. 성벽을 돌파하고자 하지만, 로마군에게 저지당한다. 로마군은 갈리아병을 출격시키지만, 페르시아군에게 진압 당한다.

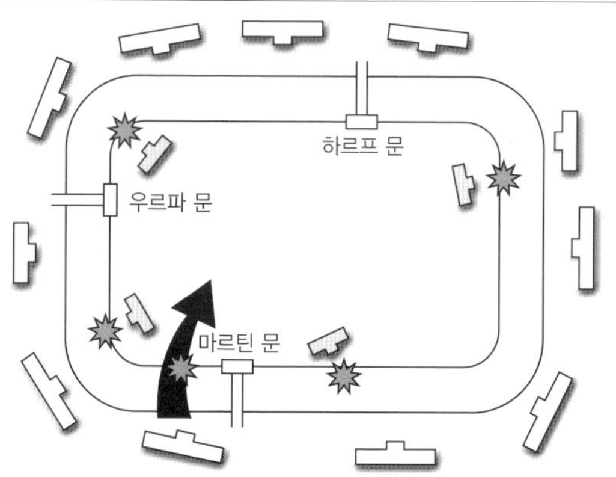

페르시아군이 공성 병기로 공략를 개시. 로마군은 산을 쌓은 다음 맞서지만, 남쪽 산이 무너지면서 형성된 경사로로 페르시아군이 돌입하여 요새는 함락되었다.

유럽 전역을 휩쓸고 다닌 유목민족

훈족

HUN

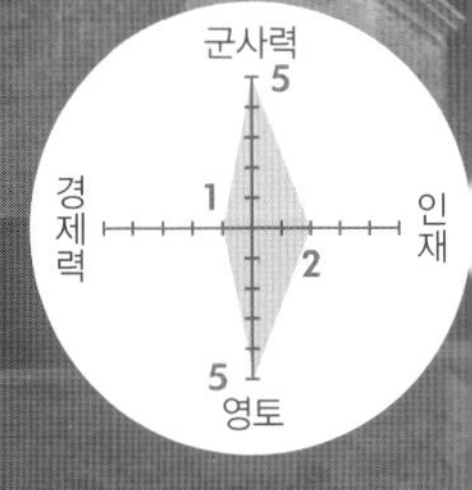

동방에서 유럽으로 진출한 훈족은 기마궁병을 주력으로 하는 군대로, 각지를 돌아다니며 습격, 약탈을 반복했다. 그러나 지도자 아틸라가 갑자기 세상을 떠난 뒤에는 불과 몇 년 만에 역사의 표면에서 자취를 감췄다.

동방에서 온 약탈자

중앙아시아【※1】 부근에서는 여러 번 유목민족 세력이 발흥했는데, 훈족도 그 중 하나였다. 그리고 훈족은 유럽을 침입한 최초의 유목민족이기도 하다.

훈족의 기원은 흉노【※2】라고도 하지만 명확하지는 않다. 최근에는 서로 다른 민족의 연합체였을지도 모른다는 주장도 있지만, 이것도 어디까지나 추측일 뿐이다. 그들에 대한 기록을 보면 몽골로이드【※3】계 외모를 하고 있으며, 몸에 상처를 내 치장을 하는 풍습이 있었던 것. **말을 모는 솜씨나 말을 타고 활을 쏘는 실력이 탁월했고, 안주하지 못하고 각지에서 약탈을 했으며, 항상 이동하면서 생활했다는 것을 알 수 있다.**

훈족이 동방에서 유럽으로 온 것은 4세기 말경이라고 전해진다. 그리고 얼마 지나지 않아 역사상 유명한 게르만 민족의 대이동【※4】가 있어났는데, 동방에서 온 훈족에게 압박받은 것도 원인 중 하나일 것으로 추측하고 있다.

유럽에 훈족이 왔을 당시, 로마는 동로마 제국과 서로마 제국으로 나눠져 있었다. 훈족은 동로마 제국을 침입하지만 몇 년 후에 격퇴당하고, 북방으로 이동하여 게르만 민족을 압박. **이 시기에 로마와의 관계는 일정하지 않아서 용병으로 고용된 시기도 있었다.**

그 후 435년에 아틸라가 훈족의 지배자가 되고 451년에는 갈리아를 침공. 카탈라우눔 전투에서 패한 뒤 북이탈리아 지역으로 돌아가서 날뛰지만, 453년에 아틸라가 갑자기 사망하자 분열, 와해되며 역사의 표면에서 사라졌다.

용어 해설

【※1】
중앙아시아
아시아 내륙부. 카스피 해 동쪽에 있는 현재의 카자흐스탄이나 우즈베키스탄, 투르크메니스탄, 키르기스스탄, 타지키스탄 등의 지역.

【※2】
흉노
기원전 5세기경 유라시아 대륙 중앙부 부근에서 발흥한 유목민. 기원전 2세기경에 국가를 형성. 몽골 고원에서 중앙아시아 일대에 걸쳐 대규모 세력을 구축하였다.

【※3】
몽골로이드
동아시아나 동남아시아, 남북아메리카 등에서 볼 수 있는 인종 중 하나.

【※4】
게르만 민족의 대이동
4세기부터 5세기에 걸쳐 유럽과 북아프리카에서 일어난 현상. 게르만 민족에 속한 고트족의 남하를 시작으로 수많은 민족이 로마 제국 내로 유입되었다.

훈족의 유럽 진행 경로 5세기 후경

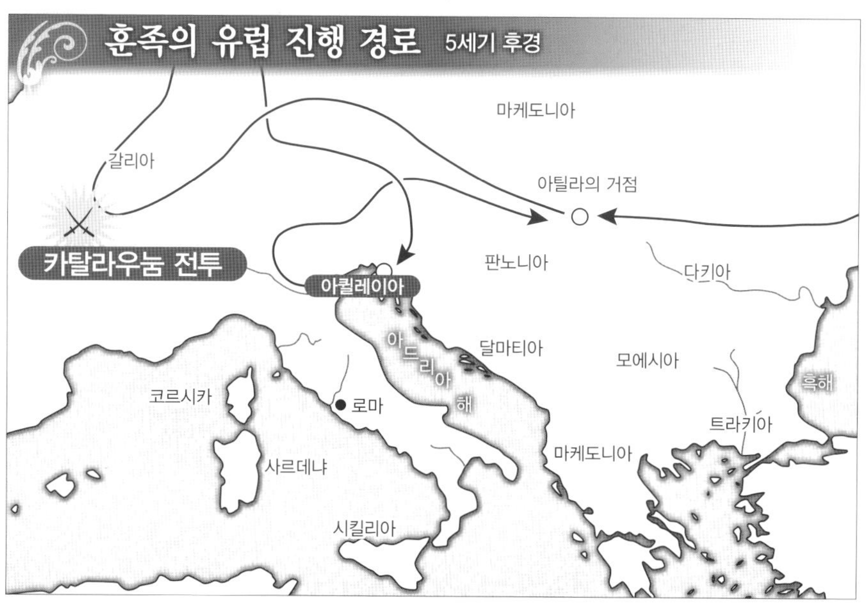

연표 ~훈족의 진출부터 패배까지~

370년	카스피 해 북부에서 흑해 연안으로 진출
395년	동로마 제국 내에 침입
398년	동로마 제국군에게 격퇴당하고 북쪽으로 이동
433년	서로마 제국에 협력. 판노니아를 얻다
435년	아틸라가 블레다와 함께 지배자가 되다
445년	블레다 사망. 아틸라가 단독 왕이 되다
451년	갈리아 침공
	카탈라우눔 전투에서 패배
452년	북이탈리아에 침입
453년	판노니아에서 갑작스럽게 아틸라 사망
454년	아들이 지배자가 되지만 종속 부족 연합군에게 패배

훈족군의 특징

일상적으로 수렵을 하던 훈족. 그들은 마술(馬術)과 궁술의 달인이며, 궁기병을 중심으로 한 기병이 군의 주력을 담당했다.

투척 도구를 주 전력으로 삼은 군대

유목민족인 훈족의 주력은 기병이며, **주로 활이나 투창과 같은 투사 계통 무기를 사용했다.** 맥궁을 이용한 기사(騎射)【※1】가 뛰어났고, 같은 유목민의 나라 파르티아(168페이지) 등과도 공통점이 많았다. 접근전용 무기로는 검과 올가미를 장비하고 있었다. 검은 일직선으로 길게 뻗은 양날검으로, 사산 왕조 페르시아에서 사용되었던 것과 공통점이 보인다. **올가미는 그들의 독자적인 무기라 할 수 있는 장비이며, 원래는 야생마를 잡거나 할 때 사용했던 것을 전투에 응용한 것으로 추측된다.**

기병 외에는 궁병이 존재하는데, 작지만 강력한 합성궁【※2】을 소지했다. 말을 탔나, 걸었나의 차이는 있지만 훈족의 주 무기는 투척 도구였다.

또 그들은 갑옷도 착용했는데, 문헌으로 전해지는 것처럼 야만족이기는 했지만 장비는 유럽 군대와 비교해도 손색이 없었다고 한다.

용어 해설

【※1】
기사(騎射)
말에 탄 상태에서 활로 화살을 쏘는 것. 유목민족에게는 수렵에서 빼 놓을 수 없는 기술 중 하나이기 때문에 솜씨가 뛰어난 사람은 많았다.

【※2】
합성궁
나무나 대나무 등 단일 재료로 제작된 활과 달리 동물의 힘줄이나 금속 등 여러 재료를 합쳐서 제작된 활.

훈족의 영향으로 로마에 온 고트족

현재의 덴마크나 독일 북부 주변에 살고 있던 부족으로, 그들 일부가 남하하여 흑해 북부에서 북서부 연안에 걸친 지역에 살았다. 흑해 북쪽에 살던 사람들을 동고트, 북서부에 살던 사람들은 서고트라 부른다. 그 후 동고트는 서쪽으로 진출한 훈족에게 정복당하였고, 살아남은 사람들 일부는 서쪽으로 도망쳤다. 이 모습을 본 서고트인들은 서쪽으로 달아나기를 결심. 로마 제국의 허가를 얻고 현재 프랑스 툴루즈 주변에 서고트 왕국을 건국하였다.

훈족의 주요 병기

궁병

평소에 자주 사냥을 한 훈족에게 활은 말과 마찬가지로 생활의 일부이고, 남자의 기본 소양이었다고 할 수 있다. 다만 훈족의 활은 조금 관통력이 부족했기 때문에 전쟁에서는 촉에 독을 바른 경우도 있었다고 한다.

기병

훈족 군의 주력. 안장에는 올가미, 허리에 검과 화살통을 차고, 손에는 활이나 투창을 비롯해 창이나 원형 방패를 장비했던 것으로 추측된다. 적에게 접근하면서 활이나 투창으로 공격한 뒤 마지막에는 올가미나 검을 빼들고 적에 달려들었다.

일러스트 : aohato

유럽 세력과 훈족의 결전

카탈라우눔 전투

기원전 451년

훈족은 결혼 소동을 빌미로 서로마 제국령 내에 침입. 카탈라우눔에서 서고트와 서로마 제국 연합군과 격돌한다.

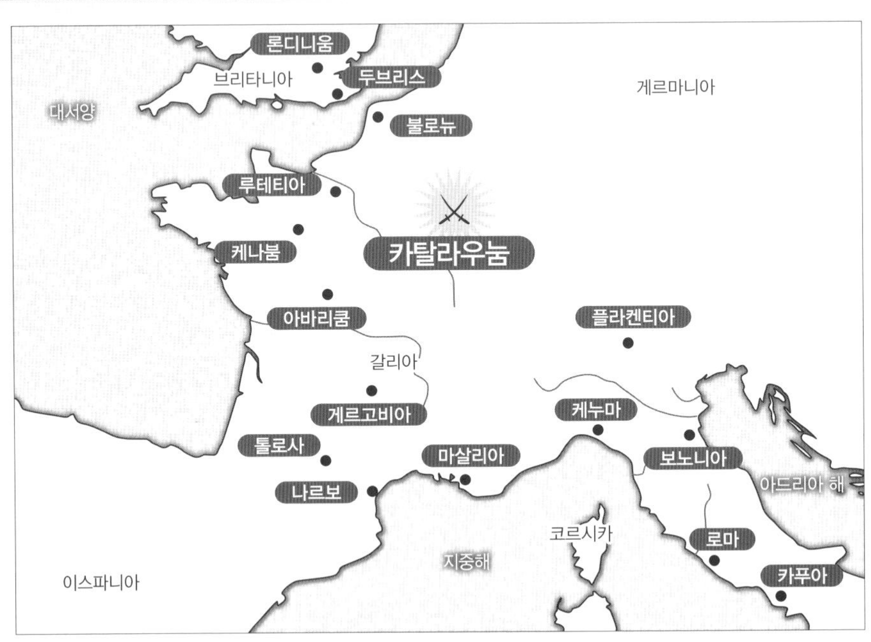

세력 비교

로마군	
지휘관	아이티우스
총병력	불명
기병	불명
보병	불명
중장보병	불명

VS

훈족	
지휘관	아틸라
총병력	불명
기병	불명
보병	불명
중장보병	불명

결혼 소동으로 빚어진 전투

훈족은 여러 차례 반복해서 동로마 제국에 침입했는데, 아이티우스가 지배자가 된 당시에는 침략하지 않는다는 조건으로 동로마 제국에서 공납금을 받았다. 그래서 아틸라는 **부르군트 왕국【※1】**, 이어서 사산 왕조 페르시아(176페이지)를 침략하지만, 강력한 기병을 주력으로 하는 사산 왕조에게 패배한다.

다시 한 번 유럽 쪽으로 공격 방향을 변경한 아틸라는 동로마 제국령 내를 유린. 한때는 수도 콘스탄티노폴리스까지 진격하지만 견고한 방어벽에 가로막혀 돌아가게 된다.

그 후 450년에 동로마 제국 황제 테오도시우스 2세가 사망. 새로 황제가 된 군인 출신의 마르키아누스는 훈족에게 보내는 헌금을 중단하는 등 강격책을 펼치기 시작한다.

동로마 제국에게서 이득을 볼 수 없게 된 아틸라는 서고트 왕국 침공을 결심했다. 그런데 여기서 생각지도 못한 사태가 발생한다. 서로마 제국 황제 발렌티니아누스 3세의 여동생 **호노리아【※2】**에게서 편지와 반지가 도착한 것이다.

아틸라는 이것을 호노리아의 구혼이라 판단하고 그 지참금으로 서로마 제국에게 영토의 절반을 요구. 종속된 민족들을 이끌고 서로마 제국령 내를 침입한 뒤 라인 강 유역에 위치한 도시를 유린하면서 진군하였고, **오를레앙【※3】**를 포위하였다.

위기를 맞이한 서로마 제국에서는 최고 사령관 **아이티우스【※4】**가 직접 움직여 프랑크, 알라마니, 부르군트 등 주변 부족을 규합. 군대를 결성함과 동시에 서고트 왕국의 왕 테오도리크 1세에게 사자를 보내 동맹을 맺었다.

테오도리크의 원군을 얻은 아이티우스는 즉시 오를레앙으로 서둘러 가고, 훈족군과의 첫 전투에서 승리를 거머쥔다.

그리고 패배한 아틸라는 오를레앙 포위를 푼 뒤 카탈라우눔으로 이동하여 다시 포진. 이 지역에서 아이티우스의 군대와 결전을 벌이게 되었다.

용어 해설

【※1】 부르군트 왕국

411년에 부르군트족이 세운 왕국. 현재의 프랑스 남부, 론 강 유역이 영토였다.

【※2】 호노리아

발렌티니아누스 3세의 여동생. 품행이 나쁘며, 애인이었던 시종과 모반을 꾀했지만 발각되고 감금당했다고 한다.

【※3】 오를레앙

현재의 프랑스 북부, 파리의 남남서쪽에 위치한 도시. 프랑스 남부에서 북쪽으로 흐르는 론 강이 서쪽으로 굽어지는 지점에 있다.

【※4】 아이티우스

플라비우스 아이티우스. 이민족과의 전투에서 두각을 나타내며, 서로마 제국군의 최고 사령관이 되었다. 그러나 너무 많은 공적을 세운 바람에 경계하던 황제에게 암살당했다.

혼전을 제압한 아이티우스가 가까스로 승리

카탈라우눔에 도착한 아틸라는 **마르느 강【※1】**을 등지고 진을 치기 시작한다. 훈족군은 중앙에 아틸리의 정예 부대, 좌익에 동고트족 부대, 우익에 **게피드족【※2】**와 **알란족【※3】** 등 게르만 부족들로 구성된 혼성 부대를 배치하였다.

이에 대해 아이티우스의 군대는 중앙에 **알라마니【※4】**을 비롯한 여러 게르만 부족 부대를 두고 좌익에 테오도리크가 이끄는 서고트 부대, 우익에 서로마 제국의 부대를 배치하였다.

전투가 시작되자 우선 **서고트의 황자 토리스문드가 기병대를 이끌고 서쪽 언덕을 점거. 그 동안에 양쪽 군대 사이에서는 활과 투창 등 투척 도구들이 날아다니기 시작했다.**

원래 훈족의 주력이 궁기병인 만큼 아틸라의 정예 부대와 대치한 아이티우스 측 게르만 부족 혼성 부대는 심한 부담을 느꼈다고 할 수 있다. 양쪽 군대가 전진하여 백병전이 시작되자 곧 이 부대는 혼란에 빠졌고, 결국 싸움을 포기. 아이틸라의 정예 부대가 이를 돌파하여 후방으로 돌아가 서고트 부대를 공격했다.

그때 아이티우스의 서로마군은 훈족 측의 게르만 부족군과 싸우며 일진일퇴의 상황을 반복하고 있었고, 아이틸라의 정예부대와 동고트 부대에게 협공을 당하고 있는 서고트 부대는 고전을 면치 못했다.

그러나 그때 **토리스문드의 부대가 언덕을 빠르게 내려와 싸움에 가담했고, 측면에서 두 번에 걸쳐 맹공격을 가했다.** 이로 인해 이번에는 훈족이 혼란에 빠지기 시작하고 그 사이 태세를 가다듬은 서고트 부대도 반격을 개시. 전투는 점점 혼전 양상을 띠게 된다. 격렬한 전투는 밤까지 계속되었고, 엄청난 피해에 아틸라는 철수를 결심. 후방에 위치한 진영에 들어가 밤을 새웠다.

혼전 속에서 서고트 왕 테오도리크는 전사. 그 자리에서 왕위를 물려받은 토리스문드가 복수전을 시도하지만 격퇴당하고, 아이티우스가 그를 설득하여 군을 철수시키면서 싸움은 끝이 났다.

용어 해설

【※1】 마르느 강

프랑스 파리 동쪽에서 남동쪽으로 흐르는 강. 파리 남동쪽부터 북서로 흐르는 센 강의 지류 중 하나.

【※2】 게피드족

현재 폴란드 부근에서 거주하던 게르만계 부족. 훈족에게 정복당해 복종했다.

【※3】 알란족

흑해 북동부 주변에서 살던 유목민족. 훈족의 침공의 받은 후 그들에게 가담하여 고트족을 습격했다.

【※4】 알라마니

유틀란트 반도 북쪽에서 남하한 게르만계 부족. 여러 차례 로마 제국과 싸웠지만, 전투에 패하고 374년에 로마 황제 발렌티니아누스 1세와 화친을 맺었다.

전투 전개

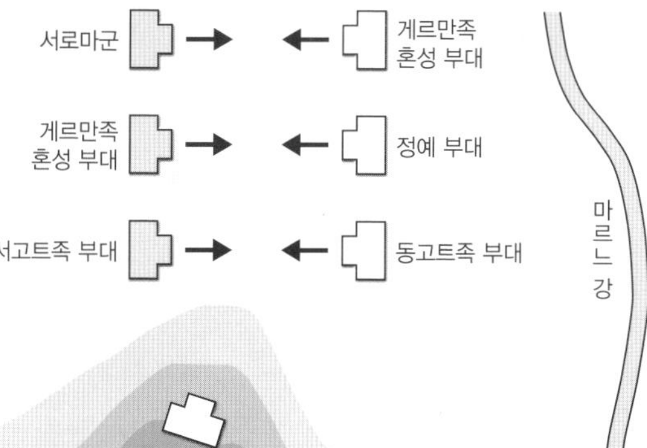

전투 개시 직후, 서고트의 토리스문드 황자가 이끄는 기병대가 전장 옆에 위치한 언덕을 점거. 훈족과 서로마군은 사격전 뒤 근접전을 개시하였다.

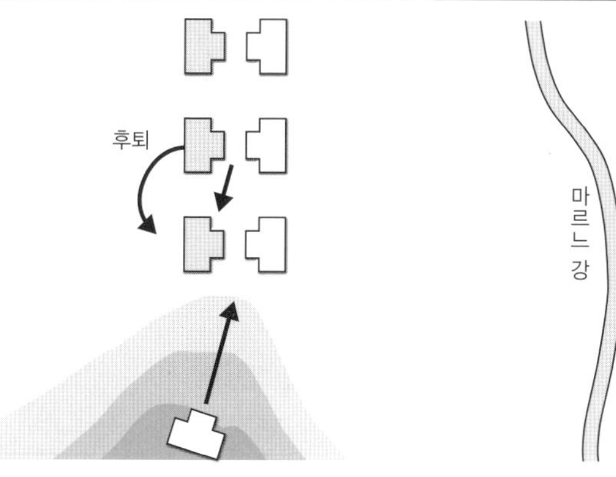

아틸라의 정예 부대가 서고트군의 게르만족 혼성 부대를 격파하고, 뒤에서 서고트군을 공격. 토리스문드의 기병대가 훈족군의 측면을 공격하기 시작한다.

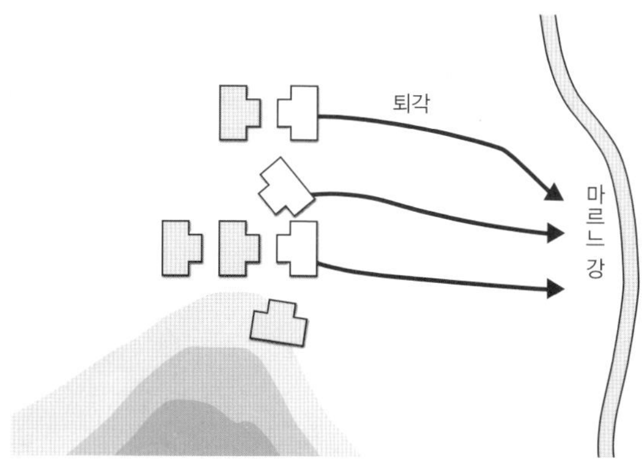

측면을 공격당한 훈족군은 혼란에 빠져 막대한 피해를 입는다. 아틸라는 군을 후퇴시키고 진영 안으로 숨는다. 서고트족이 추격하지만 격퇴당하며 전투는 종료되었다.

로마 제국 인물 사전

고대 로마 시대에 활약한 주요 인물들 118명을 선정. 그들의 업적과 인물상을 가나다순으로 소개하고자 한다.

시대를 만든 위인들

로마의 역사는 민중을 이끈 군주와 정치가, 용감한 군인 등 여러 인물로 인해 이루어졌다. 그들의 생애를 알면 역사를 더 깊게 이해할 수 있을 것이다.

가

가이우스 두일리우스

생몰년/생몰년 미상

조상 중에 고위 공직자가 없이 집정관으로 취임한 「노부스 호모」들의 선구자가 된 정치가. 제1차 포에니 전쟁에서는 후속 부대를 이끌었기 때문에 전쟁에서의 활약은 그다지 기대하지 않았다고 한다. 그러나 해전에 익숙하지 않았던 로마는 첫 전투에서 총사령관이었던 동료 스키피오 아시나가 포로가 되며 두일리우스에게 지휘권이 이행. 이렇게 해서 총사령관이 된 두일리우스는 카르타고의 장군 한니발 기스코가 이끄는 잔존 세력과 조우. 밀라이 해전에서 잔존 세력을 섬멸하며 대승리를 거두고 많은 적 함선을 나포하였다. 그 중에는 적장이 탄 기함도 포함되었다고 한다.

가이우스 마리우스

생몰년/기원전 157년~기원전 86년

평민 출신의 공화정 로마 말기의 군인으로, 대규모 군제 개혁을 시행한 인물. 개혁의 내용은 다양한데, 희망자가 군에 참가하는 지원병제 도입이나 병사 자신의 돈으로 마련하던 장비를 국가에서 지급하는 체제를 갖춘 제도 개혁이 유명하다. 이 제도들은 제정 시대를 포함하여 로마의 군사 제도로서 오랫동안 이어졌다. 마리우스는 다른 장군들처럼 호화로운 식사를 하지 않고 병사들과 같은 식사를 했다는 일화가 남아 있으며, 병사들과 가까운 인물로 존경받았다고 한다. 군인으로서도 유능하여 병사 시절에는 일대일 승부에서 공을 거듭 세우고, 지휘관이 되고 나서는 킴브리-테우토니 전쟁에서 역사에 남을 압도적인 승리를 보여주었다.

가이우스 메시우스 퀸투스 트라야누스 데키우스

생몰년/201년~251년 7월1일

중앙 정부에서 정치 경험을 하고, 집정관을 역임한 경력도 가진 로마 제국 황제. 속주 총독으로도 활약했으며 하(下)게르마니아와 모에시아 속주의 총독으로도 지냈고, 245년에는 황제 필리푸스 아라브스의 명으로 도나우 강 주둔군의 지휘관으로도 임명된다. 이러한 수많은 업적으로 인해 황제로 즉위. 공동 황제로 장남인 헤렌니우스 에트루스쿠스를 지명하며 함께 나라를 다스렸다. 정권을 장악한 후에는 콜로세오의 수복과 데키우스 공중목욕탕의 건설 등을 실시하며 로마의 역사적 건조물을 유지하였다. 250년에 고트족이 도나우 강을 건너 진군해오자 이에 맞서기 위해 직접 군대를 끌고 나가지만, 이듬해인 251년에 아브리투스 전투에서 전사하고 만다.

가이우스 비비우스 볼루시아누스

생몰년/출생년 미상~253년 8월

로마 황제로서, 군인 황제 시대에 아버지 트레보니아누스와 함께 공동 황제의 지위에 오른 인물. 전 황제 데키우스와 공동 황제인 헤렌니우스가 아브리투스 전투에서 전사하면서 트레보니아누스가 로마 황제로 취임할 것을 선언하고, 아들인 볼루시아누스를 공동 황제로 즉위시켰다고 전해지고 있다. 트레보니아누스와 마찬가지로 눈에 띄는 공적은 없다. 통솔력도 뛰어난 것이 아니었는지, 모에시아 속주 총독 마르쿠스 아이밀리우스 아이밀리아누스가 반란을 일으켰을 때에는 승산이 없다고 판단한 부하 장교가 모반을 일으켰다. 결국 자군 내에서 아버지 트레보니아누스와 함께 살해당하고 말았다.

가이우스 비비우스 트레보니아누스 갈루스

생몰년/206년~253년 8월

원로원 계급 출신의 로마 제국 황제로, 군인 황제 시대에 즉위한 인물. 당시의 황제 데키우스에게서 신뢰가 두터워 250년에 집정관으로 선출된 뒤 모에시아 속주의 총독으로 취임. 이 지역에 침공하는 갈리아인을 몇 번이나 막아냈다. 251년에 아브리투스 전투에서 데키우스와 공동 황제였던 헤렌니우스가 전사하면서 뒤를 이어 황제로 즉위하였고, 아들 볼루시아누스를 공동 황제로 지명하였다. 그러나 황제가 된 트레보니아누스의 통치는 안정적이지 못했고, 강화를 맺은 고트족의 침입과 샤푸르 1세가 시리아 속주를 침공하는 것을 허용해버렸다. 결국 분노한 아이밀리우스가 반란을 일으켰고, 그 사태에 가망이 없다고 판단한 부하에게 살해당했다.

가이우스 아우렐리우스 발레리우스 디오클레티아누스

생몰년/244년 12월 22일~311년 12월3일

많은 정치적 개혁을 단행한 로마 제국의 황제. 즉위 후 황제권과 제국의 방어권을 강화하기 위해 과세를 강화하고, 조직에 새로운 관리 체제를 실시하는 관료제를 도입. 그와 동시에 속주 총독의 권력을 없애기 위해 속주를 100개 정도까지 분할. 그리고 303년에는 로마 제국 전역에서 그리스도교를 제압하며 강제적으로 개종시키고, 성직자 전원을 구속, 투옥시킬 것을 명했다. 이로 인해 성서는 소각되고 교회는 파괴되었으며, 재산은 모두 몰수되었다고 한다. 그리스도교 입장에서 이 사건은 「최후의 대박해」라고 부르고 있다. 그러나 그 뒤로 얼마 지나지 않아 디오클레티아누스는 건강 악화로 퇴위. 311년에 궁정에서 사망하였다.

가이우스 율리우스 베루스 막시미누스

생몰년/173년경~238년 5월 10일

최초의 군인 황제로 알려진 로마 제국의 황제. 트라키아 출신이었기 때문에 막시미누스 트라쿠스라고도 불린다. 막시미누스는 로마의 귀족 계급과 대립하며 적대 세력에게는 가차 없는 제재를 가했다. 또 그리스도교도도 탄압하였는데, 막시미누스의 치세 동안에 두 명의 로마 교황이 순교했다고 한다. 또한 막시미누스는 군대 급료를 두 배로 늘렸는데, 이로 인해 증세가 필요해지면서 세금 징수인이 민중에게 폭력이나 부정한 수단으로 세금을 거두어 가는 문제가 발생하였다. 이러한 문제가 자주 발생하면서 막시미누스의 치세는 안정을 찾지 못했고, 원로원의 반발을 사고 친위대의 신뢰도 잃은 막시미누스는 부하의 손에 암살당하고 만다.

가이우스 율리우스 카이사르

생몰년/기원전 100년~기원전 44년 3월 15일

「주사위는 던져졌다」나 「왔노라, 보았노라, 이겼노라」와 같은 명언으로 잘 알려진 공화제 로마 시대의 인물. 민중에게 절대적인 지지를 받은 카이사르는 뛰어난 군사력을 지닌 폼페이우스, 강한 경제력을 보유한 크라수스와 손을 잡음으로써 삼두정치라고 불리는 체제를 구축하였고, 강한 정체적 힘을 가지고 있던 원로원을 견제하였다. 그 후 크라수스가 전사하면서 삼두정치는 붕괴하고 폼페이우스와는 대립하지만, 신속한 행동으로 이탈리아 반도를 장악하며 폼페이우스와의 세력 전쟁에서 승리. 원로원 세력도 무력으로 제압하였다. 그리고 종신 독재관에 취임하며 정치 체계 개혁에 착수하지만, 급격한 개혁으로 인해 공화제 주의자들의 반발을 사 기원전 44년에 암살당했다.

가이우스 율리우스 카이사르 옥타비아누스

생몰년/기원전 63년 9월 23일~14년 8월 19일

로마 제국의 초대 황제. 아우구스투스(존엄한 자) 칭호를 얻었기 때문에 황제 아우구스투스라는 이름으로 불리기도 한다. 카이사르의 후계자로 대두되면서 대항 세력을 제압. 로마 황제를 오랫동안 유지하는 통치 체제를 확립시키고, 국내 정치에 충실히 임했다. 군사 면에서는 로마사상 최초로 상비군을 편성하며 국경선 방어를 강화했다. 다른 한편으로 적극적으로 판도를 확장하며, 시리아와 이집트까지 이르는 광대한 영토를 획득했다. 또 수도를 더 매력적인 도시로 만들기 위해 예술을 장려하며 라틴 문학의 전성기를 꽃피웠다고 한다. 옥타비아누스는 역대 로마 황제 중에서도 41년이라는 가장 긴 기간 동안 재위하였고, 재위 중에는 평온한 시대가 계속되었다.

가이우스 테렌티우스 바로

생몰년/생몰년 미상

기원전 216년에 루키우스 아이밀리우스 파울루스와 함께 집정관으로 선출된 공화정 로마의 정치가. 집정관으로 선출된 해에 일어난 칸나에 전투에서 한니발이 이끄는 카르타고군과 대치. 그러나 압도적인 전력이 있었음에도 자주 조급해하는 자신의 성격 때문에 결전을 성급히 치르려다가 대패하고 말았다. 그리고 바로 자신은 이 전투에서 도망치며 겨우 목숨을 건졌다. 그 후 속주 총독으로 임명되어 기원전 215년부터 기원전 213년에 걸쳐서 피케누스를 담당. 또한 전법 무관으로도 임명되어 활약했다. 칸나에 전투 이후에도 많은 직무를 경험한 것으로 보아 당시의 장군으로서 군사적 재능은 뛰어났던 것 같다.

가이우스 트레보니우스

생몰년/출생년 미상~기원전 43년

카이사르를 암살할 때 폼페이우스 극장 밖에서 안토니우스의 눈을 돌리는 미끼 역할로 가담한 공화제 로마 군사. 조상 중에 로마의 고관을 지낸 사람이 없는 「노부스 호모」 계급 출신이지만, 재무관과 호위관을 역임하였다. 호위관 시절에는 크라수스와 폼페이우스에게 5년 동안 속주 총독으로서 로마 군단을 통솔할 권한을 주는 법안을 가결시켰을 뿐만 아니라, 브리타니아 원정과 알레시아 전투 때에는 카이사르의 대리 총독으로 활약. 그 후에 일어난 로마 내전에서도 카이사르의 부하로서 브루투스와 함께 마실리아 포위전에 참가하였다. 카이사르 암살 후인 기원전 43년에는 아시아 속주 총독이 되지만 같은 로마 집정관에게 살해당했다.

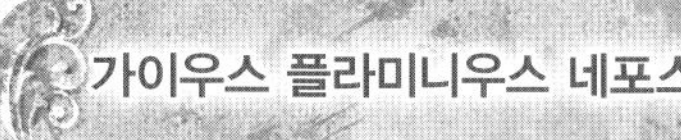

가이우스 플라미니우스 네포스

생몰년/출생년 불명~기원전 217년

「노부스 호모」라 불리는 평민 출신으로, 공화정 로마의 원로원 의원이 된 인물. 제1차 포에니 전쟁 때에는 황폐한 이탈리아 반도를 부흥시키는 일에 종사했다. 기원전 220년에 집정관으로 활동했을 때에는 건설 사업을 비롯하여 로마에서 리미니를 연결하는 플라미니우스 도로와 플라미니우스 경기장을 건설. 그리고 크레모나, 플라켄티아를 식민지로 만들었다고 한다. 또한 투표권이 없는 무산 계급에게도 투표권을 주는 법안을 켄투리아 민회에서 승인하게 하는 등 많은 건설 사업과 제도 개혁을 시행했다. 이러한 공적으로 인해 플라미니우스는 당시에는 귀족들이 독점하였던 원로원의 권위에 맞서는 용감한 인물로 유명해졌다.

가이우스 플라비우스 발레리우스 콘스탄티누스

생몰년/272년2월 27일~337년 5월 22일

동서로 분할 통치되던 제국을 재통일한 황제로, 전제군주제를 발전시킨 공적으로 대제라는 칭호로 불린다. 콘스탄티누스 1세라고도 한다. 제국 동쪽의 통치자였던 리키니우스와 대립했지만, 324년에 헬레스폰트 해협과 크리소폴리스에서 벌인 전투를 제압하며 리키니우스를 붙잡고, 이듬해에 처형했다. 그 후에는 동쪽 로마를 중심으로 한 새로운 시대를 열며 원로원과 관공서를 설치. 또 그리스도교를 공인하였으며 새로운 발전의 정치적 기반도 마련하였다. 콘스탄티누스는 로마 제국을 통일한 후에도 의욕적으로 원정을 나섰으며, 알라마니족이나 고트족, 사르마티아인과 같은 세력에게 차례로 승리를 거두었다. 332년에 사망하였다.

가이우스 플리니우스 카에킬리우스 세쿤두스

생몰년/61년~112년

로마 제국의 해외 영토 총독을 역임한 군인 가이우스 플리니우스 세쿤두스의 조카로, 제정 로마의 정치가이다. 큰아버지와 구분하기 위해 소(小) 플리니우스라고 부르기도 한다. 정치가로서 활동하는 한편, 문인으로서도 활약을 보인 것으로 알려졌다. 그가 남긴 작품은 원로원 의원이라는 입장에서 트라야누스 황제에게 바친 송덕 연설문을 모은 『송사』와 비티니아 속주 총독 임기 중에 쓴 서한집 등이 있다. 이 서한집에는 큰아버지가 돌아가신 날의 모습을 이야기한 서한이 포함되어 있으며, 기원전 73년에 검투사 스파르타쿠스가 동료들과 함께 농성을 벌였던 산으로 잘 알려진 베수비오 화산의 분화 모습을 알 수 있는 자료이기도 한다.

고르디아누스 2세

생몰년/192년~238년 4월 12일

군인 황제 시대에 아버지 고르디아누스 1세와 함께 공동 황제로 즉위한 인물. 제23대 황제 엘라가발루스의 치제 시대에 집정관을 지냈으며, 제24대 황제 알렉산데르의 치세 때는 법무관과 보결 집정관을 지낸 업적이 남아 있다. 또 237년에는 고르디아누스 1세의 명으로 아프리카 속주의 총독 자리에 취임했으며, 이곳에서도 많은 활약을 보였다. 238년에 당시의 황제 막시미누스 트라쿠스와 대립한 원로원이 고르디아누스 1세를 황제로 지명하면서 고르티아누스 2세도 공동 황제로 즉위하였다. 그러나 그 직후에 막시미누스의 지지자인 누미디아 속주 총독 카펠리아누스가 군대를 이끌며 공격하였고, 부자 모두 전사하고 말았다.

그나이우스 도미티우스 코르불로

생몰년 7년~67년

율리우스 클라우디우스 왕조 시대에 활약했던 로마 제국의 군인. 게르마니아의 사령관으로 활동하던 시기에 반란 진압이나 운하 건설 등으로 공적을 올리며 52년에 속주 아시아의 총독으로 임명되었다. 그 2년 후에는 동방 속주로 파견되어 파르티아와의 전투에 온 힘을 쏟는다. 코르불로는 그곳에서 아르메니아 왕 티리다테스, 파르티아 왕 볼로가세스 1세와 격렬하게 싸운 끝에 친로마파 왕 옹립에 성공하였다. 그러나 전쟁 후 코르불로의 양아들이 황제 네로의 암살 계획에 가담한 것이 발각되면서 코르불로도 관련 여부에 대한 의심을 받게 된다. 역전의 장군으로 인망도 두터운 코르불로를 두려워한 네로는 그에게 자살을 명하고, 코르불로는 그 명령에 따라 자살하였다.

그나이우스 폼페이우스

생몰년/기원전 106년 9월 29년~기원전 48년 9월 29일

공화정 로마 말기의 군인, 정치가. 기원전 67년에 벌어진 해적 토벌전에서는 그의 군사적 재능을 유감없이 발휘하며 3개월이라는 짧은 시간 동안 지중해 전역의 해적을 토벌. 또 이어서 지휘를 잡은 동방 원정도 성공시키며, 로마 영토를 흑해 연안부터 카프카스, 시리아, 팔레스티나까지 넓혔다. 그러나 원정 때 종군한 병사들에게 약속했던 보수안이 원로원에서 기각되며 원로원과 대립. 이 일로 폼페이우스는 카이사르와 크라수스와 손을 잡고 삼두정치를 형성하여 원로원에게 대항했다. 그 후, 크라수스가 전사하면서 삼두정치는 붕괴. 이번에는 카이사르와 대립하게 되지만, 카이사르와의 세력 전쟁에서 패하고 도망치던 중에 암살당했다.

글리케리우스

생몰년/420년경~480년

부르군트족의 지원으로 473년부터 1년 간 서로마 제국의 황제로 재위한 인물. 즉위한 이듬해인 474년, 동로마 제국의 레오 1세에게 서로마 황제로 지명된 네포스가 토벌대를 이끌고 다가오자, 부르군트족은 싸워보지도 않고 철수하고 만다. 글리케리우스의 권력 기반은 부르군트족에 의지하고 있었기 때문에 후원자를 잃은 그는 황제 퇴위를 선언하며 항복. 그 대신 네포스가 서로마 제국의 황위를 계승하였다. 붙잡힌 글리케리우스는 목숨은 부지한 채 달마티아의 도시인 살로나(현재 크로아티아의 솔린)으로 추방당했다. 그 후 글리케리우스는 그곳의 주교가 되어 여생을 보냈다고 한다.

네로 클라우디우스 드루수스

생몰년/기원전 38년 1월 14일~기원전 9년

로마 제국 원수정 시기의 군인으로, 기원전 16년에 아우구스투스에 의해 재무관에 취임한 인물. 군사적으로 매우 유능한 지휘관이라 전해지며, 게르만인 일파인 라에티족을 토벌하고 단기간 내에 프리시인 영토를 제압하는 등 그 공적은 다양하다. 그러나 기원전 9년 샤티족을 격퇴하고 라인 강을 건너 로마령으로 돌아오는 도중에 낙마하게 되고, 이 때 입은 부상이 원인이 되어 드루수스는 사망하고 만다. 유체는 로마까지 정중히 옮겨져, 화장 후 황제 영묘에 안치되었다. 죽은 후에도 드루수스의 존재는 군단 내에서 영웅으로 숭배되며, 원로원에게서는 게르만인을 정복했다는 뜻을 가진 「게르마니쿠스」라는 칭호를 받았다.

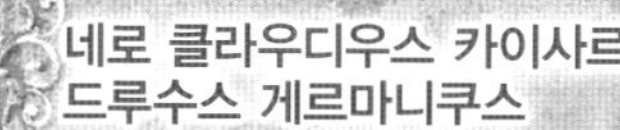

네로 클라우디우스 카이사르 드루수스 게르마니쿠스

생몰년/37년 12월 15일~68년 6월 9일

클라우디우스가 사망한 후 로마 제국 제5대 황제로 즉위한 인물. 자신의 어머니와 아내, 원로원 의원에 이르기까지, 많은 사람에게 죽으라고 명령한 폭군으로 유명하다. 그러는 한편 네로는 예술을 사랑한 황제이기도 해서, 관중을 모아 콘서트를 열거나 5년에 한 번 「네로제(祭)」라고 하는 스포츠와 예술 제전을 창설하는 등 로마에 다양한 오락을 제공했다. 그러나 네로의 행동에 원로원과 군인들은 불만을 품었고, 사소한 일로 주요 인사들에게 죽으라고 명령을 내리는 것도 더해져 많은 적을 만들고 만다. 결국 68년에 원로원들이 「국가의 적」으로 선포하며 네로는 로마에서 도망. 해방 노예의 집에 숨어 있다가 도망칠 수 없다는 것을 깨닫고 자살하였다.

누마 폼필리우스

생몰년/기원전 715년~기원전 673년

철학과 명상을 좋아한 왕정 로마 시대의 제2대 왕. 고대 그리스의 철학가인 피사고라스의 학설에 대해 너무 몰두하여 사색한 나머지 젊은 나이에 백발이 되었다고 전해진다. 사람이 적은 숲속 마을에서 아내와 소박하지만 행복한 생활을 하고 있었으나 로물루스 왕이 사망하자 누마의 인격이 좋은 평판을 얻으며 왕으로 지명되었다. 권력에 욕심이 없던 누마는 처음에 지명을 거부했지만, 새 점을 통해 유피테르, 마르스, 퀴리누스 3주신이 왕이 되는 것을 동의했기 때문에 로마의 왕이 되는 것을 받아들였다고 한다. 초대 왕 로물루스는 많은 전쟁을 벌였지만, 누마는 재위 중에 단 한 번도 전쟁을 하지 않았고 국내 정치에만 매진했다고 한다.

데키무스 유니우스 브루투스 알비누스

생몰년/기원전 85년경~기원전 43년

공화제 로마의 군인으로, 가이우스 율리우스 카이사르와 먼 친척인 인물. 총독 대리로 갈리아 전쟁에 참여하며, 기원전 56년 모르비앙 만 해전에서는 해전에 강하다는 베네티족을 상대로 승리를 거두었다. 그 후에도 카이사르에게서 자주 군단의 지휘권을 넘겨받아 활약. 전후에는 법무관 자격을 가진 부관으로 갈리아를 통치하였으며, 카이사르에게서 절대적인 신뢰를 받았지만, 기원전 44년에 일어난 카이사르 암살 사건에 가담하였다. 그 후 발견된 카이사르의 유언장에서 두 번째 유산 상속자로 지명된 것을 알고, 암살한 것을 깊게 후회했다고 한다. 카이사르 암살 후에는 공화제파의 일원으로 싸웠지만, 갈리아에서 전투에 패해 도망치다 살해당했다.

데키무스 카엘리우스 칼비누스 발비누스

생몰년/165년경~238년 7월 29일

로마 내전 때 로마인 여섯 명이 황제로 등극한 「6황제의 해」 기간에 즉위한 로마 황제 중 한 명. 고르디아누스 1세가 죽은 후 원로원에 의해 마르쿠스 클로디우스 푸피에누스 막시무스와 함께 옹립되었다. 원로원과 대립하던 막시미누스 트라쿠스를 토벌할 때 발비누스는 로마에 머물며 자국 방어에 힘썼다. 발비누스는 처음에 옹립될 때에는 푸비에누스와 손을 잡았지만, 공통의 적인 막시미누스가 죽자 푸비에누스와 대립하게 된다. 그리고 마지막은 대립에 위기를 느낀 친위대의 손에 푸비에누스와 함께 살해당하고, 유체는 티베리우스 강에 벌려지고 말았다.

로물루스

생몰년/기원전 753년~기원전 715년

로마 건국 신화에 등장하는 전설의 왕. 태어난 지 얼마 안 돼 쌍둥이 동생 레무스와 함께 버려지고, 암컷 늑대의 젖을 먹으며 자랐다. 이윽고 성장한 형제는 새 왕국의 중심이 될 도시를 세우고자 하지만, 후보지를 놓고 대립. 이 언쟁이 원인이 되어 로물루스는 레무스와 결투를 하다 동생을 죽이고 만다. 동생의 죽음을 슬퍼한 로물루스는 유체를 정중히 묻은 뒤 도시를 완성시키고 로마라고 이름을 지었다. 그 후 로물루스는 군을 정비하고 정치를 담당하는 원로원을 설립. 이주자들을 받아들이며 로마를 발전시켜 나갔다. 그리고 폭우가 쏟아지던 어느 날, 로물루스는 모습을 감추며 그의 이야기는 갑작스럽게 끝을 고한다. 후세의 역사가들은 로물루스가 암살을 당했을 가능성이 있다고 지적하고 있다.

로물루스 아우구스툴루스

생몰년/460년~511년경

서로마 제국 최후의 황제. 선황제 플라비우스 율리우스 네포스의 부하였던 아버지 플라비우스 오레스테스가 475년에 반란을 일으켜서 선황제를 추방했고, 그 뒤를 이어 같은 해 10월 31일에 황제의 자리에 올랐다. 그러나 그 후 1년도 지나지 않아 게르만인 장군 오도아케르가 반란을 일으키고, 이듬해인 9월 4일에 강제로 퇴위를 당하게 된다. 오도아케르는 직접 황제 자리에 오르지 않고 서로마 황제 자리를 동로마 황제 제논에게 반환했기에, 로물루스의 폐위로 서로마 제국은 멸망한 것으로 보고 있다. 건국 시조 로물루스와 초대 황제 아우구스투스의 이름을 딴 인물이 최후의 황제가 된 것은 무척 얄궂은 일이다.

루키우스 만리우스 불소 롱구스

생몰년/생몰년 미상

공화정 로마의 원로원 의원으로 기원전 256년에 집정관에 임명된 인물. 불소는 카르타고와 공화정 로마 사이에서 벌어진 제2차 포에지 전쟁에 참전했다. 그리고 로마와 카르타고 양쪽 군에서 각각 300척이 넘는 함선 군단이 결집한 대규모 해전 에크노무스 해전에서 지휘를 맡으며, 카르타고의 하밀카르와 대 한노를 격파하고 로마를 승리로 이끌었다. 로마 민중들은 전투 후 로마로 돌아온 불소를 성대한 환호와 함께 맞아줬다고 한다. 그 후 불소는 기원전 250년에 다시 집정관으로 선출되며 시칠리아 섬 서부에 위치한 릴리바이움으로 파병을 나간다. 하지만 이때는 별다른 성과를 올리지 못했다.

루키우스 셉티미우스 바시아누스

생몰년/188년 4월 4일~217년 4월 8일

세베루스 왕조의 제2대 황제. 그가 어린 시절에 즐겨 입었던 복장의 이름을 따서 카라칼라라고 부르는 경우가 많다. 아버지 세베루스는 동생 게타와 협력해서 정무를 보라고 명했으나, 아버지가 죽자 동생이 방해가 된 카라칼라는 동생을 암살했다. 즉위 후에는 자금 확보를 위해 화폐 가치를 떨어뜨리는 일을 실행하며 로마에 심각한 인플레이션을 초래했을 뿐만 아니라, 군인의 급여를 높여서 제국의 재정을 악화시켰다. 또 알렉산드리아에서는 동생의 암살을 야유한 시민들을 학살하며, 민중에게 공포의 대상이 되었다. 이처럼 방약무인으로 행동한 카라칼라는 친족이 처형당해서 그에게 원한을 가진 근위병의 손에 허무하게 마지막을 맞았다.

루키우스 셉티미우스 세베루스

생몰년/146년 4월 11~211년 2월 4일

세베루스 왕조의 창시자. 아프리카 속주에서 태어난 세베루스는 로마에서의 영달을 바랐으며, 169년에 재무관으로 당선되었다. 당선되기 전에 로마에서는 천연두가 유행하였고, 그로 인해 인재난에 빠졌기 때문에 세베루스는 짧은 기간 동안 경력을 쌓을 수 있었으며, 코두무스 황제 시절에는 판노니아 속주의 총독 자리에 올랐다. 그 후 코두무스의 암살과 뒤를 이어 황제가 된 페르티낙스의 처형이라는 혼란을 목격한 그는 스스로 황제임을 자처한다. 그리고 대항 세력이 된 시리아 총독과 브리타니아 총독을 타도하고, 그 지위를 공고히 다졌다. 즉위 후에는 적극적으로 원정을 진행했으며, 파르티아와 아프리카에서 영토를 획득하였다. 세상을 떠난 것도 브리타니아 원정 중이었다.

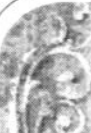

루키우스 아우렐리우스 코모두스 안토니누스

생몰년/161년 8월 31일~192년 12월 31일

네르파-안토니누스 왕조 최후의 황제. 즉위 직후 코모두스는 큰 실수가 없는 견실한 통치를 펼쳤다. 그러나 182년에 자신의 여동생 루킬라가 주모자인 암살 미수 사건이 발생하자, 주위 사람들을 신뢰하지 않게 되었다. 그 후 코모두스는 유년 시절부터 그를 보필한 클레안데르를 의지하게 되지만, 그런 그도 황제의 신뢰를 등에 업고 사리사욕을 채우다 주위 사람들의 반감을 사고 살해당했다. 심복을 잃은 코모두스는 폭주하기 시작했고, 스스로 헤라클레스의 화신이라 주장하거나 검투사 투기회에 참가하는 등 기이한 행동을 보이게 된다. 이렇게 신뢰를 잃은 그는 192년에 근위병의 손에 암살당했다.

루키우스 아이리우스 세이아누스

생몰년/기원전 20년~31년 10월 18일

제정 로마 시대의 친위대장. 아우구스투스의 후계자 후보였던 티베리우스와 친분이 있었으며, 아우구스투스가 죽은 뒤 티베리우스가 황제의 자리에 오르면서 친위대장으로 임명되었다. 티베리우스가 즉위하자마자 발생한 판노니아 폭동에서는 명을 받아 폭도들을 진정시키는데 성공. 티베리우스에게서 강한 신뢰를 얻게 되며 오른팔로서 활약했다. 그 후 세이아누스는 티베리우스와 공모하여 정적을 제거하고 황제에 다음가는 권력을 손에 넣지만, 결국 자신도 제거 대상이 되는 것을 두려워하여 황제를 대상으로 음모를 꾸민다. 그러나 계획은 사전에 티베리우스에게 누설돼버리고, 세이아누스는 처형된 뒤에 기록 말살형에 처해졌다.

루키우스 아이밀리우스 파울루스

생몰년/출생년 미상~기원전 216년

공화정 로마의 정치가, 군인. 마케도니아 왕국와의 전투에서 여러 마을을 함락하였고, 로마에 약탈품을 가지고 돌아와 칭송 받았던 동명의 군인 루키우스 아이밀리우스 파울루스는 그의 아들이다. 파울루스가 집정관으로 취임한 것은 두 번. 첫 번째는 기원전 219년으로, 이때에는 마르쿠스 리비우스 살리나토르와 함께 선출되어 제2차 일리리쿰 전쟁에 참가하였다. 두 번째는 제2차 포에니 전쟁 중인 기원전 216년으로, 가이우스 테렌티우스 바로와 함께 선출되어 로마에 침공해 온 카르타고의 장군 한니발과 맞서 싸웠다. 그러나 같은 해에 벌어진 칸나에 전투에서 로마군은 대패를 당하고, 지휘관인 파울루스는 전사하였다.

루키우스 아이밀리우스 파울루스 마케도니쿠스

생몰년 229년~기원전 160년

로마 군단의 고급 장교를 지낸 공화정 로마의 정치가, 군인. 파울루스는 제3차 마케도니아 전쟁 때 집정관으로 선출되어 안티고노스 왕조의 왕 페르세우스와 싸워서 포박에 성공. 이로써 마케도니아 전쟁은 종결되고, 안티고노스 왕조는 멸망하여 4개의 공화국으로 분할되었다. 전투를 마치고 로마로 돌아온 파울루스는 개선식에서 원정지에서 획득한 대량의 약탈품과 포로로 잡은 페르세우스를 선보인다. 원로원은 이 공적을 기리며 그에게 「마케도니쿠스」의 칭호를 내렸다. 이렇게 무사히 집정관 임기를 마친 그는 기원전 164년 감찰관으로 선출되었다. 그러나 이미 고령이었던 탓에 임기 중에 사망하였다.

루키우스 안나이우스 세네카

생몰년/기원전 1년경~65년 4월

로마 제국의 정치가이자 철학자. 황제 네로의 가정교사를 담당했던 것으로도 알려져 있다. 젊을 적에 병을 치료하기 위해 이집트에 머물며 그곳에서 많은 것을 배우고 식견을 높였다. 로마에 돌아온 후에는 재무관을 거쳐 원로원 의원이 되며, 원로원의 중심적 인물로 주목받게 된다. 그 후 칼리굴라의 여동생 리빌라와 밀통했다는 의혹을 받으며 추방되지만, 49년에 로마로 복귀. 이듬해에는 법무관으로 선출되고 네로의 가정교사로도 발탁되었다. 세네카는 네로의 상담역으로 신뢰를 얻었으나 포파이아 사비나와의 결혼을 반대했기에 노여움을 샀고, 62년에 은퇴. 65년에 네로의 제거 계획이 발각되자 세네카도 관계를 의심받게 되고, 자결 명령을 받아 생을 마감했다.

루키우스 유니우스 브루투스

생몰년/ 생몰년 미상

제7대 로마 왕 타르퀴니우스 수페르부스를 추방하고 공화제 로마의 실질적인 설립자가 된 인물. 루키우스의 형제는 타르퀴니우스에게 살해당했고, 두 사람은 이전부터 심각한 대립 관계에 있었다. 그리고 루키우스의 친척인 루크레티아가 타르퀴니우스의 아들 섹스투스에게 치욕을 당해 자살한 것이 계기가 되어 루키우스는 타르퀴니우스를 추방하기로 결심한다. 루키우스는 로마 민중에게 타르퀴니우스 일족의 추방을 외치고 시민의 지지를 획득. 기원전 509년에 타르퀴니우스를 로마에서 추방했다. 왕이 추방된 후 로마는 공화제로 이행되며, 루키우스는 초대 집정관으로 취임하게 된다.

루키우스 케이오니우스 코모두스 베루스

생몰년/130년 12월 15일~169년

네르바-안토니누스 왕조의 황제 중 한 명으로 공동 황제로 아우렐리우스 황제와 함께 재위한 인물. 베루스는 아무도 두려워하지 않는 지휘관으로서 파르티아와의 전투나 야만족 격퇴전 등 많은 전투를 경험했다. 뛰어난 장군들을 지휘하며 지도자로서의 높은 능력을 발휘했다고 한다. 또 베루스는 진지 안에서 경기나 오락을 즐겼는데, 이 행동은 베루스의 평가를 떨어뜨리기는커녕 오히려 부하들에게 밝은 분위기를 조성해서 사기를 높였다는 일화가 남아 있다. 베루스는 169년 전장에서 로마로 돌아오는 도중에 식중독으로 사망했다고 전해지지만, 아우렐리우스에 의한 독살설도 나오고 있다.

루키우스 타르퀴니우스 수페르부스

생몰년/기원전 535년~기원전 496년경

왕정 로마 최후의 왕으로, 선대왕 세르비우스 툴리우스의 사위이다. 아내와 공모하여 선왕을 살해했다고 전해지며, 직접 하지 않았어도 어떠한 형태로 살해에 관여한 것은 확실하다고 보고 있다. 세르비우스를 살해한 후에는 선왕과 관계가 싶은 원로원 의원을 살해하며 권력을 장악했다. 이러한 경위 때문에 타르퀴니우스는 오만왕이라고 불리기도 한다. 당연하게도 그에게 반발하는 사람은 많았고, 기원전 510년에 루키우스 유니우스 브루투스가 반역. 로마 시민도 동조하면서 이듬해에 타르퀴니우스는 추방당했다. 그 후 타르퀴니우스는 군을 이끌고 공화제 로마군과 싸웠지만 패배하였고, 로마에 돌아오지 못한 채 생을 마감했다.

마르쿠스 리키니우스 크라수스

생몰년/기원전 115년~기원전 53년

공화정 로마의 정치가, 군인. 제3차 노예 전쟁에서는 자신의 재산으로 훈련한 부대를 이끌고, 스파르타쿠스군을 토벌하였다. 크라수스는 이 전투에서 포로로 잡은 적병을 아피아 거리를 따라 책형으로 처벌하였고, 한동안 본보기로 방치했다고 한다. 기원전 60년에는 카이사르의 중개로 사이가 안 좋았던 폼페이우스와 카이사르와 함께 세 사람이 정치 동맹을 맺는 것에 동의하였고, 삼두정치를 개시하며 국정을 지배했다. 그러나 크라수스는 기원전 53년에 카레 전투에서 파르티아군에게 대패하며 전사. 일각이 무너지자 삼두정치는 와해되고, 카이사르와 폼페이우스, 원로원의 세력 싸움을 둘러싸고 로마는 내전 상태에 돌입하게 된다.

마르쿠스 비프사니우스 아그리파

생몰년/기원전 63년~기원전 12년

공화제 말기부터 제정으로 전환되는 시기에 로마에서 활약한 정치가, 군인. 젊을 적에 카이사르의 밑에서 일하면서 좋은 평가를 받고, 옥타비아누스에게 소개되며 친구가 되었다. 카이사르가 암살로 죽은 후에는 옥타비아누스의 심복이 되었다. 옥타비아누스는 군사 전략에 재능이 없었는데, 아그리파는 그의 대리로 군의 지휘를 잡으며 섹스투스 폼페이우스나 안토니우스 등 적대 세력을 차례로 격파했다. 옥타비아누스가 제위를 오르고 나서도 신뢰 관계는 변함이 없었고, 옥타비아누스는 아그리파와 그 일족을 자신의 후계자로 생각했다. 그러나 아그리파가 먼저 죽는 바람에 소망이 이루어지는 일은 없었다.

마르쿠스 살비우스 오토

생몰년/32년 4월 25일~69년 4월 15일

4황제의 해에 즉위한 두 번째 로마 황제. 오토는 어릴 적부터 황제 네로와 교류가 있었는데, 네로가 오토의 안내인 포파이아 사비나와의 결혼을 바랐기에 이혼을 강제로 당했고, 루시타니아의 총독으로 임명되어 로마에서도 멀리 떨어지게 된다. 그 후 네로가 자살하고 갈바가 제위에 오른 뒤 오토는 친척인 자신이 후계자로 지명되기를 기대했다. 하지만 갈바가 후계자로 선택한 것을 피소였고, 실망한 오토는 갈바와 피소를 암살하고 자신이 제위에 올랐다. 이렇게 해서 오토는 황제가 되었지만, 당시 로마에는 비텔리우스 반란군이라는 위기가 닥치고 있었다. 오토는 토벌군을 파견하지만 패배하였고, 절망 속에서 자살하고 말았다.

마르쿠스 아우렐리우스 마리우스

생몰년/출생년 미상~269년

짧은 기간이었지만, 갈리아 제국의 황제로 즉위한 인물. 대장장이 출신이며, 군대 입대 후 여러 전투에서 활약하면서 지위를 쌓았다. 268년에 모군티아쿰에서 일어난 반란으로 갈리아 제국의 초대 황제 포스투무스가 살해당하자, 군의 실력자였던 아우렐리우스가 뒤를 잇게 되었지만, 즉위한 지 얼마 안 돼 살해당하고 말았다. 이 때 그의 목숨을 빼앗은 것은 예전에 자신이 만든 칼이었다고 전해진다. 아우렐리우스의 재위 기간은 정확하게 알 수 없지만, 아우렐리우스가 발행했다는 화폐가 약 3개월 간 유통됐기 때문에 적어도 그에 준하는 기간은 재위했을 것이라고 보고 있다.

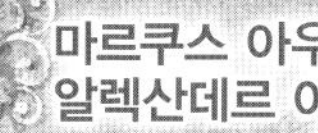

마르쿠스 아우렐리우스 발레리우스 막센티우스

생몰년/278년경~312년 10월 28일

황제 막시미아누스의 아들로, 제국령의 분단 통치가 실시되었던 테트라르키아 시대의 황제. 306년에 친위대의 후원을 받아 황제로 취임했지만 당시의 정제 갈레리우스는 이를 인정하지 않았고, 이듬해 307년에 세베루스 황제에게 명하여 토벌군을 파견시켰다. 이에 대해 막센티우스는 적병을 매수하여 돌아서게 만듦으로써 세베루스군을 항복하게 만들었다. 그 후 얼마 지나지 않아 이번에는 갈레리우스가 직접 대군을 이끌고 진군해 왔지만, 막센티우스는 또다시 적병을 매수하여 적을 물리쳤다. 이처럼 막센티우스는 군사적으로 성공하여 지위를 확립했지만 312년 밀비우스 다리 전투에서 결국 토벌군에게 패하여 도망치던 중에 강에 빠져 익사했다.

마르쿠스 아우렐리우스 세베루스 알렉산데르 아우구스투스

생몰년/208년 10월 1일~235년 3월 18일

세베루스 왕조 최후의 황제. 알렉산데르의 어머니 아비타는 권력 지향이 강한 여성으로 온화한 아들의 성격을 이용하여 정치 실권을 장악했다. 알렉산데르가 성장하면서 실권은 알렉산데르 자신에게 돌아왔지만 어머니의 권력욕은 평생 없어지지 않았다고 한다. 알렉산데르는 자신의 치세에서 방대해진 군사비를 억제하고자 했지만, 이 정책은 군의 반발을 불러일으켰다. 게다가 페르시아와의 전쟁에서 알렉산데르가 패전을 거듭하자 군과의 대립은 더욱 심해졌고, 제국 각지에서 반란이 빈번하게 일어나게 되었다. 결국 235년에 알렉산데르는 반란군의 손에 잡혀 어머니와 함께 살해당했다.

마르쿠스 아우렐리우스 안토니누스

생몰년/121년 4월 26년~180년 3월 17일

제15대 황제 안토니누스의 황비 파우스티나 마이오르의 조카로, 제16대 로마 황제. 네르바-안토니누스 왕조의 황제로는 5대째에 해당한다. 아우렐리우스는 선황제가 퇴위하고 황위가 공석이 됐을 때, 가장 유력한 차기 황제 후보가 되었지만, 즉위를 바라지 않고 거부하는 자세를 보였다. 그러나 즉위 후에는 뛰어난 학식을 바탕으로 고아 보호법안의 입안이나 인사 제도의 개혁 등 적극적으로 다양한 정치 활동을 펼쳤다. 또 대외적으로도 파르티아 전쟁에서 승리를 거두고 민중에게서는 절대적인 인기를 얻으며 지지받았다. 아우렐리우스는 그 후 서방의 국경을 둘러싼 전투 마르코만니 전쟁에 뛰어들지만, 승패를 가리기도 전에 180년에 전장에서 병으로 전사하였다.

마르쿠스 아우렐리우스 안토니누스 아우구스투스

생몰년/203년 3월 20일~222년 3월 11일

세베루스 왕조 제3대 당주로서 재위한 로마 제국 황제. 태양신 엘 가발루(로마에서 헬리오스)를 믿었기 때문에 일반적으로는 헬리오가발루스라고 불리기는 경우가 많다. 불과 14세의 나이로 황제에 즉위한 헬리오가발루스는 유효한 정책을 펼치지 못하고 제사에 빠져서 퇴폐적인 성행위에 심취한 생활을 했다. 그 행동은 역대 황제 중에서도 사상 최악이라고 불릴 만큼 심해서 과거 폭군들의 행동이 별것 아닌 것처럼 보일 정도였다고 전해지고 있다. 당연하게도 원로원과 군인 중에 헬리오가발루스를 지지하는 사람은 없었고, 222년에는 근위병이 반란. 붙잡힌 헬리오가발루스는 유일하게 그를 이해해준 어머니 소애미아스와 함께 처형당했다.

마르쿠스 아우렐리우스 카루스

생몰년/224년~283년

군인 황제 시대의 로마 황제. 카루스는 로마에서 교육을 받아 원로원 의원이 되며, 프로부스 황제 시대에 친위대장으로 취임. 282년에 프로부스가 페르시아 원정을 떠나자 병사들의 지지를 받아 반란을 일으켰다. 그 후 프로부스가 자군 병사에게 암살당한 뒤 로마로 돌아와 황제로 즉위했다. 황제가 된 카루스는 전황제가 계획한 페르시아 원정을 재개. 메소포타미아를 침공하고 코케 점령에 성공한다. 하지만 카루스는 티그리스 강 유역 주둔지에서 낙뢰에 맞아 원정 중간에 이 세상을 떠나고 만다. 카루스의 죽음에 관해서는 부자연스러운 점이 많으며, 사인은 낙뢰가 아니라 친위대장의 배신에 의한 것이라는 주장도 남아 있다.

마르쿠스 아우렐리우스 클라우디우스 고티쿠스

생몰년/214년 5월 10일~270년 1월

군인 황제 시대의 로마 황제로, 클라우디우스 2세라고도 불린다. 268년에 갈리에누스 황제를 살해하고 그 자리를 빼앗았다. 그 후 판노미아에 침공한 고트족을 직접 군을 이끌고 나가 물리치고 승리를 거머쥐었다. 이 승리를 계기로 클라우디우스에게는 「고티쿠스」라는 칭호가 생겼다. 또한 클라우디우스는 같은 시기에 발생한 알라마니족의 침공도 물리쳤고, 이듬해에는 반달족과의 전투에도 출진. 그러나 이때 역병에 걸려 270년에 병사하고 말았다. 클라우디우스는 명백한 찬탈자이지만, 로마의 적을 여러 번 맞서 싸워 저지한 공적이 높은 평가를 받았고, 로마 시민들에게 인기가 높아 신으로 떠받들어졌다고 한다.

마르쿠스 아우렐리우스 클라우디우스 퀸틸루스

생몰년/생몰년 미상

군인 황제 시대의 로마 황제. 많은 로마 황제 중에서도 정확한 기록이 적은 인물이며, 콘스탄티우스 1세와 혈연 관계였다고 하지만 정확한 정보는 남아 있지 않다. 재위 기간에 관해서도 의견이 분분하며, 270년 전반에 재위했다는 대략적인 정보밖에 판명되지 않았다. 1475년에 출판된 역사서『로마 황제 군상』에 의하면 형 클라우디우스 2세가 죽은 후 군의 병사들의 지지를 받아 즉위했다고 한다. 마지막에 관한 정보도 정확하지 않아서 이탈리아 북동부에 위치한 도시 아퀼레이아에서 죽었다는 사실은 판명이 났지만 사인은 병사가 반란을 일으켰다는 주장과 정적과 대립하다 살해당했다는 주장 등 여러 주장이 있다.

마르쿠스 아이밀리우스 레피두스

생몰년/기원전 90년경~기원전 13년

고대 로마의 명문 아이밀리우스 가문에서 태어난 공화정 말기 로마의 정치가. 처음에 레피두스는 카이사르 밑에서 보좌관으로 일했고, 폼페이우스가 로마를 포기한 후에는 법무관으로 취임. 카이사르가 이스타니아 속주를 제압하러 떠난 동안에는 그의 자리를 대신했다. 이후에도 레피두스는 순조롭게 경력을 쌓았고, 기원전 46년에 집정관으로 선출, 기원전 44년에는 기병장관에 취임하였고, 카이사르가 죽은 후에는 최고 대신관에 취임하였다. 그 후 카이사르의 후계자인 옥타비아누스가 주목을 받자, 레피두스는 그를 타도하고자 하지만 실패. 이로 인해 정치적 영향력을 잃은 레피두스는 권력이라는 자리에서 물러나 시골에서 은둔 생활을 했다고 한다.

마르쿠스 안토니우스

출생년/기원전 83년~기원전 30년 8월 1일

카이사르의 총독 대리로 갈리아 전쟁에 참가한 공화정 로마의 정치가, 군인. 동시대의 철학자 키케로에게「교양 없는 검투사 같은 사내」라는 혹평을 받았지만 전장에서 올린 공적으로 인해 집정관까지 올랐다. 카이사르를 암살한 후에는 악타비아누스와 레피두스와 결탁하여 제2회 삼두정치를 시작했으며, 로마의 지배권을 장악했다. 그러나 안토니우스는 얼마 뒤 프톨레마이오스 왕조의 여왕 클레오파트라에게 매료되어 그녀에게 영토를 주거나 아내 옥타비아와 이혼을 하는 등 기이한 행동을 반복한다. 이 사실을 안 옥타비아누스는 안토니우스와 결별하였고, 두 사람은 기원전 31년에 악티움 해전에서 격돌. 안토니우스는 이 결전에서 패하며 자살했다.

마르쿠스 울피우스 네르바 트라야누스 아우구스투스

생몰년/53년 9월 18일~117년 8월 9일

네르바-안토니우스 왕조의 제2대 황제. 트라야누스는 문무를 겸비한 인물로, 정치와 군사 분야에서 그 수완을 발휘. 도로 정비와 고아원 증설, 공공시설의 강화 등을 펼치며 국내 정치에 충실하게 임했고, 대외 원정을 진행하며 로마 역사상 가장 광대한 판도를 획득했다. 그 중에서도 도미티아누스 황제 시대부터 걱정거리였던 다키아 지방과의 분쟁 문제를, 다키아를 속주로 합병함으로써 해결한 일과 공화제 시대부터 적대 국가였던 파르티아 원정을 성공시킨 일은 트라야누스의 가장 뛰어난 업적으로 높게 평가받고 있다. 이러한 업적으로 인해 트라야누스는 여전히 후세에서도 뛰어난 명군의 대표로 칭송받고 있다.

마르쿠스 율리우스 세베루스 필리푸스

생몰년/238년~249년

군인 황제 시대에 아버지인 마르쿠스 율리우스 필리푸스와 함께 공동 황제로 즉위한 인물. 아버지 필리푸스는 고르디아누스 3세의 재위 중에 친위대장을 지낸 인물로, 244년에 고르디아누스 3세가 사망하자 황제로 즉위했다. 이와 함께 당시 불과 6세 소년이었던 마르쿠스도 공동 황제의 지위를 얻는다. 필리푸스는 로마에 침공한 고트족을 잘 막았지만, 군의 지지를 얻지 못하며 배반하는 사람이 속출했다. 그리고 249년에는 판노니아 총독 데키우스가 새로운 황제로 옹립되면서 로마에 침공을 개시한다. 필리푸스는 이것에 맞서 싸우지만 패배하고 전사. 이 보고를 받은 친위대의 손에 마르쿠스도 살해당했다.

마르쿠스 카시아니우스 라티니우스 포스투무스

생몰년/출생년 미상~268년

갈리아 제국의 초대 황제로 즉위한 인물. 신분이 낮은 출신이었지만, 군에서 공적을 세워 속주의 총독까지 오른 자수성가한 군인이다. 포스투무스는 260년에 알라마니족과 프랑크인이 라인 강 주변으로 침공했을 때 그 혼란을 틈타 로마에서 독립을 선언하고, 황제를 자처했다. 이에 대해 당시의 황제 갈리에누스는 263년에 토벌군을 파견. 그러나 갈리에누스는 전투 중 부상을 당하고 퇴각하고, 전투는 포스투무스의 승리로 끝이 난다. 이렇게 해서 포스투무스는 독립을 쟁취하지만, 268년에는 부하 중 한 명이 반역. 이 반란은 바로 진압되었지만, 전쟁 후 약탈을 금지하면서 자군 병사들의 원한을 사는 바람에 허무하게 살해당했다.

마르쿠스 코케이우스 네르바

생몰년/35년 11월 8일~98년 1월 27일

제12대 로마 황제로 즉위한 인물로, 네르바–안토니누스 왕조를 연 인물. 황제로 즉위했을 때에는 이미 노령이었고, 뒤를 이을 사람을 원하지 않았기 때문에 심복으로 활약하던 트라야누스를 왕조의 후계자로 지명. 그 후로 조금씩 트라야누스의 친족들에게 경험이 계승되었고, 네르바는 새 왕조 성립이라는 새로운 역사의 중심인물이면서 역대 군주와 전혀 혈연관계가 없다는 특수한 환경을 가진 황제가 되었다. 그 후 네르바는 98년 집정관 임기 중에 뇌졸중으로 쓰러졌고, 열병으로 목숨을 잃었다. 원로원은 네르바 황제의 사망을 받아들이고 그를 신격화하기로 결의. 네르바의 유체는 화장되었고, 유해는 아우구스투스 영묘에 매장되었다.

마르쿠스 클라우디우스 마르켈루스

생몰년/기원전 268년~기원전 208년

공화제 로마 최대의 적이었던 한니발과 여러 차례 용감히 맞서 싸운 것으로 인해 「로마의 검」이라고 칭송받은 인물. 이름을 알린 것은 제2차 포에니 전쟁에서 활약했을 때이지만, 제1차 포에니 전쟁에도 참전하였다. 제2차 포에니 전쟁에서 시라쿠사 공략을 담당하였고, 시라쿠사를 함락시킨 후에는 이탈리아 반도로 귀환하여 한니발의 추적을 개시. 로마는 칸나에 전투에서 대패한 이후 지구전으로 한니발을 상대하였지만 마르켈루스는 이에 따르지 않고 과감하게 싸움을 계속 걸었다. 이 끈질긴 추격자는 한니발을 몹시 괴롭혔다고 한다. 그러나 208년, 마르켈루스는 정찰 중에 적에게 발견되어 결국 죽고 말았다.

마르쿠스 클라우디우스 마르켈루스

생몰년/기원전 42년~기원전 23년

초대 로마 황제 아우구스투스(옥타비아누스)의 조카. 마르켈루스는 아우구스투스의 유일한 남성 친족이었기 때문에 후계자 후보로 유력시되고 있었다. 마르켈루스는 기원전 25년에 아우구스투스의 딸 율리아와 약혼하며 아우구스투스의 사위가 되었고, 2년 후에는 17세라는 이례적으로 어린 나이로 고급 조영관에 취임. 실적을 쌓으면서 착실히 아우구스투스의 후계자로 지위를 다져 나갔다. 그러나 기원전 23년에 갑작스럽게 병을 얻어 그 해 10월에 불과 19세의 나이로 죽고 만다. 아우구스투스는 후계자의 너무 이른 죽음을 애도하며 기원전 13년에 그의 이름을 딴 극장을 건설했다고 한다.

마르쿠스 클로디우스 푸피에누스 막시무스

생몰년/178년경~238년 7월 29일

6황제의 해라 불리는 238년에 즉위한 로마 황제. 최초의 군인 황제인 막시미누스 트라쿠스와 대립한 원로원에 의해 막시미누스에 대항하는 황제로 옹립되었다. 같은 시대에 데키무스 카엘리우스 칼비누스 발비누스도 공동 황제로 옹립되었다. 황제가 된 푸피에누스는 막시미누스의 토벌군을 이끌고 출격하지만, 부하의 반란으로 막시미누스가 살해당하면서 로마로 귀환. 그 후에는 발비누스와 대외 정책의 차이로 여러 차례 충돌하며 심각한 대립 관계가 된다. 친위대는 대립을 계속하는 푸피에누스와 발비누스에게 불만을 가졌고, 두 사람을 모두 살해하여 유체를 티베리스 강에 버렸다고 한다.

마르쿠스 툴리우스 키케로

생몰년/기원전 106년 1월 3일~기원전 43년 12월 7일

공화제 로마 시기의 정치가로, 문필가와 철학가로서의 모습도 보였다. 변호사로서 경력을 쌓기 시작한 키케로는 안찰관 재임 중에 담당한 재판에 승리하면서 이름을 알렸고, 법무관을 거쳐 기원전 63년에는 집정관으로 취임했다. 카이사르의 암살에 키케로는 관여하지 않았지만 공화제의 붕괴를 바라지 않았던 그는 암살자들을 지지하며 카이사르의 후계자가 되려고 한 마르쿠스 안토니우스와 대립했다. 키케로는 안토니우스를 탄핵하는 연설을 했지만, 안토니우스가 제2회 삼두정치로 로마를 장악하면서 실각. 신변의 위험을 느낀 키케로는 로마를 떠났지만, 안토니우스가 보낸 암살자에게 살해당했다.

마르쿠스 포르키우스 카토 우티켄시스

생몰년/기원전 95년~기원전 46년 4월

공화정 로마의 정치가. 증조부인 마르쿠스 포르키우스 카토 켄소리우스와 구별하기 위해 소 카토라고 불린다. 카토는 기원전 72년, 제3차 노예 전쟁에 의용군으로 참전하면서 이름을 알렸고, 기원전 67년부터 2년 간 마케도니아 속주에서 군무에 임했다. 그 후 로마에 돌아온 카토는 재무관을 거쳐 호민관에 선출되지만, 재임 중에 발생한 카틸리나 사건을 둘러싸고 카이사르와 대립하게 된다. 두 사람의 대립은 카토가 살아 있는 동안 계속 되었고, 기원전 49년에 로마 내전이 시작됐을 때에도 카토는 카이사르와 적대하는 원로원파에 소속되었다. 카토는 카이사르의 항복 권고를 거부하고 자살했다.

마르쿠스 피아보니우스 빅토리누스

생몰년/출생년 미상~270년/271년

갈리아 제국의 황제. 로마에 속해 있던 시대에는 후에 갈리아 제국의 초대 황제가 된 포스투무스의 부하였고, 260년에 갈리아 제국이 건국되면서 친위대에 취임. 267년부터는 갈리아 제국의 집정관을 지냈다. 268년에 포스투무스가 부하의 반란에 살해당하고, 이듬해에는 뒤를 이은 마르쿠스 아우렐리우스 마리우스도 살해당하자, 빅토리누스가 황제로 천거되었다. 그러나 빅토리누스는 부하인 아티티아누스의 아내를 뺏었기 때문에 원한을 사게 되고, 270년에 살해당했다. 빅토리누스의 아들도 아버지가 죽고 얼마 되지 않아 군에게 살해당하지만, 어머니는 군을 매수하여 죽음을 피하고 차지 황제를 지명하여 권력을 유지했다고 한다.

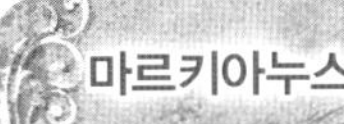

마르키아누스

생몰년/396년~457년 1월

동로마 제국 테오도시우스 왕조의 제3대 황제. 병사의 아들로 태어났다. 421년 페르시아 전쟁에 참가 후, 동로마 제국의 장군 아르다브리우스와 아스파르 부자의 밑에서 부관으로 일하며 431년에 진행된 아프리카 원정에도 동행. 테오도시우스 2세가 죽은 후 그 누나였던 아엘리아 풀케리아와 결혼하고 아스파르의 후원을 받아 새로운 황제로 즉위했다. 즉위 후에는 훈족을 지배하는 아틸라에게 주던 헌금을 중단하는 강경책을 실행했고, 아틸라가 죽은 뒤에는 훈족에 복종하던 민족들을 회유해서 제국의 전력으로 만들었다. 또 451년에는 칼케돈에서 그리스도교 공회의를 소집하여 황제로써 지도력을 발휘했다.

마르쿠스 율리우스 필리푸스

생몰년/204년~249년

군인 황제 시대의 로마 황제. 아라비아 반도 출신 가문이어서 필리푸스 아라브스라고도 불린다. 필리푸스는 고르디아누스 3세에 의한 페르시아 친정 중에 친위대장에 취임하였고, 244년에 고르디아누스 3세가 사망하자 황제로 즉위할 것을 선언하며 원로원의 승인을 얻었다. 즉위할 때에는 아들인 마르쿠스를 공동 황제로 지명하였다. 필리푸스는 군에서 지지를 받지 못한 황제로, 249년에는 로마 시내에서 건국 1000년을 축하하는 제전을 개최하지만, 그래도 군의 지지를 얻지 못하고 반란이 빈번하게 일어났다. 이듬해 249년, 군의 지지를 얻어 황제를 자처한 판노니아 총독 데키우스의 군과 싸우다가 패배하고 살해당했다.

발렌티니아누스 3세

생몰년 419 7월 2일~455년 3월 16일

6세라는 어린 나이로 아우구스투스(정제)의 호칭을 얻은 서로마 제국의 황제. 어릴 때 국정은 어머니인 플라키디아가 했으며, 성장한 후에는 장군 플라비우스 아이티우스가 했다. 발렌티니아누스 3세는 자제심이 부족해 삐뚤어지기 쉬운 성격이며, 황제로서의 통치 능력이 거의 없었다고 전해지고 있다. 재위 중에는 반달족이 아프리카 주를 정복하고, 가이세리크가 시칠리아 섬과 지중해 서안을 약탈하는 등 비참한 상태가 계속되며 제국이 심각한 위기를 맞는다. 훈족의 왕 아틸라에게 승리하는 움직임도 보이지만, 454년에는 시기심으로 인해 아틸라를 격파한 공로자 아이티우스를 살해. 그 이듬해 아이티우스의 후임에게 자신도 암살당했다.

베르킨게토릭스

생몰년/기원전 72년~기원전 46년

공화제 로마의 장군 카이사르가 갈리아를 침략했을 때 저항한, 프랑스 최초의 영웅으로 칭송받는 인물. 불과 20세라는 젊은 나이로 족장이 되며, 갈리아 전쟁에서 그 전까지 통솔하지 못했던 갈리아 부족들을 하나로 모아 대(對)로마 부대를 조직. 갈리아 각지에서 게릴라전과 초토 작전을 펼치며 로마군을 철저하게 괴롭혔다. 카이사르와 처음 교전한 아바리쿰 포위전에서는 아바리쿰이 함락당하지만, 게르고비아 전투에서는 반격에 성공하며 로마군에게 승리했다. 최종적으로는 알레시아 전투에서 투항하여 6년간 툴리아눔에 투옥되었다가 카이사르의 개선식에서 처형당했다.

볼로가세스 4세

생몰년/출생일 미상~191년

오랫동안 동과 서로 분열된 파르티아를 통합하며 단독왕으로 군림한 인물. 파르티아의 대부분을 지배하던 볼로가세스 3세가 죽은 뒤 그 권력 기반을 무너뜨리지 않고 얻고, 영향력을 잃었던 카라케네 왕국을 다시 한 번 파르티아의 영향력 아래에 놓으며 통합을 달성하였다. 161년에는 처음 대결한 로마군을 격파하며 시리아 점령에 성공. 군사 재능을 주위에 알렸다. 더 나아가 180년에는 아르메니아 점령에 성공하며 아르메니아 왕으로 즉위한 소하이무스를 추방하고 자신이 아르메니아의 왕이 되었다. 노년에는 오스로에스 2세 등으로 인해 왕위 계승 문제가 일어나지만, 무사히 볼로가세스 5세에게 왕위를 물려줬다고 한다.

볼로가세스 5세

생몰년 미상~208년

볼로가세스 4세가 사망 전후로 왕위를 주장한 오스로에스 2세를 물리치며, 파르티에서 최강의 단독왕이 된 인물. 193년에 발생한 로마와의 전쟁에서는 황제 세베루스의 군에게 패배하였으나, 로마령인 시리아와 아나톨리아 동부에 침입하였다. 그 후 세베루스가 파르티아 영내로 진군하여 크테시폰을 점령당하지만, 볼로가세스 5세는 보급 부대를 공격하여 로마군을 퇴각할 수밖에 없게끔 만들며 전쟁을 종결시키는 활약을 보였다. 또 페르시아 왕국의 파파크 왕이 부하와 함께 반란을 일으켰을 때에도 무사히 진압에 성공했으며, 군사적인 평가는 높다. 그리고 그 진압 후에 볼로가세스 5세는 사망하였다.

샤푸르 1세

생몰년/출생년 미상~272년

사산 왕조 페르시아의 초대 황제 아르다시르 1세의 아들로, 공동 통치를 한 인물. 아르다시르 1세가 사망한 후 페르시아 제국의 황제가 되며 공동 통시에서 단독 통치를 하게 된다. 즉위한 다음에는 대외 전쟁에 힘을 쏟았다. 특히 국경을 접한 로마 제국에게는 강대한 적이었으며 244년에는 마시나 전투에서 로마군에게 승리하였고, 253년 바르바리소스 전투에서도 로마군을 격파하였다. 또 260년 에데사 전투에서는 당시 로마의 황제 발레리아누스를 포로로 잡았다. 페르시아는 이 역사적인 쾌거를 기념하여 샤푸르 1세에게 항복한 발레리아누스의 모습을 본뜬 부조를 나크슈 이 루스탐 암벽에 남겼다.

세르비우스 술피키우스 갈바

생몰년/기원전 3년 12월 24일~69년 1월 15일

로마 제국 황제로 재위는 불과 1년. 로마 황제로 네 명의 인물이 차례로 옹립된 「4황제의 해」에서 최초의 황제이다. 황제에 즉위한 갈바는 우선 로마 제국의 제5대 황제 네로로 인해 파탄이 난 제국 재원을 재건하고자 했다. 그러나 갈바는 황제 취임 때 군대에 사례금을 지불하는 것이 관례였지만 지불하지 않아서 그들의 지지를 얻지 못하고, 68년에는 속주의 군단이 새 황제 옹립을 요구하는 사태가 발생하고 만다. 자신이 지지를 받지 못한다는 사실을 안 갈바는 피소를 양자로 맞으며 후계자로 공표하지만, 자신이 후계자로 선택되지 않았다는 사실에 불복한 루시타니아 총독 오토의 손에 암살되고 만다.

세르비우스 툴리우스

생몰년/기원전 579년~534년

노예 출신이면서 왕정 로마의 제6대 왕으로 재위한 이색 경력을 가진 왕. 선대 루키우스 타르퀴니우스 프리스쿠스를 암살한 후 프리스쿠스의 딸을 아내로 맞으며 왕에 즉위하였다. 세르비우스의 권력 기반을 이 아내의 영향력에 의한 것이 컸다. 즉위 후 세르비우스는 에트루리아인의 도시 베이를 공략하여 로마의 영토를 확장하고, 왕정 로마의 조직 개편에도 착수하였다. 이러한 공적으로 인해 세르비우스는 하층 계급인 플레브스에게서 많은 지지를 받지만 귀족 계급인 파트리키에게는 별로 인기가 없었다고 한다. 그 후 세르비우스는 자신의 딸과 사위에게 살해당하는데, 그 경위에 대해서는 자세히 알 수 없다.

수레나스

생몰년/기원전 84년~기원전 52년

파르티아의 왕 오로데스 2세를 모신 장수. 카레 전투에서는 크라수스가 이끄는 로마군과 대치. 자신이 개량한 위력, 사정거리가 증가한 활을 이용하여 로마군을 압도. 일설에서는 파르티아군의 화살은 로마병의 방패를 관통할 정도의 위력을 가지고 있었다고 한다. 또 이 전투에서 수레나스는 파르티아군의 양쪽 날개를 검과 창을 장비한 중장기병에게 지키게 하고, 로마군이 경기병에게 다가가지 못하도록 하면서 진형을 유지한 채 파르티아를 승리로 이끌었다. 이 대승리가 계기가 되어 수레나스는 권력과 명성을 얻게 된다. 그러나 굉장히 많은 활약에 주군 오로데스 2세는 경계하게 되고, 결국 오로데스 2세에게 숙청을 당하고 만다.

스파르타쿠스

생몰년/출생년 미상~기원전 71년

공화정 로마 시대에 이탈리아 반도에서 검투사 노예에 의해 일어난 「스파르타쿠스의 반란」을 지휘한 검투사. 개인의 전투력은 물론이거니와 뛰어난 통솔력도 겸비하였다고 한다. 이 반란은 처음에 카푸아 양성소를 탈주한 약 70명의 검투사 노예 집단으로 시작하였지만, 스파르타쿠스의 지휘에 따라 여성과 아이들도 포함하여 약 12만 명이라는 집단으로 커지며 이탈리아 각지에서 맹위를 떨렸다. 처음에 스파르타쿠스군은 다가오는 로마 군단을 차례로 격파하는 쾌거를 보인다. 하지만 크라수스가 이끄는 군단에는 대적하지 못하고 이탈리아 반도 남쪽 끝에 갇혀서 섬멸당했다. 유체는 확인되지 않았지만 스파르타쿠스도 전사한 것으로 전해진다.

아니키우스 올리브리우스

생몰년/생몰년 미상

약 3개월이라는 짧은 기간이지만, 서로마 제국의 황제로 즉위한 인물, 테오도시우스 왕조의 마지막 황제로 알려져 있다. 로마의 귀족 계급 출신으로, 황제가 되기 전에는 콘스탄티노폴리스에서 집정관으로 취임. 이 취임을 계기로 황녀 플라키디아와 결혼하며, 가이세리크에 의해 서로마 황제의 자리에 추천되었다. 그 후 472년에 동로마 제국의 레오 1세의 명으로, 서로마 황제 안테미우스를 응원하기 위해 이탈리아 반도로 출정. 그때 안테미우스와 대적하는 리키메르와 교섭하여 제위에 올랐다. 그러나 그 치세는 평범하고 눈에 띄는 정책은 없었다. 472년에 자연사로 사망했다고 한다.

아르카디우스

생몰년/377년~408년 5월 1일

동로마 제국에서 테오도시우스 왕조의 초대 황제. 아버지 테오도시우스 1세로 인해 분단된 로마 제국 중 동쪽을 통치한 인물. 이때 동생인 호노리우스는 로마 제국의 서쪽을 이어 받으며 로마 제국을 형제가 분할 통치하게 되었다. 그러나 아르카디우스는 정치에 관심이 없었다고 하며, 제국의 유력자였던 안테미우스가 실질적으로 정무를 처리했다고 한다. 그로 인해 정치에 관심이 없는 황제가 즉위한 상태에서도 제국이 흔들리는 일은 없었고, 안테미우스의 덕에 아르카디우스는 동로마 제국의 황제로 즉위한 395년부터 약 13년이라는 오랜 기간 동안 재위했다고 한다.

아르키메데스

생몰년/기원전 287년~기원전212년

고대 그리스의 천재 수학자. 수학, 물리학 등 모든 분야에 정통하며, 발명가로도 유명했다. 아르키메데스의 발명품에는 액체 수송이나 쇄빙선 등의 추진 부품으로 이용되는 「아르키메데스 스크류」와 시라쿠사 방위 병기의 일종인 「아르키메데스 갈고리발톱」 등 다양한 것이 있다. 그 외에도 급수를 이용한 포물선 면적을 구하는 실진법과 아르키메데스의 나선이라고도 불리는 대수 나선의 정의 등 다양한 기수법을 고안하여 수학 분야에서는 발명보다 더 큰 공헌을 남겼다. 제2차 포에니 전쟁 때 로마군이 시라쿠사를 점령한 직후, 보호 명령이 내려졌음에도 로마병에게 살해당했다.

아엘리아 갈라 플라키디아

생몰년/390년경~450년11월27일

로마 황제 테오도시우스 1세와 아내 갈라 사이에서 태어난 딸. 양쪽 부모에게서 황제의 피를 이은 공주로 자랐지만, 20세 때 서고트족에게 납치되어 족장 아타울프의 아내가 된다. 하지만 나중에 아타울프가 암살되고 로마로 돌아가게 된다. 그 후 로마에서는 콘스탄티우스 3세와 재혼하지만 젊은 나이로 콘스탄티우스 3세가 병으로 죽는다. 그를 계기로 이복 오빠인 호노리우스가 구혼하지만 플라키디아는 그것을 거절. 호노리우스가 죽기 전까지 콘스탄티노폴리스로 피했다. 다시 로마로 돌아와 아들 발렌티니아누스 3세를 황제로 즉위시키고 권력을 장악했으며, 로마의 미래를 염려하면서 60세의 나이로 사망하였다.

아울루스 비텔리우스 게르마니쿠스

생몰년/15년9월일~69년12월20일

4황제의 해에 즉위했다고 하는 로마 황제 중 한 명. 주위에서는 시원스러운 성격이라고 평가받았지만, 황제로서의 능력이나 군을 지휘하는 실력은 그다지 뛰어나지 않았다고 전해진다. 그의 통솔력이 형편없다는 것은 로마군의 진군 중 병사가 멋대로 약탈한 일을 계기로 드러났다. 이 일로 비텔리우스는 평판이 안 좋아진다. 또 황제로 즉위하는 계기가 된 크레모나 전투에서도, 오토군을 모욕하는 등 경솔한 언동을 자주 했다고 한다. 황제 즉위 후에는 베드리아쿰 전투에서 베스파시아누스 군에게 패배. 로마 시내가 함락됨과 동시에 팔라티누스에 도망쳐서 숨었지만, 붙잡혀서 비참한 최후를 맞았다고 한다.

아틸라

생몰년/406년~453년

훈족 제국에 군림한 왕. 로마 제정 말기에 전파된 그리스도교 신자들은 「신의 재앙」이나 「신의 채찍」이라고 부르며 두려워했다. 아틸라는 게르만계 부족들을 정복하고, 동로마 제국을 여러 차례 침입함으로써 훈족의 위협을 주위 국가들에게 알인 것으로도 유명. 단기간에 라인 강, 도나우 강, 카스피 해에 걸친 대제국을 세우는 것에 성공하는 등 역사에 남을 일을 많이 했다. 451년에는 발렌티니아누스 3세의 누나 호노리아에게서 온 구혼을 이용하여 갈리아에 침입하는 대담한 작전을 펼쳤지만, 아이티우스가 이끈 서로마와 서고트 연합군에게 패배. 453년에 자신의 혼례를 축하하는 술자리에서 갑자기 사망하였다.

안드리스쿠스

생몰년 기원전 185년~기원전 146년

아나톨리아, 아이올리스 지방 아드라미티온의 지배자. 마케도니아 왕국 최후의 왕 페르세우스의 아들 필리포스라 자처했지만, 마케도니아에게서 지지를 받지 못했고, 셀레우쿠스 왕조 데메트리오스 1세 소테르에게서 지원을 받아 로마와 싸웠다. 이 전투에서 철수하지만, 그후 기원전 148년, 트라키아인 대군을 이끌고 마케도니아에 다시 나타나 그 시기의 집정관을 격파하였다. 그러나 매우 엄격했던 탓에 통치는 순탄치 못했고, 치세는 악화일로를 걸었으며, 같은 해에는 퀸투스 카에킬리우스 메테르스 마케도니쿠스에게 패전. 트라키아로 달아나지만, 트라키아의 왕자의 손에 로마로 넘겨졌다.

앙쿠스 마르키우스

생몰년/기원전 641년~기원전 616년

왕정 로마 제 4대 왕으로 알려진 인물. 후세의 역사가들 사이에서는 매우 냉정한 인물로 높은 평가를 받고 있다. 로마 제2대 왕인 누마 폼필리우스의 손자로 태어나 제3대 왕인 툴루스 호스틸리우스가 사망한 기원전 641년에 후계자로 왕이 되었다. 즉위 후에는 로마의 베데나이인, 아니오 강 중류의 사비니인, 캄파니아 지방의 볼스키인 등과 싸워서 승리를 거두고, 인근 도시 하나를 점령하여 주민들을 로마로 이주시켰다고 한다. 또 뗏목으로 만든 다리밖에 없던 테베레 강에 최초로 견고한 다리를 만들었으며, 수도교를 건조. 최초로 물을 끌어 오는 일에 성공하였으며 로마 문화에 큰 공헌을 했다.

에파르키우스 아비투스

생몰년/385년경~456년 10월 17일 이후

테오도리크 2세에 의해 황제로 추천되며 서로마 제국의 황제가 된 인물. 반달족을 아그리젠토 전투와 코르시카 해전에서 연거푸 격파하며 큰 활약을 보였다. 그러나 그와 별개로 그의 사치와 호색 문제는 로마 시민들이 일제히 비난하였다. 또 그 비난을 악화시킨 원인으로 반달족이 해상 교통로를 지배하면선 발생한 식량 부족이나 국고 부족, 이방인 병사의 로마 유입을 들 수 있다. 이 문제들에 대해 아비투스는 해결책을 내놓지 못하면서 치세는 더욱 악화. 이것을 위기라고 판단한 원로원은 아비투스를 폐위하며, 사죄할 것을 명하였다. 아비투스는 그 제안을 거절하고 갈리아로 달아나지만, 달아나는 도중에 사망하였다.

율리우스 발레리우스 마요리아누스

생몰년/420년 11년~461년 8월 7일

서로마 제국을 재건하고 과거의 위신을 회복하고자 노력한 서로마 제국 말기의 황제. 아비투스 황제 시대에 프랑크족과 알라마니족의 침략을 저지함으로써 유능한 군인으로 주목받았고, 아비투스가 죽은 후에 당시의 실력자였던 리키메르의 후원을 받아 황제로 옹립되었다. 황제가 된 뒤로 장년기에 걸쳐서 과제였던 세제 개혁과 행정 개혁을 실시하였고, 중앙 집권에서 지방으로 일부 권한을 양도하며 재국 재건에 힘썼다. 또 군사적으로는 테오도릭 2세가 이끈 서고트족의 침략을 저지하는 공적을 올렸다. 그러나 461년에 원정을 떠난 이스파니아에서 돌아오던 도중, 병사가 일으킨 반란으로 인해 살해되었다.

퀸투스 카에킬리우스 메테르스 마케도니쿠스

생몰년/기원전 210년~기원전 116년

공화정 로마의 군인. 언변술과 예술에 재능이 뛰어났으며, 후에 집정관으로 취임하게 되는 아들도 네 명이나 두는 등 가정환경도 축복받았기에 행복한 로마인의 대표적인 존재라 일컬어진다. 군사에서도 큰 공적으로 남겼는데, 제4차 마케도니아 전쟁에서는 총사령관으로 활약하며 「마케도니쿠스」라는 존칭을 얻었다. 그러나 감찰관에 임명될 때 한 연설에서 시민의 방탕함을 방지하기 위해 전 시민에게 혼인을 의무화하겠다고 말하는 바람에 시민들에게서 강한 반발을 사는 실수도 저질렀다. 메테르스는 이 일로 인해 폭도로 돌변한 시민들에게 쫓겨, 당시 처형장으로 알려진 카피토리누스 언덕 남쪽 절벽에서 밀려 떨어질 뻔했다고 한다.

퀸투스 파비우스 막시무스 베루코수스 쿵크타토르

생몰년/기원전 275년~기원전 203년

제2차 포에니 전쟁 때 이탈리아 반도에 침공한 한니발과 맞서 싸운, 공화제 로마의 정치가이자 군인. 파비우스는 지금까지의 전투에서 로마군에게 대승한 카르타고군의 실력을 염두에 두고 정면에서 벌이는 결전을 회피. 카르카고군을 추적하면서 약탈의 대상이 될 수 있는 장소는 먼저 파괴하는 등 철저히 지구전으로 싸움을 걸며 적이 지치기를 기다렸다. 이 전략은 그의 이름을 따 「파비안 전략」이라고 한다. 이 전략은 한니발을 애먹였지만, 원로원이나 시민들에게는 너무 소극적이라고 비난받았다고 한다. 그러나 방어 중시의 전략을 좋아하는 파비우스는 그 후에도 꿋꿋이 활약하며 이윽고 「로마의 방패」라는 칭송을 받게 된다.

퀸투스 헤렌니우스 에트루스쿠스 메시우스 데키우스

생몰년/227~251년

아버지 데키우스와 함께 공동 황제로 즉위한 군인 황제 시대의 로마 제국 황제. 청년기에는 군사 경험을 쌓기 위해 아버지 데키우스의 곁에서 활약했으며, 아버지 데키우스가 황제로 즉위하면서 공동 황제로 지면된다. 헤렌니우스는 「아우쿠스투스」의 칭호와 집정관 역할을 받고, 아버지와 함께 고트족의 왕 크니바가 이끄는 게르만인을 토벌하기 위해 몸소 원정길에 올랐다. 그러나 251년에 벌어진 아브리투스 전투에서 로마군은 게르만군에게 패배하였고, 헤레니우스와 데키우스는 함께 전사하고 말았다. 그 이후, 이 두 황제는 외부의 적과의 전쟁에서 전사한 최초의 로마 황제로서 불명예스러운 이미지와 함께 입에 오르내리게 되었다.

타르퀴니우스 프리스쿠스

생몰년/기원전 615년~기원전 579년

왕정 로마에서 제5대 황제로 재위한 인물. 프리스쿠스가 왕이 되자마자 로마는 사비니의 공격을 받으며 로마 시내에서 전투가 발생하였다. 이 위기 상황에서 프리스쿠스는 고전하면서도 사비니인을 격퇴하는 데 성공하며, 뛰어난 군사 통솔력을 세간에 알렸다. 그 후 프리스쿠스는 에트루리아인 도시를 공략하여 수많은 약탈품을 로마에 가져왔다. 또 프리스쿠스는 배수용 수로를 정비하고 전차 경기장을 건설하는 등 국내 정치 쪽에서도 뛰어난 수완을 발휘했다. 기원전 6세기경부터 3세기 말까지 로마의 정치나 경제의 중심지였던 「포로 로마노」를 완성한 데에는 프리스쿠스의 공적이 컸다고 한다.

테오도시우스 2세

생몰년/401년 4월~450년 7월 28일

동로마 제국 테오도시우스 왕조의 제2대 황제로, 초대 황제 아르카디우스의 아들이기도 하다. 테오도시우스 2세는 「서예가」라는 별명이 붙어 있으며, 교양인으로도 유명한 인물. 정치는 제쳐 놓고 신학과 학문 등 다방면에 걸친 분야에 열중했다고 한다. 그래서 정치는 중신들이 했다고 전해진다. 테오도시우스 2세의 재위 중에는 수도 콘스탄티노폴리스의 방어를 강화하기 위해 「테오도시우스 성벽」이라 불리는 난공불락의 대규모 성벽을 축조. 더 나아가 로마 제국의 기초가 되는 『테오도시우스 법전』의 정비 등이 이루어졌다. 또 대외 정책으로는 사산 왕조 페르시아와 상호 불가침 조약을 맺었다.

툴루스 호스틸리우스

생몰년/기원전 710년~기원전 641년

호스틸리우스 회의장을 건설했다고 하는 왕정 로마의 제3대 왕. 초기 왕정 로마에서는 라틴인과 사비니인 사이에서 서로 한 차례씩 왕을 선출하자는 약속이 있었고, 제2대 왕 누마는 사비니인이었기 때문에 기원전 673년에 라틴인 호스틸리우스가 제3대 왕으로 즉위했다고 한다. 군사적 재능이 뛰어난 호스틸리우스는 베데나이 근교에서 전투가 벌어졌을 때, 큰 소리로 적군을 동요시키고 혼란을 불러일으키며 승리를 거두었다. 호스틸리우스의 치세는 32년 동안 지속되었고, 기원전 641년에 사망하였다. 일설에서는 선대 왕 누마의 유서를 참고하여 주신 유피테르를 불러내려고 했지만, 조잡한 의식으로 인해 신의 노여움을 사 벼락을 맞았다고 한다.

티베리우스 셈프로니우스 그라쿠스

생몰년/기원전 163년~기원전 133년

공화정 로마 정치가. 동생인 가이우스 셈프로니우스 그라쿠스와 함께 그라쿠스 형제라는 명칭으로 잘 알려져 있다. 133년에 호민관에 당선 된 티베리우스는 토지를 소유하지 않은 퇴역병을 구제할 목적으로 「셈프로니우스 농지법」 법안을 제출하지만, 원로원과 대립. 법안이 이대로 무산되는 것을 두려워한 티베리우스는 원로원을 거치지 않고 시민 집회에 법안을 제안했다. 원로원은 또 다른 호민관인 옥타비우스를 매수하여 거부권을 최대한으로 이용하지만 티베리우스는 옥타비우스를 시민 집회 투표로 해임시키고 법안을 가결시켰다. 그러나 이번 일로 티베리우스는 법안 반대파의 원성을 사게 되고, 같은 해 폭도들의 손에 살해당했다.

티베리우스 셈프로니우스 롱구스

생몰년/기원전 260년~기원전 210년

제2차 포에니 전쟁 때 푸블리우스 코르넬리우스 스키피오와 함께 집정관을 지내며, 한니발이 이끄는 카르타고군의 침공을 저지하려 한 공화정 로마 군인. 기원전 218년에 벌어진 트레비아 강 전투에서는 스키피오와 대립하면서도 한니발을 과감하게 공격했다가 패배. 하지만 이 전투에서 셈프로니우스와 그의 부하 병사 1만 명은 카르타고군의 철통같은 포위망을 탈출하며 목숨을 부지했다. 그 이듬해 셈프로니우스는 집정관 임기를 마치고 로마로 귀환하지만, 곧바로 전장으로 복귀. 기원전 215년에는 한노가 이끈 카르타고군과 벌인 교전에서 승리를 거머쥐며 남이탈리아에서 카르타고 세력을 쫓아내는 데 성공했다.

티베리우스 율리우스 카이사르

생몰년/기원전 42년 11월 16일~37년 3월 16일

로마 제국의 제2대 황제로, 초대 황제 아우구스투스(옥타비아누스)의 양자. 아우구스투스의 후계자로서 금융 위기 대책이나 변경 방위망 확립 같은 많은 행정 정책에서 그 수완을 발휘했다. 제정을 확립할 때에는 제정 정착화에 심혈을 기울였다. 로마에 대한 과도한 공공 투자를 제한하고 업적을 드러내는 것을 몹시 꺼려했으며, 강인하고 성실한 모습을 언제나 잃지 않았다. 제위를 계승할 때에 는 원로원에게 협력을 요청하며 선거 비용과 시간을 줄이기 위해 관직 선거장을 시민 집회에서 원로원으로 옮기는 정책을 펼쳤다. 그 후 자신을 해하려고 계획한 세이아누스와 그 일파를 숙청하고, 원수가 통치를 하는 원수정을 확립하였으며, 그로부터 37년 후에 병으로 사망하였다.

티베리우스 클라우디우스 네로 카이사르 드루수스

생몰년/기원전 10년 8월 1일~54년 10월 3일

로마 제국 제4대 황제. 병약하고 말을 더듬거나 한쪽 다리를 끄는 버릇이 있어서 공무에는 어울리지 않는다는 판단하여 역사 연구에 몰두했으나, 이윽고 집정관으로 취임. 원로원 의원 자리를 거쳐 41년에 칼리굴라가 암살당한 뒤 황제에 취임했다. 황제가 된 클라우디우스는 바로 정치 재능을 발휘하여 붕괴 상태에 있던 로마의 재정을 바로 세웠다. 또 즉위하고 2년 후에는 브리타니아 원정에 나섰고, 이듬해에 브리타니아 남부를 정복하고 로마에 돌아왔다. 그러나 뛰어난 공적을 올린 클라우디우스는 54년에 갑자기 사망한다. 사인은 독버섯에 의한 중독이었는데, 진상은 네 번째 부인 아그리피나에 의한 암살이라고 전해지고 있다.

티투스 라비에누스

생몰년/기원전 100년경~기원전 45년 3월 17일

갈리아 전쟁에서 카이사르의 우수한 부하로서 부사령관직을 맡았다. 카이사르가 게르마니아와 브리타니아 원정에 나서기 위해 갈리아를 떠나면 갈리아 속주 전체의 통치를 맡아 다스리며, 카이사르의 기대에 부응했다. 그러나 갈리아 전쟁이 끝난 후에는 원로원파와 대립하는 카이사르와 결별하고, 폼페이우스를 지지하는 원로원파에 가담하였다. 그 후 기원전 45년에 문다에서 카이사르군과 격돌. 호각 상태로 전투를 유지하다가 라비에누스의 전장 이동이 퇴각이라고 오해받은 것이 폼페이우스군의 붕괴를 초래하며 패배한다. 폼페이우스파는 이 패전에서 큰 타격을 입게 되고, 라비에누스도 이 전투에서 전사했다고 전해진다.

티투스 아우렐리우스 풀비우스 보이오니우스 아리우스 안토니누스

생몰년 86년 9월 19일~161년 3월 7일

네르바-안토니누스 왕조 제4대 로마 황제이자, 최초의 아우렐리우스 씨족 출신 황제. 안토니누스 황제가 통치한 20년 동안에 대규모 군사 원정은 없었으며 평범한 치세였다고 한다. 또한 안토니누스 황제는 학문과 예술, 문화 보호에 심혈을 기울였으며, 수많은 극장과 신전을 건설하게 하고 학자들의 보수를 인상하는 정책을 펼쳤다. 그러면서 법 개혁을 실시하여 노예의 시민권 획득에 관한 필요조건을 완화함으로써 노예 해방의 길을 활짝 열게 되었다. 그리고 위병에게 구속된 사람의 처우를 더 평등하게 만들고 취조 시 고문 사용 제도를 마련함으로써 이제까지보다 더 인권을 존중한 법 개혁을 실시하였다.

티투스 플라비우스 도미티아누스

생몰년/51년 10월 24일~96년 9월 18일

플라비우스 왕조 최후의 황제로, 선대 황제 티투스의 남동생이다. 유대인에게 가혹한 방침을 취하였으며, 네로에 이어 그리스도교 박해자로 잘 알려져 있다. 도미티아누스의 국내 정책은 성공하지 못하고 군사적으로도 다키아 원정에서 실패를 거듭하였다. 이로 인해 제국의 경제는 악화되며 통화 하락을 초래하였다. 도미티아누스는 실수를 만회하기 위해 증세를 했지만, 경제 상태를 더욱 악화만 시키고 끝이 났다. 이러한 실책을 반복한 끝에 도미티아누스는 96년에 암살당한다. 죽은 후 그는 자신과 관련된 모든 흔적이 말소되는 「기록 말살형」에 처해졌다. 이 형벌은 공적이나 명예를 중시한 로마인에게 가장 무거운 형벌이었다.

티투스 플라비우스 베스파시아누스

생몰년/39년 12월 30일~81년 9월 13일

베스파시아누스 황제의 아들로, 플라비우스 왕조 제2대 로마 황제. 아버지와 구분하기 위해 이쪽은 티투스라고 부르는 경우가 많다. 67년에 재무관으로서 유대인의 반란을 진압하는 지휘를 맡았다. 그 후 70년대에는 예루살렘 점령이라는 공적을 남겼으며, 친위 대장과 집정관을 여러 번 역임하였다. 황제가 된 아버지가 사망하자, 뒤를 이어 로마 황제가 되었다. 황제로 즉위한 뒤로는 시민의 오락으로 자주 검투사 시합을 개최. 게다가 베스파시아누스 전 황제를 야유하는 희극이 상영되어도 화를 내지 않았기 때문에 로마 시민에게 인기가 많았고, 원로원과의 관계도 좋았다. 그러나 즉위한 지 불과 2년 만에 열병으로 사망하였다.

파

티투스 플라비우스 베스파시아누스

생몰년/9년 11월 17일~79년 6월 23일

로마 제국의 황제로, 4황제의 해에 종지부를 찍고 플라비우스 왕조를 창시한 인물. 같은 이름의 다른 인물과 구별하기 위해 단순히 베스파시아누스라고 부르기도 한다. 재정의 건전화를 위해 많은 개혁을 실시했으면 74년에는 유료 공중 화장실을 설치하는 특이한 정책을 실시했다. 이 정책의 목적은 요금 징수보다도 모은 소변을 판매하는 것에 있었다. 당시에는 양털에서 유분을 씻어내기 위해 사람의 소변을 사용했기 때문에 소변의 수요는 높았던 것이다. 그러나 재정 건전화에 분투한 베스파시아누스의 노력을 시민들은 제대로 이해하지 못했고, 그가 죽은 후에는 자신의 장례식에 놀라는 희극이 만들어지는 등 야유를 받는 일도 많았다고 한다.

페르세우스

생몰년/생몰년 미상

안티고노스 왕조 마케도니아 최후의 왕으로, 마케도니아를 지배한 인물. 왕이 됨과 동시에 그 전까지 로마와의 관계를 철저하게 재점검하고 반로마 자세를 보이도록 왕국에 제시했다. 이 페르세우스의 자세가 원인이 되어 제3차 마케도니아 전쟁이 발발. 페르세우스도 직접 군을 이끌고 참전하여 어느 정도 성공을 거두었다. 그러나 서서히 상황이 불리해지며 기원전 168년에 벌어진 피드나 전투에서 대패를 당하고 로마에게 항복. 페르세우스는 로마의 포로가 되며 폐위 당했다. 이로써 안티고노스 왕조 마케도니아 왕국은 멸망하고, 4개의 공화국으로 분할된다. 후에 로마에 반란을 일으키지만 진압당하고 속주가 되었다.

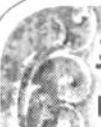

푸블리우스 리키니우스 발레리아누스

생몰년/200년경~260년 이후

군인 황제 시대에 즉위한 인물. 이 시대의 황제는 낮은 신분인 사람이 많았는데, 발레리아누스는 유서 있는 원로원 의원 출신이었다. 즉위 후 발레리아누스는 페르시아에 가까운 로마 제국의 동쪽 절반을 통치하였고, 256년에는 페르시아로 직접 원정을 나섰다. 그러나 259년에 벌어진 에데사 전투에서 샤푸르 1세가 이끄는 페르시아군에게 패배하며 포로가 되고 만다. 사실 로마 황제가 적국에 잡힌 것은 로마 역사상 처음이며, 동로마 제국의 역사를 포함하여도 이 일 외에는 찾아볼 수가 없는 굴욕적인 사건이었다. 잡힌 발레리아누스는 전신의 피부를 칼로 벗겨내는 형벌에 처해져 참혹한 죽음을 맞이했다고 전해진다.

푸블리우스 리키니우스 에그나티우스 갈리에누스

생몰년/218년경~268년

군인 황제 시대에 아버지 발레리아누스와 함께 공동 황제로 즉위한 로마 제국의 황제. 즉위 후에는 로마 제국의 서쪽 통치를 담당하였고, 259년에 벌어진 에데사 전투에서 발레리아누스가 페르시아 황제 샤푸르 1세에게 붙잡히자 단독 황제가 되었다. 그러나 발레리아누스가 붙잡혔다는 불명예스러운 사실로 인해 로마 제국의 권위는 실추. 이로 인해 야만족의 침공이 격화되었고, 갈리아 제국과 팔미라 왕국의 분리 · 독립도 허용하고 말았다. 갈리에누스는 이 문제들에 대처하기 위해 적극적으로 움직이지만, 만족스러운 성과를 올리지 못하고, 마지막에는 클라우디우스 고티쿠스가 일으킨 쿠데타에 의해 살해당했다.

푸블리우스 셉티미우스 게타

생몰년/189년 3월 7일~211년 12월 26일

셉티미우스 세베루스 황제의 유언에 따라 루키우스 셉티미우스 바시아누스(카라칼라 황제)와 함께 로마 제국의 공동 황제로 즉위한 인물. 그러나 임관 서임부터 법률 해석과 모든 분야에서 바시아누스와 격렬하게 대립하며 제대로 된 공동 정치는 할 수 없었다. 공동 황제의 이점을 살릴 수 없었던 한 예라고도 한다. 그 후 바시아누스는 게타의 암살을 계획하지만 모두 미수에 그친다. 그러나 어머니가 마련한 화해의 자리에서 바시아누스파 백인대장의 손에 결국 게타는 살해당하고 말았다. 살해 후 게타는 「명예 말살」형에 처해지며 모든 기록이 공식 장소에서 말소되었고, 초상화에서도 얼굴이 지워졌다고 한다.

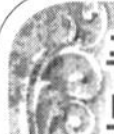

푸블리우스 아이리우스 트라야누스 하드리아누스

생몰년/76년 1월 24일~138년 7월 10일

네르바-안토니누스 왕조 제3대 로마 황제. 하드리아누스가 남긴 업적은 로마의 긴 역사 속에서도 특별히 크게 다룰 만한 점이 많은데, 제국 주변 지역의 방어책 정비와 통치기구를 정비하기 위해 두 번에 걸쳐 진행한 순찰 여행, 관료제도 확립에 의한 행정 정비 등 그 업적은 여러 방면에 이른다. 또 법제도 정비도 적극적으로 하였으며, 속주 총독과 속주의 심판관과 같은 법무관들이 제출한 종래의 고시를 집대성한 『영구고시록』이라는 법전을 편찬하게 지시했다. 또 직접 나서서 베누스와 로마 신전의 설계를 하는 등 로마 시내의 건축물의 건축과 재건에도 힘을 쏟았다고 한다. 노년에는 건강 악화로 괴로워했으나 62세까지 생존하였다.

푸블리우스 코르넬리우스 스키피오 나시카 코르쿨룸

생몰년/출생년 미상~기원전 141년

공화제 로마의 정치가로, 주로 제2차 포에니 전쟁에서 제3차 포에니 전쟁 사이에 원로원으로 활동한 인물. 군인으로서의 공적도 있는데, 루키우스 아이밀리우스 파울루스 마케도니쿠스의 밑에서 제 3차 마케도니아 전쟁에 참전했다. 집정관에는 두 번 당선된 경력이 있지만, 첫 번째는 점에서 좋지 않은 징조가 나오는 바람에 직을 사퇴했다. 두 번째 선출됐을 때에는 달마티아로 출정하여 대승리를 거뒀다. 그 후 최고 대신관의 자리를 거치고 원로원의 일인자로 출세하지만, 높은 지위를 얻었음에도 정치적인 영향력은 적었다고 한다. 그로 인해 정적인 마르쿠스 포르키우스 카토 켄소리우스가 주목받는 것을 막을 수 없었고, 점점 발언권을 잃어 갔다.

푸블리우스 코르넬리우스 스키피오 아프리카누스 마이오르

생몰년/기원전 236년~기원전 183년

제2차 포에니 전쟁에서 활약한, 공화정 로마의 군인. 아내의 조카인 스키피오 아이밀리아누스와 구분하기 위해 대스키피오라고도 불린다. 스키피오는 기원전 210년에 불과 25세라는 젊은 나이로 군단의 지휘관이 되며, 이스파니아로 원정을 떠나 카르타고 세력을 소탕하였다. 204년에는 아프리카로 원정을 떠나 카르타고 · 누미디아 동맹군을 야습으로 물리쳤다. 그리고 202년에는 자마 전투에서 로마의 숙적 한니발과 격돌하였고, 이 결전에서도 승리하며 제2차 포에니 전쟁에서 로마의 승리를 결정지었다. 전쟁이 끝난 후 스키피오는 시민들에게 열광적인 환영을 받으며 종신 집정관과 종신 독재관의 지위를 제시받았다. 그러나 스키피오는 이것들을 거절하고 은둔 생활을 했다고 한다.

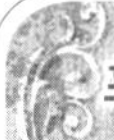

프리스쿠스 아탈루스

생몰년/출생년 미상~416년 이후

아버지 대에 아시아에서 이주한 그리스인이며, 로마 원로원 의원으로 활동하였다. 아탈루스는 409년과 414년, 두 번에 걸쳐 서고트족의 후원을 받으며 황제 선언을 했다. 그러나 당시 로마에는 권력 기반이 약한 소년 황제라고는 하지만 호노리우스라는 황제가 존재했기 때문에 아탈루스의 즉위는 정식적인 것으로 인정받지 못했고, 후세에서는 제위 찬탈자 취급을 받았다. 서고트가 아탈루스를 장기간 계속 지원한 것이 아니었기 때문에 두 번의 즉위는 전부 짧은 기간으로 종료. 그 후 호노리우스에게 붙잡힌 아탈루스는 리파리 섬에 유배되어 그곳에서 생을 마쳤다고 한다.

푸블리우스 코르넬리우스 스키피오 아프리카누스 누만티누스

생몰년/기원전 185년~기원전 129년

공화제 로마 시기의 장군, 정치가. 제3차 포에니 전쟁 때 카르타고를 공격하기 위해 파견되었고, 3중 방어벽으로 보호받는 카르타고를 함락시켰다. 이때 화염에 싸여 붕괴하는 카르타고를 본 그는 역사가 폴리비오스에게 「로마도 언젠가 이렇게 멸망하는 날이 오겠지」라고 탄식했다고 한다. 포에니 전쟁 후에는 누만티아 전쟁의 사령관으로 선출되었고, 기원전 133년에 누만티아를 정복. 이베리아 반도에 로마의 지배권을 확립하며 로마의 지배 세력을 확장하는 데 큰 공헌을 했다. 그는 병으로 생을 마감했다고 전해지지만, 아내와 장모에 의한 암살이나 정책으로 대립하던 일파에 의한 암살 등 여러 주장이 존재한다.

프로코피우스 안테미우스

생몰년/420년경~472년 7월 11일

동로마 황제 레오 1세가 지명하여 서로마 황제로 즉위한 인물. 황제가 된 안테미우스는 당시 제국을 힘들게 만든 반달족과 서고트족의 위협에 대응하기 위해, 대규모 토벌 계획을 실행으로 옮긴다. 그러나 모두 치명적인 패배를 당하며 제국의 국력을 크게 약화시키기만 하고 끝이 났다. 이 패배로 로마는 아프리카의 지배권을 잃었다. 군사적으로 실패한 안테미우스는 국내 정치에서도 이렇다 할 정책을 펼치지 못하고, 결국 당시의 실력가였던 장군 리키메르와 대립하게 된다. 그리고 470년에 내전이 시작되었고, 안테미우스는 리키메르의 군대에 패배하고 붙잡힌 뒤 살해당했다.

플라비우스 갈레리우스 발레리우스 리키니아누스 리키니우스

생몰년/263년경~325년

발레리우스 황제가 죽은 뒤 친구였던 갈레리우스 황제의 명으로 정제가 되며, 일리리쿰, 트라키아, 판노니아 속주를 지배했던 인물. 갈레리우스가 죽은 후에는 동쪽 로마 제국을 막시미누스와 함께 분할 통치하였다. 그때 헬레스폰트 해협과 보스포루스 해엽을 경계로 하는 데 합의했다. 314년 키발라에 전투를 계기로 콘스탄티누스 황제와 대립하게 되며 두 사람 사이에 잠시 화해가 성립되지만, 324년에는 다시 격돌. 리키니우스는 이 전투에서 패배하며 유폐당하고, 같은 해에 처형당했다. 또 리키니우스는 생전에 밀라노 칙령을 발표하며 그리스도교를 공인한 것으로 알려져 있다.

플라비우스 그라티아누스

생몰년/359년 4월 18일/5월 23일~383년 8월 25일

발렌티니아누스 1세가 사망한 후, 발렌티니아누스 2세와 함께 로마 제국의 서쪽 통치자로 즉위한 황제. 378년에 아드리아노폴리스 전투에서 로마 제국 동쪽의 황제 발렌스가 전사하면서 테오도시우스 1세를 동쪽의 공동 황제로 임명했다. 이때 테오도시우스 1세는 아버지의 명예 회복을 간청했으며, 그라티아누스는 이에 동의했다고 전해진다. 정치면에서는 최고 대신관 칭호를 거부하고 원로원에서 여신 빅토리아 제단을 철거하는 등 발렌티니아누스 1세의 종교 정책을 분리했다고 한다. 383년에 갈리아에 침공한 막시무스군과 맞서 싸울 때 부하 메로바우데스의 배신으로 패배하며 살해당했다.

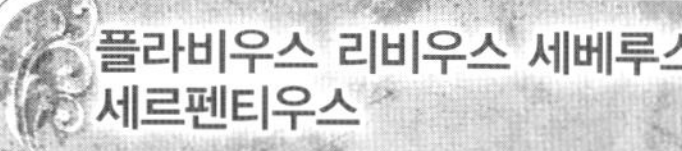

플라비우스 리비우스 세베루스 세르펜티우스

생몰년/420년경~465년 8월 15일

서로마 제국 말기의 황제로, 루카니아 출신 원로원 의원이라는 경력을 가졌다. 마요리아누스가 죽은 뒤 리키메르에 의해 옹립되었지만, 실권은 리키메르의 손에 있어서 리비우스의 이름으로 발행된 동전에는 리키메르의 모노그램이 각인되었다고 한다. 또 갈리아를 지배하는 아에기디우스 장군, 일리리쿰 속주의 마르켈리누스 장군, 동로마 황제 레오 1세 등도 리비우스의 황제 즉위를 인정하지 않았다. 그런 이유로 리비우스는 사실상 이탈리아만 다스리는 통치자가 되었으며, 아에기디우스가 죽은 후에도 갈리아를 지배하는 기간은 매우 짧았다. 이렇게 해서 리비우스는 만족스러운 통치를 하지 못한 채 465년에 숨을 거두었다.

플라비우스 리키메르

생몰년/405년~472년 8월 18일

서로마 제국의 장군. 네 명의 황제를 옹립하고 세 명의 황제를 암살하였으며, 서로마 말기의 실질적인 지배자로 군림하였다. 456년 아비투스 황제 재위 때에 반달족을 격퇴한 공적으로 서로마의 최고 군사령관에 임명되지만, 반란을 일으켜 아비투스를 추방. 이듬해 457년에 마요리아누스를 옹립하지만, 그 4년 후에는 원로원을 끌어들인 마요리아누스를 폐위시킨 뒤 처형했다. 그 후 리비우스 황제를 옹립하지만, 세금 징수 수입이 급감하면서 동로마 제국의 원조가 필요해지자, 리비우스의 존재가 방해가 되어 독살. 다음으로 옹립한 안테미우스 황제와도 대립하며 즉위하고 5년 후에 살해했다. 그러나 그 6주 후, 리키메르도 갑작스러운 과다출혈로 의문사를 하고 말았다.

플라비우스 발레리우스 콘스탄티우스

생몰년/250년 3월 31일~306년 7월 25일

로마 제국의 황제. 콘스탄티누스 왕조의 창시자이며, 콘스탄티우스 1세의 아버지. 동로마 제국 시대에 역사가가 붙였다고 하는 클로루스라는 이름으로 부르기도 한다. 콘스탄티누스는 디오클레티아누스가 제정한 4분할 통치로 로마가 분할됐을 때, 서쪽 로마의 정제(正帝) 막시미아누스의 보좌로서 부제로 임명되었다. 그 후 305년에 디오클레티아누스의 건강이 악화되면서 막시미아누스와 함께 퇴위하자, 막시미아누스의 뒤를 이어 서쪽 황제로 즉위한다. 이때 동쪽의 황제로는 디오클레티아누스의 부제였던 갈레리우스가 오르며, 선황제 시대와 마찬가지로 분할 통치가 계속되었다.

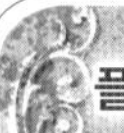

플라비우스 스틸리코

생몰년/365년~ 408년 8월 22일

야만족 출신의 서로마 제국 군인. 테오도시우스 1세가 동서 로마를 통일한 후 로마군 총사령관으로 임명된다. 테오도시우스 1세가 사망한 후에는 서로마 제국의 황제 호노리우스의 후견인이 되지만, 야만족 출신이라는 것이 족쇄가 되어 동서 로마의 각 제국 관료에게 방해를 박데 된다. 그러나 397년에 마케도니아에서 알라리크를 격퇴하고, 같은 해 아프리카에서 발생한 길도의 반란도 훌륭하게 진압. 그 후 세력을 부활시킨 알라리크를 다시 한 번 격파하며 큰 공적을 세웠다. 하지만 그래도 야만족 출신이라는 꼬리표는 따라녔고, 정치적 방해를 여러 차례 받은 끝에 결국 서고트족과 내통했다는 혐의를 뒤집어쓰고 처형당했다.

플라비우스 에우게니우스

생몰년/출생년 미상~394년 9월 6일

발렌티니아누스 2세가 죽은 뒤 테오도시우스 1세의 대립 황제로 등장한 인물. 에우게니우스의 후원자가 된 것은 친구인 아르보가스테스였는데, 사실 아르보가스테스는 순수한 마음으로 에우게니우스를 응원한 것이 아니라 직접 황제가 되어 대항 세력의 표적이 되는 것을 피하기 위해 나서서 후원자가 된 것이라는 말이 있다. 이러한 배후의 존재 때문에 에우게니우스는 「아르보가스테스의 꼭두각시」라는 평가도 있다. 황제로 선출되자 에우게니우스는 주요 행정관을 자신에게 충실한 사람들로 바꾸며 제정을 장악했다. 그러나 394년에 테오도시우스 1세가 파견한 토벌군에게 패배하고 붙잡힌 뒤 국가 반역죄로 처형당했다.

플라비우스 오레스테스

생몰년/출생년 미상~476년

원래는 훈족의 왕이니 아틸라의 중신이었지만, 아틸라가 사망한 후 서로마 제국에서 활동한 인물. 게르만계 민족이라는 주장과 훈족 출신이라는 추장이 있으며, 출신을 분명하지 않다. 서로마에서 관직에 오른 후에는 황제 네포스의 신뢰를 얻지만, 민중과 원로원은 동로마의 후원자가 있었던 네포스를 경원시하고 있었다. 이 상황을 위기라 느낀 플라비우스는 네포스에게 반기를 들었고, 그를 추방하며 실권을 장악했다. 나중에 자신의 아이인 로물루스 아우구스툴루스를 황제로 올리지만, 장군 오도아케르에 의해 아우구스툴루스는 퇴위를 당하고 만다. 그리고 플라비우스도 이때 반란으로 살해당한다.

플라비우스 율리우스 네포스

생몰년/430년~480년

서로마 제국 말기의 황제. 테오도시우스 왕조가 단절된 후, 로마 제국 동쪽 황제인 레오 1세의 지지를 받아 거병하여 서쪽 황제를 자처하던 글리케리우스와 전투를 벌였다. 네포스의 아내의 작은아버지인 레오 1세는 네포스의 강력한 지지자가 되어주었다. 네포스가 거병하자 글리케리우스를 지지하던 부르군트군은 싸우지도 않고 도망쳤고, 글리케리우스도 항복. 네포스는 붙잡은 글리케리우스를 추방한 뒤 서쪽 황제로 즉위하였다. 그러나 인심을 장악하기 전에 부하인 오레스테스의 배신으로 네포스 역시 추방당하고 만다. 그 후 네포스는 달마티아로 도망쳤고, 자신의 황위 정당성을 계속 주장하다가 480년에 누군가에게 암살당했다.

플라비우스 율리우스 발렌스

생몰년/328년~378년 8월 9일

형 발렌티니아누스 1세가 임명하여 로마 제국 동쪽을 다스린 로마 제국의 황제. 378년 아드리아노폴리스 전투에서 고트족 군대와 대치하지만, 발렌스는 서로마를 통치하고 있던 조카 글라디아누스의 원군을 거절하고 단독으로 적군과 맞서 싸웠다. 그러나 고트군의 쉴 새 없는 공격에 로마군은 파멸 직전의 피해를 입게 되고, 발렌스도 전투 중에 중상을 입고 도망친다. 발렌스는 도중에 발견한 작은 집에 피신하지만, 적군이 그 집에 놓은 불에 타 죽고 만다. 이 전투의 결과 로마 제국 중앙부에 고트족의 침입을 허락하게 되었고, 당시 문화인들은 큰 충격을 받았다고 한다.

플라비우스 클라우디우스 율리아누스

생몰년/331년 또는 332년~363년 6월 26일

콘스탄티누스 왕조의 황제로, 콘스탄티누스 1세의 조카. 많은 정치 정책을 펼쳤으며, 그 공적은 원로원 권위의 부흥, 도시 재편, 궁정 · 관료 조직의 규모 축소 등 여러 방면에 이른다. 또 다양한 도시에서 유학한 경험을 살려 각 도시의 재정 부담을 줄였고, 참사회가 가진 권한을 강화는 것도 고려했다. 종교 개혁도 실시하며 그리스도교 유대를 폐지. 이단 취급을 받은 사람들을 사면해줌으로써 그리스도교내의 대립을 환기시켰다. 폭력적인 수단은 쓰지 않고 교묘하게 종교계의 문제를 유도하며 해결했다고 한다. 이러한 실적으로 인해 마지막 「이교도 황제」라고 부르기도 한다.

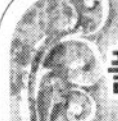

플라비우스 테오도시우스

생몰년/347년 1월 11일~395년 1월 17일

짧은 기간이지만 분열된 로마를 통일한 황제. 테오도시우스 1세나 테오도시우스 황제라고도 불린다. 상급 장교였던 대 테오도시우스의 아들로 태어나, 368년에 발생한 브리나티아 반란 때 아버지와 동행하여 활약했다. 374년에는 모에시아의 군사령관에 임명되지만, 이듬해 아버지가 반란 혐의로 처형당하면서 퇴관. 378년에 그라티아누스 황제가 동로마 제국의 공동 황제로 임명하면서 세상에 복귀하였다. 발렌티아누스 2세가 사망하자 동서 로마를 실질적으로 지배하게 되며, 394년에는 에우게니우스를 물리치며 동서 로마 제국의 유일한 황제가 되었다. 그러나 통일도 잠시, 이듬해에 48세의 나이로 사망하였다.

한니발 바르카

생몰년/274년~기원전 183년

카르타고의 장군. 한니발이 카르타고군의 지휘관이 된 시대에 로마는 카르타고군의 침공 경도를 이탈리아 반도 서부 또는 남부로 예상하고 있었다. 한니발은 이 예상을 철저히 깨뜨리며 알프스 산맥을 넘어 북쪽에서 로마령을 침공한다. 그리고 트레비아 전투를 시작으로 모든 전투에서 로마군을 격파하며, 약 15년 동안에 걸쳐 이탈리아 반도를 엉망으로 만들었다. 그 후 카르타고로 귀환한 한니발은 기원전 202년 자마 전투에서 패배를 당하고, 제2차 포에니 전쟁은 카르타고의 패배로 끝이 난다. 그러나 이로 인해 한니발의 화려한 경력에 흠집이 나는 것은 아니었으며, 현재도 역사상 가장 뛰어난 명지휘관으로 높은 평가를 받고 있다.

로마 전쟁 역사 연표

로마 역사의 중심에는 항상 전쟁이 존재하였다. 기원전 753년 왕정 로마가 건국될 때부터 476년 서로마 제국이 멸망할 때까지 약 1200년에 걸친 긴 전투의 역사를 기록하였다.

BC (기원전)	사건
753	로물루스가 왕정 로마를 건국
509	7대 로마 왕 타르퀴니우스 수페르부스 추방. 공화제가 성립
496	로마, 레길루스 호수 전투에서 라티움 동맹을 패배시키다
396	로마, 10년간 지속된 공성전 끝에 에트루리아인의 유력 도시 베이를 함락시키다
390	갈리아인, 알리아 강에서 로마군을 완패시키고, 로마 시내를 약탈하다
343-341	제1차 삼니움 전쟁
340-338	라티움 동맹과의 전투. 로마가 승리하면서 라티움 동맹은 해산
326-304	제2차 삼니움 전쟁. 로마군은 두 번에 걸칠 완패 후 세력을 복구하고 평화 협상
298-290	제3차 삼니움 전쟁. 로마군, 기원전 295년에 센티눔에서 대승리
283	갈리아인 보이족, 에트루리아인과 결탁하여 로마군과 싸우지만 바디모 호수에서 패배
280	에피루스 왕 피로스, 로마로 침공. 로마군, 헤라클레아 전투에서 패배
279	로마군, 아스쿨룸 전투에서 피로스에게 패배
275	로마군, 베네벤토 전투에서 피로스에게 대승리를 거두며 퇴각하게 만들다
272	그리스의 식민 도시 타렌툼을 함락시키고 이탈리아 반도를 통일
264-241	제1차 포에니 전쟁
260	로마군, 밀레 해전에서 카르타고군에게 승리
256	로마군, 에크노무스 해전에서 카르타고군에게 대승리

BC (기원전)	사건
256-255	레굴루스, 아프리카에 침공하여 첫 전투에서는 승리하지만 그 후 패배
255	로마군, 카나리아 앞바다에서 태풍으로 난파하여 크나큰 피해를 입다
249	로마군, 드레파나 해전에서 카르타고군에게 패배
241	로마군, 아에가테스 해전에서 카르타고군에게 최종적으로 승리
235	로마군, 갈리아인의 침입을 텔라몬에서 격퇴
223	로마군, 알프스 남부에 거주하던 갈리아인에 대한 원정을 성공시키다
218-201	제2차 포에니 전쟁
218	카르타고의 한니발, 알프스를 넘어 로마로 침공. 티키누스 강에서 로마 기병 부대를 격파하고, 그 후 트레비아 전투에서 집정관 두 명의 부대를 파괴하다
217	집정관 플라미니우스, 트라시메누스 호반 전투에서 카르타고군 복병에게 당해 패배
216	로마군, 칸나에 전투에서 카르타고군에게 대배패
214-205	제1차 마케도니아 전쟁. 로마는 그리스의 동맹 시를 잃고, 어쩔 수 없이 평화 체결을 맺는다
213-211	로마군 장기간에 걸친 포위전 끝에 시라쿠사이(시라쿠사)를 탈취
209	로마의 스키피오, 이스파니아(스페인)의 중심 도시 카르타고 노바를 탈취
208	스키피오, 바이쿨라에서 승리
207	한니발의 동생 하스드루발, 군단을 이끌고 이탈리아에 침입하지만 메타우루스 강에서 전사
206	스키피오, 일리파 전투에서 이스파니아 원정 중 결정적인 승리를 거두다
204-203	스키피오, 아프리카에 침공한 카르타고와 누미디아 연합군에게 승리
202	스키피오, 자마에서 한니발과 싸우고, 제2차 포에니 전쟁에서 결정적인 승리를 거두다
200-196	제2차 마케도니아 전쟁
197	로마의 플라미니누스, 키노스케팔라이에서 마케도니아 왕 필리포스 5세에게 대승리
197-179	이스파니아에서 일련의 전쟁이 종결되고, 그라쿠스는 평화적인 식민을 시행하다
192-189	셀레우코스 왕조 시리아와 전쟁
191	로마군, 시리아 안티오코스 3세의 그리스 침공군을 테르모필라이에서 격퇴
190	로마군, 마그네시아에서 안티오코스 3세를 격파하다

BC (기원전)	사건
172-167	제3차 마케도니아 전쟁
168	로마군, 피드나 전투에서 안티고노스 왕조 마케도니아 왕 페르세우스의 군단에게 대승리. 안티고노스 왕조 마케도니아 멸망
154-138	루시타니아 전쟁
149-146	제3차 포에니 전쟁
149-148	제4차 마케도니아 전쟁
148	마케도니아, 로마의 속주가 되다
146	카르타고와 코린토스 파괴. 카르타고 멸망
143-133	누만티아 전쟁
125-121	로마군, 알프스 북부의 갈리아인을 패배시키다
113-101	킴브리-테우토니 전쟁. 전시 중 가이우스 마리우스가 군제 개혁을 단행하다
112-106	누미디아에서 내란이 발생하여 유구르타 전쟁이 발발. 로마군의 굴욕적인 항복과 함께 시작되지만, 마리우스가 최종적으로 승리를 거두다
105	로마군, 아라우시오 전투에서 킴브리족에게 처참하게 패하다
102	마리우스, 아쿠아이 섹스티아이 전투에서 테우토니인에게 대승리
101	마리우스와 퀸투스 루타티우스 카툴루스 군대가 베르켈라이 전투에서 킴브리인에게 대승리. 킴브리-테우토니 전쟁 종결
91-88	동맹시 전쟁. 이탈리아 동맹시가 로마를 상대로 일으킨 최후이자 최대 반란. 동맹시 측의 패배로 종식
88-85	제1차 미트리다테스 전쟁
86	루키우스 코르넬리우스 술라, 아테나이를 습격. 카이로네이아와 오르코메노스에서 미트리다테스 대군을 격파
83-82	술라, 이탈리아로 귀환. 로마 콜리나 성문의 전투에서 내전에 승리
83-82	제2차 미트리다테스 전쟁
82-72	세르토리우스의 반란
74-66	제3차 미트리다테스 전쟁
73-70	스파르타쿠스가 노예들을 이끌고 대반란을 일으키다. 이탈리아를 혼란에 빠뜨리고 로마 군단을 여러 차례 패배하게 만들지만, 마르쿠스 리키니우스 크라수스에게 진압당하다

BC (기원전)	사건
69	루쿨루스, 아르메니아 왕 티그라네스 2세를 격파하며 수도 티그라노케르타를 함락시키다
68	루쿨루스, 티그라네스와 미트리다테스 연합군을 아르탁사타 전투에서 격파하다
67	그나이우스 폼페이우스, 지중해 일대 해적을 단기간에 평정
66	폼페이우스, 대권(大權)을 쥐며 미트리다테스와의 전쟁을 종결시키다
63	폼페이우스, 예루살렘을 함락시키다
58-50	가이우스 율리우스 카이사르, 갈리아 원정에 나서다
54-53	크라수스, 파르티아에 침공하지만, 카레 전투에서 패사(敗死)
52	베르킨게토릭스의 통솔 아래 갈리아인의 반란. 아바리쿰 공방전에서 로마군이 승리.
49-45	카이사르와 폼페이우스에 의한 내전. 카이사르가 승리를 거두다
44	카이사르 암살
44-42	마르쿠스 안토니우스 및 가이우스 율리우스 카이사르 옥타비아누스가 통솔한 카이사르 지지자와 음모가들의 내전 발발
42	브루투스와 카시우스, 필리피에서 패배
40-38	시리아에 침입한 파르티아군, 아마누스 산과 긴다루스에서 벤티디우스에게 패배
36	안토니우스, 파르티아에 대공세를 펼치지만 프라아브사 탈취에 실패. 그 후 퇴각전에서는 굶주림과 병으로 많은 부하를 잃게 되다
31	안토니우스, 악티움 해전에서 옥타비아누스에게 패배. 옥타비아누스, 로마 제국의 유일한 지배자가 되다
31-30	파르티아군, 아르메니아 침략
28-24	옥타비아누스와 부하 장군, 이스파니아를 최종적으로 평정
27BC-AD14	아우구스투스(옥타비아누스)의 원수 재위
25	로마령 이집트를 습격한 에티오피아에 대한 원정군, 성공
20	파르티아와 화해를 함으로써 로마병 포로와 군기가 반환되다
16-15	알프스 부족에 대한 정복 원정
15	게르만 부족, 로마 속주를 습격하고, 롤리우스 우르비쿠스를 패배시키다
12-7	티베리우스 율리우스 카이사르, 판노니아를 정복. 게르마니아로 원정

AD (기원후)	사건
4-5	티베리우스, 엘베 강까지 이르는 게르마니아를 정복
6-9	판노니아와 달마티카의 반란. 티베리우스와 게르마니쿠스 율리우스 카이사르에 의해 평정되다
9	게르만 부족 케루스키인 아르미니우스, 토이토부르크 숲에서 푸블리우스 퀸틸리우스 바루스가 지휘한 3개 군단을 학살
10-11	티베리우스와 게르마니쿠스, 라인 강 변경을 확보
14	라인과 도나우 군단, 아우구스투스 사망 후에 반란을 일으키다
14-37	티베리우스 황제 제위
15-16	게르마니쿠스, 라인 군단을 이끌고 게르만인에게 맞서고, 바루스 군단의 유체를 매장. 인디스타비소에서 아르미니우스를 격파하지만 최종 승리를 거두지 못하다
17-24	북아프리카에서 예전 우호 부족의 족장 탁파리나스, 반락을 일으키지만 살해당하다
19	아르미니우스, 경쟁 세력 수장에게 살해당하다
21	갈리아의 플로루스와 사크로비가 반란을 일으키지만, 라인 군단에 의해 바로 평정되다
28	라인 강 동쪽에서 생활하는 게르만 부족 프리시인, 과도한 세금에 반란
37-41	칼리굴라(가이우스 율리우스 카이사르 아우구스투스 게르마니쿠스) 황제 제위
40-44	마우레타니아의 반란. 최종적으로는 세우토니우스 파울리누스와 후에 호시디우스 게타에 의해 평정되다
41-54	티베리우스 클라우디우스 네로 카이사르 드루수스 황제 재위
42	게르마티아 총독 스크리보니우스, 클라우디우스에게 반란을 시도하지만, 부하들의 지지를 얻지 못하고 자살
43	클라우디우스의 브리타니아 침공이 시작되다
47	코르불로, 프리시인을 탄압하며 패배로 몰아넣고, 소함대로 로마 속주를 습격하던 전 우호 부족장 카우키아누스 카나스쿠스를 살해
50	카라타쿠스는 패배했으나 웨일스 남부에 살던 실루리아인은 계속 저항하다
54-68	네로(네로 클라우디우스 카이사르 아우구스투스 게르마니쿠스) 황제 재위
58-64	아르메니아를 둘러싸고 파르티아와 개전. 코르불로, 아르탁사타와 티그라노켈타를 함락시키다
60-61	이케니인 여왕 보아디케아, 브리타니아 반란을 주도하며 대참화를 일으키지만, 수에토니우스 파울리누스에게 패배
62	카이세니우스 파이투스, 파르티아인에게 포위당해 항복

AD (기원후)	사건
66-74	유대인의 반란
66	시리아 총독 케스티우스 갈루스, 원정군을 이끌고 예루살렘으로 향하지만 결국 퇴각하는 상황에 이르고, 추격전에서 막대한 피해를 입다
67	티투스 플라비우스 베스파시아누스, 갈릴리인을 진압하고 요세푸스는 항복
68-69	4황제의 해. 네로가 사망하면서 각지의 속주군은 그 사령관을 후계자로 지명하고, 내전이 불가피한 상태가 되다
68	갈바 황제, 친위대의 보수 지불 요구를 만족시키지 못하고 살해당하다. 후계자 마르쿠스 살비우스 오토는 제1차 크레모나(또는 베드리아쿰)전에서 아울루스 비텔리우스 게르마니쿠스에게 패배
69	베스파시아누스 옹호파, 제2차 크레모나전에서 비텔리우스를 격파하다. 사르마티아인과 다키아인, 도나우 강을 건너 습격
69-70	게르마니아 북부 바타비아인 귀족이자 전 장관 율리우스 시빌리스, 반란군을 이끌고 갈리아 제국을 건설하려고 하지만 페틸리우스 케리알리스에게 패배
70-79	베스파시아누스 황제 재위
70	티투스 플라비우스 베스파시아누스, 장기 포위전 끝에 예루살렘을 함락시키다
73-74	유대인 반란의 최종 거점 마사다가 함락
71-74	페틸리우스 케리알리스, 브리타니아 북부의 사는 켈트족 브리간테스인을 패배시키다
74-78	율리우스 프론티누스, 웨일스 남부 지역의 실루리아인을 패배시키다
78-84	율리우스 아그리콜라, 스코틀랜드에 침입하여 몬스 그라우피우스에서 대부족 연합군을 격파하다. 그 후 도나우 강 전투에 참가하기 위해 군단은 철수하며 점령은 포기
79-81	티투스 황제 재위
81-96	티투스 플라비우스 도미티아누스 황제 재위
83	도미티아누스 황제, 게르만족 카티인에 대한 원정을 개시
85	다키아 왕 데케발루스, 로마 속주 모이시아에 침입하여 총독을 크게 패배시키다
86	집정관 코르넬리우스 푸스쿠스, 다키아를 진압할 지휘권을 받지만, 패사
88	로마 군단, 다키아에 침공하여 타파이에서 데케발루스를 격파하다
89	저지(低地) 게르마니아 총독 사투르누스, 도미티아누스에게 반란을 일으키지만 패배. 도미티아누스는 데케발루스와 강화를 맺은 뒤 보조금을 지급하고 우수한 기술자를 파견하여 다키아 요새를 강화. 사르마티아인 이아지게스, 판노니아를 습격
92	판노미아 습격은 멈추지 않고, 도미티아누스, 이아지게스와 마르코만니족 및 콰디 동맹군에 대한 원정을 개시하다

AD (기원후)	사건
96-98	네르바 황제 재위. 5현제 시대가 시작되다
98-117	트라야누스 황제 재위
101-102	트라야누스의 제1차 다키아 전쟁. 데케발루스를 굴복시키고 로마에 유리한 조약을 체결
105-106	데케발루스, 전쟁을 재개하지만 패배하고 자살. 다키아는 속주로 병합되다
113-117	트라야누스의 파르티아 전쟁, 하트라 탈취에 실패하고 좌절. 점령지에서 반란이 발발하지만 그 후 트라야누스 사망
115-117	유대인의 반란, 이집트, 키레네, 키프로스로 확대
117-138	하드리아누스 황제 재위. 이 시기에 트라야누스가 획득한 동방 영포를 포기하다
122	하드리아누스 성벽을 쌓기 시작하다
131-135	유대, 해방자 바르 코크바를 따라 반란을 일으키다. 로마군은 많은 사상자를 내지만 진압에 성공하다
138-161	안토니누스 피우스 황제 재위
138-139	브리타니아 북부에서 반란이 일어나다
140-143	안토니누스, 스코틀랜드 정복. 안토니누스 성벽을 쌓기 시작하다
144	마우레타니아에서 반란이 일어나다
150경-154	브리타니아 북부에서 심각한 반란이 일어나 안토니누스 성벽을 포기. 하드리아누스 성벽, 다시 점령당하다
160경-163	안토니누스 성벽, 다시 점령당하지만, 그 후 다시 탈취
161-180	마르쿠스 아우렐리우스 황제 재위경
162-166	파르티아군, 아르메니아 침공. 마르쿠스 아우렐리우스의 공동 통치자 루키우스 베루스, 동방으로 파견되지만 패배하고, 크테시폰과 셀레우키아는 약탈당하다
167	수에비 부족의 마르코만니인과 콰디인, 도나우 강을 건너 습격을 계속하고, 일부는 이탈리아 북부에 위치한 아퀼레이아까지 침공하다. 이아지게스, 다키아 속주를 습격
168-175	마르코만니인과 콰디인으로 구성된 사르마티아 동맹군에 대한 원정
175	시리아 총독 아비디우스 카시우스, 마르쿠스 아우렐리우스가 사망했다는 잘못된 소식을 듣고 반란을 일으키지만, 충성을 맹세한 부대에게 패하다
178-180	도나우 강의 분쟁이 계속되다
180-192	코모두스 황제 재위
182경-185	브리타니아 북부의 격전, 울피우스 마르켈루스의 승리로 끝이 나다

AD (기원후)	사건
184	안토니누스 성벽, 최종 포기
193-197	코모두스 황제가 살해되면서 내전 발발. 판노니아 총독 셉티미우스 세베루스, 도나우 군단의 지지를 받으며 승리
197-208	세베루스 황제 재위
198	세베루스, 파르티아에 침공하여 크테시폰을 약탈
205	칼레도니아인, 브리타니아 북부에 대규모 침입. 그 후 하드리아누스 성벽을 빼앗기다
203-211	세베루스, 대규모 침공군을 이끌고 칼레도니아인 정복에 나서지만 에보라쿰에서 사망
211-217	카라칼라(루키우스 셉티미우스 바시아누스) 황제 재위
213	카라칼라, 라인 변경으로 원정
217	카라칼라, 동방 원정을 준비하지만, 카레 부근에서 친위대에게 암살당하다
217-218	마크리누스 황재 재위, 마크리누스는 니시비스에서 페르시아군에게 패배하고, 그 후 안티오키아 교외에서 엘라가발루스에게 패배
218-222	엘라가발루스 황제 재위
227	아르다시르, 파르티아 왕을 끌어내리고 사산 왕조 페르시아를 건국
222-235	세베루스 알렉산데르 황제 재위
230	페르시아군, 메소포타미아에 침입하여 니시비스를 포위
232	세베루스 알렉산데르의 대(對) 페르시아 원정 실패
234-235	판노니아 군단, 막시미누스의 지휘 아래 반란을 일으키며 세베루스를 살해
235-238	막시미누스 황제 재위. 막시미누스는 알레마니인에 대한 원정을 성공시키지만 친위대에게 살해당하다
238-244	고르디아누스 황제 재위
242	페르시아 원정군, 페르시아인을 메소포타미아에서 추방
244	고르디아누스 3세, 음모로 인해 상해당하고, 집정관 마르쿠스 율리우스 필리푸스(필리푸스 아라브스)가 황제에 오르다
244-249	필리푸스 황제 재위
245-247	고트인 도나우 속주를 습격
249	데키우스, 도나우 군단에 의해 황제로 추천되며 베로나 근교에서 필리푸스를 격파하다
249-251	데키우스 황제 재위

AD (기원후)	사건
251	데키우스, 고트인에게 포룸 트레브로니에서 살해당하다
251-253	갈루스 황제 재위
252	페르시아인, 메소포타미아에 침입. 라인 강과 도나우 강을 넘어 야만족의 대 공습이 발생. 고트인, 보조금을 받고 철수
253	아이밀리아누스, 판노니아와 모이시아 군단을 이끌고 반란을 일으키다. 갈루스의 군단은 갈루스를 버리고 살해하다. 그 후 아이밀리아누스는 부하에게 살해당하다
253-260	발레리아누스 황제 재위. 아들 갈리에누스를 공동 통치자로 삼다
254	마르코만니인, 일리리쿰을 대습격. 고트인, 트라키아를 습격, 페르시아의 샤푸르 1세, 니시비스를 탈취
256	프랑크족, 라인강 하류를 건너 대습격. 고트족 함대, 소아시아 연안을 습격, 광범위하게 피해를 주다
258-259	갈리에누스, 프랑크족을 격파하다
260	발레리아누스의 페르시아 원정군, 샤푸르 1세에게 항복. 발레리아누스는 페르시아에서 비참한 말로를 맞이하다. 황제가 죽은 후, 갈리아의 포스트무스, 황제를 참칭하며 콜로니아 아그리피나를 수도로 갈리아 제국을 건국하다
268-270	갈리에누스 황제 재위
261	팔미라의 오데나투스, 전(全) 오리엔트의 지배자를 자처하며 페르시아와의 전쟁에서 승리
267-268	오데나투스, 살해당하다. 권력은 아내 제노비아가 아들 바발라투스의 이름을 내세우며 계승
268	고트인, 트라키아와 그리스를 습격. 헤룰리인, 아테나이를 약탈. 갈리에누스, 헤룰리인을 네스트 강 부근에서 격파하지만 부하에게 살해당하다
268-270	클라우디우스 2세 〈고티쿠스〉 황제 재위
269	클라우디우스, 나이수스에서 고트족에게 대승리. 제노비아, 안티오키아를 탈취
270	클라디우스가 병사하고 아우렐리아누스가 황위를 계승, 다키아 속주를 포기
270-275	아우렐리아누스 황제 재위
270-271	아우렐리아누스, 유퉁기인 및 반달인을 물리치다. 제노비아, 이집트를 지배하에 두고, 소아시아를 침공
272-273	아우렐리아누스, 안티오키아와 에메사에서 제노비아를 격파하다. 팔미라 왕국은 파괴되고 이집트 반란은 진압된다
274	테트리쿠스, 갈리아에서 발란을 일으키지만, 아우렐리아누스에게 패하다
275	아우렐리아누스, 부하에게 살해당하다. 타키투스, 원로원의 지지를 받으며 황제 취임
276	타키투스, 알란인을 격파하나 원정 중에 사망

AD (기원후)	사건
276-282	프로부스 황제 재위. 프로부스는 라인과 도나우 원정에 성공하지만 병사의 폭동으로 살해당하고, 집정관 카루스가 제위에 오르다
283-285	카루스, 일리리쿰에서 사르마티아인을 격파하지만, 페르시아와 전투 중에 사망. 그 후 벌어진 내전은 디오클레티아누스가 승리하고, 막시미아누스가 공동 황제로 지명되다
284-305	디오클레티아누스 황제 재위. 제국령을 네 분할하여 통치하기 시작하다
286	막시미아누스, 갈리아 바가우다이인의 산적 행위에서 시작되어 전면적인 반란으로 확대된 소요를 진압
286-293	막시미아누스, 알레마니인에 대한 원정에서 승리. 카라우시우스는 브리타니아에서 반란을 일으키는 데 성공하지만, 결국 살해당하다
296-297	디오클레티아누스, 이집스에서의 권리 침해를 진압. 콘스탄티우스, 브리타니아를 탈환. 갈레리우스, 페르시아군을 격파하다
305-323	디오클레티아누스와 막시미아누스의 은퇴로 인해 내전 발발
305	콘스탄티우스, 칼레도니아인에 대한 원정을 개시
306	콘스탄티우스, 요크에서 사망하고 아들 콘스탄티누스가 황제로 추천받다
312	콘스탄티누스, 로마 교외 밀비오 다리에서 막센티우스에게 승리
314-315	콘스탄티누스, 키발라에와 마르디아에서 리키니우스와의 내전에 승리
322-323	콘스탄티누스, 사르마티아인과 고트인에 대한 원정을 개시
323-324	콘스탄티누스, 아드리아노플과 크리소폴리스에서 리키니우스에게 결정적인 승리
324-337	콘스탄티누스, 황제 제위
331-334	콘스탄티누스, 사르마티아인과 고트인에게 승리
337	황제의 권력, 콘스탄티누스의 자식들 사이에서 분할되다
337-360	페르시아 전쟁
338	페르시아군, 니시비스 포위전에 실패
340-369	브리타니아 문제, 심각해지다. 야만족의 대습격이 발생
346	페르시아군, 니시비스 포위전에 실패
348	페르시아군, 싱가라에서 콘스탄티누스를 격파하다
350-353	페르시아군, 니시비스 포위전에 다시 실패. 콘스탄티누스와 마그넨티우스 간에 내전이 발발
356-357	율리아누스의 대(對) 알레마니인 원정군, 스트라스부르 전투에서 승리

AD (기원후)	사건
357-359	콘스탄티우스, 도나우 속주에 대공습한 콰디인과 사르마티아인에게 승리
358	율리아누스, 프랑크인에 대한 원정을 개시
359	페르시아군, 메소포타미아에 침입한 뒤 아미다를 급습하여 탈취
360	페르시아군, 싱가라를 탈취. 게르만 부족, 갈리아 오지까지 습격. 픽트인과 스코트인이 브리타니아에 대공습
360-361	율리아누스, 라인 강을 건너 원정. 콘스탄티우스가 사망하면서 율리아누스가 즉위
363	대(對) 페르시안 대공세는 비참한 결과로 끝이 나고 율리아누스는 전사. 뒤를 이어 황제가 된 요비아누스 황제는 페르시아와 굴욕적인 화평을 맺으며, 니시비스를 포함하여 많은 영토를 양도
366-369	발렌티니아누스 1세, 알레마니인과 라인 강 건너편에 자리 잡은 고트인에 대해서 원정을 개시
367-369	테오도시우스 지휘 아래 로마 군단, 브리타니아의 질서를 회복. 발렌티니아누스 1세는 알레마니인에 대한 원정을 개시. 동로마 제국 황제 발렌스는 고드인을 제압하다
371-375	발렌티니아누스 1세, 정식으로 알레마니인 일부를 제국으로 편입. 테오도시우스, 마우레타니아에서 일어난 반란을 진압
375	발렌티니아누스 1세, 콰디인 사자와 회견 중에 뇌졸중으로 사망
376-377	훈족의 공격에 쫓기던 고트인 무리가 도나우 강을 건너 습격. 살리케스 근교에서 로마군을 격파하다
378	알레마니인, 아에티아를 공격. 발렌스가 아드리아노플에서 고트인에게 패배하며 부하 대다수와 함께 살해당하다
380-382	대(對) 고트인 작전, 성공
383	마그누스 막시무스, 픽트인을 제압하지만 그 후 발란을 일으키다
388	테오도시우스 1세, 마그누스 막시무스를 제압하다
394	테오도시우스 1세, 이틀에 걸친 프리기두스 강가의 전투에서 에우게니우스를 물리치다
395-400	테오도시우스 1세의 사망으로 인해 내전 발발
398-400	브리타니아 북부에서 픽트인, 스코트인, 색슨인에게 승리
407	브리타니아 군단, 콘스탄티누스 3세를 황제로 추천하고 갈리아에 침입, 반달인과 싸우다
408	알라리크 1세가 통솔하는 고트인, 이탈리아에 침입하여 로마를 포위
409	브리타니아, 콘스탄티누스 3세에게 반란
410	알라리크 1세, 로마를 약탈

AD (기원후)	사건
415	콘스탄티누스, 서고트인을 스페인으로 보내 반달인과 싸우게 하다
418	콘스탄티누스, 서고트인을 아키타니아로 이주시키다
429	반달인, 아프리카에 침입하여 약탈하다
451	아이티우스, 카탈라우눔 전투에서 훈족의 왕 아틸라를 격퇴. 아틸라는 뇌물을 받아 퇴각하고, 그 후 사망
454	동고트인, 판노니아로 이주
469-478	서고트인, 스페인을 침략하다
476	서로마 최후의 황제 로물루스 아우구스툴루스, 오도아케르에 의해 퇴위 당한다. 서로마 제국의 멸망. 오도아케르는 이탈리아에 동고트 왕국을 건설

The Quest For History
도해 고대 로마군
무기·방어구·전술 대전

개정판 1 쇄 인쇄 2022 년 2 월 20 일
개정판 1 쇄 발행 2022 년 2 월 25 일

기획·구성·편집 : 주식회사 렉카 사, 타케노우치 다이스케, 야마자키 카야
저자 : 마츠모토 히데아키, 나가스미 타카노리, 노무라 마사타카, 이나이 카즈히로
일러스트레이터 : 오사나이 유우스케, aohato, 츠키오카 케루
디자인 : 시미즈 쿠미코
DTP : OURS
번역 : 기미정

펴낸이 : 이동섭
편집 : 이민규, 탁승규
디자인 : 조세연, 김현승, 김형주
영업·마케팅 : 송정환, 조정훈
e-BOOK : 홍인표, 서찬웅, 최정수, 김은혜, 이홍비, 김영은
관리 : 이윤미

㈜에이케이커뮤니케이션즈
등록 1996 년 7 월 9 일 (제 302-1996-00026 호)
주소 : 04002 서울 마포구 동교로 17 안길 28, 2 층
TEL : 02-702-7963~5 FAX : 02-702-7988
http://www.amusementkorea.co.kr

ISBN 979-11-274-5150-9 03920

이 도서의 국립중앙도서관 출판시도서목록 (CIP) 은
서지정보유통지원시스템 홈페이지 (http://seoji.nl.go.kr) 와
국가자료공동목록시스템 (http://www.nl.go.kr/kolisnet) 에서 이용하실 수 있습니다.
(CIP 제어번호 : CIP2014013783)

* 잘못된 책은 구입한 곳에서 무료로 바꿔드립니다.

참고문헌

『面白いほどよくわかる ローマ帝国 巨大帝国の栄光と衰亡の歴史』（日本文芸社）／『ガリアとブリテンのケルト戦士 ローマと戦った人々』（新紀元社）／『共和制ローマの軍隊 204BC-104BC 地中海の覇者』（新紀元社）／『グラディエイター 古代ローマ剣闘士の世界』（新紀元社）／『ゲルマンとダキアの戦士 ローマと戦った人々』（新紀元社）／『図解 近接武器』（新紀元社）／『図説 古代の武器・防具・戦術百科』（原書房）／『図解 古代兵器』（新紀元社）／『図説・激闘ローマ戦記』（学研）／『図説 古代ローマの戦い』（東洋書林）／『世界の武器防具バイブル』（PHP研究所）／『戦争で読む「ローマ帝国史」』（PHP文庫）／『戦闘技術の歴史1 古代編 3000BC-AD500』（創元社）／『覇者の戦術 戦場の天才たち』（新紀元社）／『武器と防具 西洋編』（新紀元社）／『歴史群像アーカイブVOL.4 西洋戦史 ギリシア・ローマ編』（学研）／『ローマ軍 カエサルからトラヤヌスまで』（新紀元社）／『ローマ人の物語 I ～ X V』（新潮社）

그 외, 다수의 서적과 웹사이트를 참고하였습니다.

[게재 사진에 관하여]
아래에 열거된 사진은 Wikipedia가 정한 퍼블릭 도메인의 규정에 따라 사용한 것입니다. 이 사진들은 저작자가 사망한 연도의 다음 해부터 50년이 경과된 자료이기 때문에, 지적재산권이 발생하지 않거나 또는 소멸되어 있는 퍼블릭 도메인입니다.
「트로이를 탈출하는 아이네이아스」, 「로물루스와 레무스 동상」, 「자마 전투」, 「한니발 조각상」, 「스키피오의 초상」, 「마리우스 조각」, 「카이사르 입상(立像)」, 「암살당하는 카이사르」, 「악티움 해전」, 「아우구스투스 입상」, 「안토니우스」, 「트라야누스 흉상」, 「카이사르와 베르킨게토릭스」.